Robert L. Kelly

Warum es normal ist,
dass die Welt untergeht

Robert L. Kelly

Warum es normal ist,
dass die Welt untergeht

Eine kurze Geschichte
von gestern und morgen

Aus dem Englischen von Cornelius Hartz

Für meinen Vater, den Optimisten

Die Deutsche Nationalbibliothek verzeichnet diese Publikation in der Deutschen National-
bibliografie; detaillierte bibliografische Daten sind im Internet über www.dnb.de abrufbar.

Die englische Originalausgabe ist 2016 bei University of California Press, Oakland, California,
unter dem Titel *The Fifth Beginning. What Six Million Years of Human Histroy Can Tell Us
About Our Future* erschienen.

wbg THEISS ist ein Imprint der wbg.
© der deutschen Ausgabe 2020 by wbg (Wissenschaftliche Buchgesellschaft), Darmstadt
Die Herausgabe des Werkes wurde durch die Vereinsmitglieder der wbg ermöglicht.
Gestaltung und Satz: TypoGraphik Anette Bernbeck, Gelnhausen
Gedruckt auf säurefreiem und alterungsbeständigem Papier
Printed in Germany

Besuchen Sie uns im Internet: **www.wbg-wissenverbindet.de**

ISBN 978-3-8062-4014-6
Elektronisch sind folgende Ausgaben erhältlich:
eBook (PDF): 978-3-8062-4015-3
eBook (epub): 978-3-8062-4016-0

Inhalt

Vorwort

Als Archäologe bin ich am liebsten draußen unterwegs. Ich liebe es, in den Bergen nach neuen Fundorten zu suchen oder in der Erde nach Knochensplittern und zerbrochenen Pfeilspitzen zu graben. Genau das habe ich die letzten 43 Jahre getan, und ich freue mich immer noch jedes Jahr darauf, im Sommer wieder »im Feld« zu sein. Wie die meisten Archäologen habe ich mich der Archäologie verschrieben, weil ich mich gerne schmutzig mache, in der sengenden Sonne durch Ausgrabungsstätten krieche, in eisigen Gebirgsbächen bade oder im strömenden Regen einen Standort kartografiere. Und wie die meisten Archäologen habe ich mich der Archäologie verschrieben, weil ich tief in mir das Bedürfnis spüre, die Geschichte der Menschheit zu verstehen.

Wenn Sie einen Archäologen fragen, warum er sich für seinen Beruf entschieden hat, so wird er Ihnen erzählen, dass er sich mit der Vergangenheit beschäftigt, um etwas über die Zukunft zu erfahren. Für die meisten von uns ist das leider wenig mehr als ein Lippenbekenntnis. Ich habe beschlossen, das zu ändern; das Ergebnis ist das Buch, das Sie in der Hand halten.

Ich habe nicht vor, anhand der Ur- und Frühgeschichte Vorhersagen über die Zukunft zu treffen, zu prophezeien, was kommen wird, um der Zeit voraus zu sein. Stattdessen möchte ich die Vergangenheit verstehen, um die Zukunft *mitzugestalten*. Ich glaube, es hat etwas damit zu tun, dass ich Vater geworden bin. Ich mache mir Sorgen um die Welt, in der meine Söhne einmal leben werden. Aber ich bin kein Politiker und werde auch niemals einer sein, also werde ich die Zukunft nicht mitgestalten können, indem ich für ein politisches Amt kandidiere. Ich verfüge auch nicht über die finanziellen Mittel, um viel für wohltätige Zwecke zu spenden. Und ich bin kein Ökonom, der Tipps auf Lager hat, wie man die Wirtschaft so strukturieren kann, dass die Menschen am unteren Ende der Skala nicht leiden müssen. Nein, ich bin nur ein Archäologe. Also nutze ich das Feld, in dem ich mich auskenne, die Ur- und Frühgeschichte, um die Welt für künftige Generationen ein wenig besser zu machen. Dieses Buch ist mein kleiner Beitrag dazu.

Die letzten Sätze werden vielen albern, ja geradezu naiv vorkommen. Naiv waren auch die Menschen zu Beginn des 20. Jahrhunderts, die überzeugt waren, dass sich die Welt endlich am Rande des Weltfriedens befand. Dann kam der Erste Weltkrieg. »Geschieht uns recht«, werden manche Leute damals gedacht haben, »wir wurden unvorsichtig, und dafür bekamen wir Panzer und Giftgas.« Mit unserer Einstellung gegenüber der Zukunft ist es seitdem stetig bergab gegangen. Mitunter scheint es, als gäbe es keinen Anlass mehr für Hoffnung. Aber ich entscheide mich aktiv für die Hoffnung, denn wenn ich das nicht tue – wenn *wir* das nicht tun –, dann geht die Welt mit Sicherheit zugrunde. Dabei bin ich eigentlich gar kein optimistischer Mensch, dazu bin ich viel zu praktisch veranlagt. Aber gerade deshalb habe ich mich für eine Haltung entschieden, die zu dem Ergebnis führen wird, das wir alle anstreben.

Außerdem habe ich mich dafür entschieden, dieses Buch kurz zu halten und hier und da etwas Humor einzustreuen. Es ist nicht so, dass ich die Ur- und Frühgeschichte nicht ernst nehme, ganz zu schweigen von der Zukunft dieser Welt. In der Tat, gerade weil ich beides ernst nehme, wollte ich ein Buch schreiben, das die Leute auch lesen könnten. Falls Sie eine lange, düstere Aufzählung aller schlimmen Dinge suchen, die uns in den kommenden Jahren erwarten, so gibt es zahlreiche andere Bücher, in denen Sie fündig werden. Ich will mich darauf konzentrieren, was die Menschheit richtig machen kann, und nicht auf ihre möglichen Fehltritte.

Manche meiner Kollegen werden mir vorwerfen, ich hätte bei meiner Darstellung der Ur- und Frühgeschichte nicht alle Details und nicht alle alternativen Perspektiven berücksichtigt. Ich möchte sie dafür schon im Voraus um Entschuldigung bitten, aber ich kann die Menschheitsgeschichte nur so erzählen, wie sie sich für mich darstellt. Und ich konzentriere mich dabei auf das große Ganze, denn ich bin überzeugt, dass das – der Blick auf das große Ganze – der wichtigste Beitrag ist, den die Archäologie zu leisten vermag.

Der Startschuss für dieses Buch war eine Einladung der Washington State University im Jahr 2007, am dortigen Department of Anthropology einen Vortrag zu halten. Ich bewundere noch immer die Geduld der Zuhörerschaft, die damals meine ersten, noch unausgegorenen Gedanken zu diesem Thema ertragen musste. Ich entwickelte diese Gedanken in weiteren Vorträgen an Universitäten in Arizona, Colorado, Nevada und Wyoming weiter. Ich bin dankbar, dass sie mir anhand dieser Vorträge die Chance gaben, weiter über dieses Thema nachzudenken.

Mit der Arbeit an diesem Buch begann ich im Herbst 2012, im Rahmen eines Forschungsaufenthalts am St. John's Colèse an der University of Cambridge. Ich danke St. John's für das Büro, dass man mir damals zur Verfügung stellte (vor allem für den schönen Blick auf den Garten). Ich danke Robert Hinde und meinem alten Freund Nick James für viele anregende Gespräche. Ferner danke ich James Ahern, Mark Heinz, Stephen Lekson, Lin Poyer, Rachel Reckin, Torben Rick, Lynne Schepartz und Carla Sinopoli für ihre Anmerkungen zu früheren Fassungen; Lenore Hart, die mir half, einen Werbetext für mein Projekt zu verfassen; Reed Malcolm, meinem Redakteur bei der University of California Press, dafür, dass er dem Buch eine Chance gegeben hat, und der Lektorin Barbara Armentrout. Außerdem danke ich meinen Kolleginnen und Kollegen, die mir in den Jahren, während derer ich an dem Manuskript arbeitete, so viele Fragen beantwortet haben; es sind zu viele, um sie hier einzeln aufzulisten. Sämtliche Fehler im Text sind selbstverständlich allein mir anzulasten.

Im Rahmen meiner Karriere als Archäologe durfte ich um die ganze Welt reisen. Diese Reisen sorgten dafür, dass ich mir eine ganz bestimmte Sicht der Dinge angeeignet habe; eine Sicht der Dinge, die für die Fertigstellung dieses Buches von entscheidender Bedeutung war. Und ich hätte diese Reisen niemals unternommen und auch dieses Buch niemals geschrieben, hätte ich nicht Lin Poyer an meiner Seite – Freundin, Vertraute, Kritikerin und Ehefrau. Ich danke dir. Wohin soll die nächste Reise gehen?

Robert L. Kelly
Laramie, Wyoming

Kapitel 1

Das Ende der Welt, wie wir sie kennen

Ich habe das Gestern gesehen. Ich kenne das Morgen.
INSCHRIFT AM GRAB TUTANCHAMUNS

»Mein Vater«, sagte die alte Dame leise, »wurde noch als Sklave geboren.«

In den Achtzigern, als ich an der University of Louisville Anthropologie lehrte, hielt ich eine Vorlesung, bei der ich anhand archäologischer Erkenntnisse einen Blick in die Zukunft wagte. Ich versuchte, betont optimistisch zu sein, und dachte, mir wäre das auch gelungen – bis ein Student in der vorderen Reihe die Hand hob und in missmutigem Tonfall sagte: »Alles ist so, wie es schon immer war, nichts wird sich je ändern.« Ich rang um eine Antwort, bis eine alte schwarze Frau mir zu Hilfe kam. Ich kannte sie, weil sie häufig nach dem Unterricht noch auf einen kleinen Plausch im Hörsaal blieb. Ich wusste, dass sie Jahrgang 1905 war, dass sie als junger Mensch keine Chance auf eine höhere Bildung gehabt hatte und dass sie sich später erst einmal darum gekümmert hatte, dass ihre Kinder und Enkelkinder eine gute Ausbildung erhielten, bevor sie fand, es sei an der Zeit, selbst noch einmal die Schulbank zu drücken. Dennoch wusste ich nicht alles über sie.

Als sie sprach, drehten sich die Studentinnen und Studenten um und schauten die Frau an, als sähen sie sie zum ersten Mal. Sie hatten noch nie jemanden kennengelernt, der der abscheulichen Einrichtung der Sklaverei so nah gewesen war. Sie erzählte, ihr Vater sei kurz vor der Emanzipationsproklamation geboren worden und habe spät geheiratet. Er war Zeitzeuge der Wiedereingliederung der Südstaaten in die Union gewesen, und sie hatte die Jim-Crow-Ära, die Lynchmorde des Ku-Klux-Klans und die Bürgerrechtsbewegung miterlebt. »Es kann sich durchaus etwas ändern«, schloss sie.

Der pessimistische Student tat ihre Worte mit einer kurzen Handbewegung ab. Das war zwar unhöflich, aber es sollte wohl weniger Geringschätzigkeit ausdrücken als vielmehr Resignation.

Sie haben wahrscheinlich schon mal den Spruch gehört, dass das Licht am Ende des Tunnels auch ein entgegenkommender Zug sein kann. Viele Menschen nehmen genau so die Zukunft wahr – als Lokomotive, die auf sie zurast, und sie haben keine Zeit mehr, von den Gleisen zu springen. So ganz von der Hand zu weisen ist das ja auch nicht. Der Klimawandel, die Schere zwischen Arm und Reich, übervölkerte Großstädte, globale Umweltzerstörung, Terrorismus, korrupte politische Systeme, Amokläufe an Schulen, Gräueltaten im Namen der Religion – all das lässt wenig Raum für Hoffnung. Viele Menschen halten schon heute ihr Leben für eine nie enden wollende Episode von *The Walking Dead*. An jeder Ecke lauern Zombies.

Dass es trotz allem Anlass zur Hoffnung gibt, erklärt uns der Ökonom Herbert Stein mit seinem berühmten »Gesetz«: Wenn etwas nicht ewig so weitergehen kann, dann tut es das auch nicht. Als Archäologe kenne ich zahlreiche Belege für die Richtigkeit von Steins Gesetz. Ein kurzer Blick auf die Vor- und Frühgeschichte reicht, um festzustellen, wie sehr sich unsere Vergangenheit von der Gegenwart unterschied. Vor 15 000 Jahren waren alle Menschen Jäger und Sammler. Heute fast keiner mehr. Selbst Bauern gibt es kaum noch. Nur ein winziger Bruchteil der Weltbevölkerung ist direkt an der Nahrungsmittelproduktion beteiligt. Unsere Vorfahren in der Steinzeit hätten sich so ausgeklügelte Technologien und eine dermaßen globalisierte Wirtschaft wie die unsere nicht einmal im Ansatz vorstellen können. Jawohl, die Dinge ändern sich.

Sie sagen nun sicherlich:»Na gut, wie es damals war, ist es natürlich heute nicht mehr. Aber vielleicht bleibt in Zukunft alles so, wie es jetzt ist. Vielleicht haben wir das Ende der Geschichte erreicht.«

Das kann natürlich sein, aber ich bezweifle es. Ich bezweifle es, weil das Wissen darum, weshalb sich die Menschheit in der Vergangenheit verändert hat, uns hilft zu verstehen, warum unsere Zukunft anders sein wird als unsere Gegenwart. Mein Verständnis der Vor- und Frühgeschichte lässt mich zu dem Schluss kommen, dass uns schon in naher Zukunft radikale Veränderungen erwarten – von der Technologie über die Politik bis hin zur internationalen Ordnung. Und auch die Menschheit als solche wird sich verändern.

An dieser Stelle wird wohl der eine oder andere sagen: »Natürlich wird sich alles verändern: Wir steuern unweigerlich auf die Katastrophe zu!«

Ich kann diese Möglichkeit selbstverständlich nicht ausschließen, aber ich glaube kaum, dass dies die Lehre ist, die man aus sechs Millionen Jahren menschlicher Evolution zichen sollte.

Aus der Perspektive einer Spezies betrachtet, besteht die Aufgabe der Evolution darin, für die Weitergabe des genetischen Materials dieser Spezies zu sorgen. Solange man Nachkommen zeugt, die sich ihrerseits fortpflanzen, ist man der Evolution vollkommen egal. Sie verfolgt keinen übergeordneten Zweck. Das Besondere an diesem Prozess ist, dass die Evolution zur Verwirklichung des ihr eigenen Zwecks im Laufe der Zeit Geschöpfe hervorbringt, die sich auf ganz erstaunliche Weise von denjenigen unterscheiden, mit denen sie einst angefangen hat. Säugetiere sind das Produkt einzelliger Organismen, die einander vor hunderten Millionen Jahren mikroskopische Schlachten im Urmeer lieferten. Die niedlichen Vögel, die auf Ihrem Gartenzaun tirilieren, stammen von riesigen, furchterregenden Dinosauriern ab (denken Sie mal darüber nach, wenn Sie das nächste Mal ein halbes Hähnchen auf dem Teller haben!). Und wir alle – vom Milchbauern in der Norddeutschen Tiefebene bis zum Informatiker im Silicon Valley – sind das Resultat davon, dass unsere Vorfahren sich bemühten, möglichst erfolgreiche Jäger und Sammler zu sein. Organismen versuchen stets zu sein, was sie sind, kommen dabei aber irgendwann an einen Wendepunkt, ab dem sie plötzlich zu etwas völlig anderem werden. So etwas bezeichnen Evolutionstheoretiker als *Emergenz* bzw. als *emergente Phänomene*.

In diesem Buch will ich zeigen, dass der Mensch in den vergangenen sechs Millionen Jahren vier solche Wendepunkte erreicht hat. Ich bezeichne sie als *Umbrüche*, da sich an diesen Punkten jedes Mal der Charakter der menschlichen Existenz ganz grundlegend veränderte und ein neues Zeitalter für unsere Spezies einläutete. In chronologischer Reihenfolge sind dies: das Aufkommen der Technologie, der Kultur, der Landwirtschaft und von staatlichen Organisationen. Die Erkenntnis,

13

wie die Archäologie diese Umbrüche erkennt, führt unweigerlich zu dem Schluss, dass wir einen weiteren Wendepunkt erreicht haben.

Zu jedem dieser Wendepunkte gelangte der Mensch durch verschiedene Prozesse, aber ein wichtiger Antrieb war stets zunehmende Konkurrenz aufgrund von Bevölkerungswachstum. Auch wenn Sie sich überhaupt nicht mit Evolution auskennen, werden Sie zumindest schon einmal vom »Überleben des Stärkeren« gehört haben. Dieser Ausdruck wird oft Darwin zugeschrieben, obwohl jener ihn gar nicht geprägt hat, sondern sein Zeitgenosse Herbert Spencer; Darwin griff ihn erst in späteren Ausgaben seines Buches *Über die Entstehung der Arten* auf. Es ist tatsächlich so, dass die Evolution von der Konkurrenz beflügelt wird – zumindest jener Teil der Evolution, der »rot an Zähnen und Klauen« ist (auch diese berühmte Phrase ist kein Darwin-Zitat, sie stammt aus Alfred Lord Tennysons Gedicht *In Memoriam A. H. H.* von 1850). Konkurrenz sorgt dafür, dass ein Organismus erhält, was er zum Leben braucht, indem er seine Vorteile einem anderen Organismus gegenüber ausspielt – er ist besser als der andere in der Lage, Nahrung, Schutz oder einen Partner zu finden. Wie wir in den folgenden Kapiteln sehen werden, stachen im Pleistozän unsere Vorfahren, die Steinwerkzeuge benutzten, diejenigen aus, die dies nicht taten. Jene, die die Fähigkeit zur Kultur erworben hatten, überflügelten diejenigen, die dies nicht hatten. Die Menschen, die Ackerbau betrieben, verdrängten die Jäger und Sammler. Und Häuptlinge und Stämme mussten Staatsgebilden weichen, die bis heute die Welt beherrschen.

So wichtig der Faktor Konkurrenz auch ist: Jedem, der sich mit der Evolution befasst, ist bewusst, dass auch Altruismus und Kooperation wesentliche Bestandteile des Evolutionsprozesses sind.[1] Sie tragen dazu bei, Allianzen zu bilden, die für beide Seiten von Vorteil sind; Beziehungen à la »eine Hand wäscht die andere« sind oft ein wesentlicher Bestandteil von Konkurrenzsituationen. Ich gehe davon aus, dass der Evolutionsprozess bei dem Umbruch, den wir gerade erleben, mehr als bisher auf solche Beziehungen setzen und eine wirtschaftliche, soziale und politische Ordnung schaffen wird, die eher auf Kooperation gründet als auf Konkurrenz. Insofern könnte er eine Ära einläuten, in der wir darum wetteifern, zu kooperieren.

Die einzige Frage, die sich für mich dabei stellt, lautet: Werden wir diesen Übergang, diesen großen Umbruch, auf die einfache oder auf die harte Tour schaffen?

Ich bin mir sicher, ich wollte als kleiner Junge auch einmal Cowboy, Feuerwehrmann oder Astronaut werden. Aber so lange ich zurückdenken kann, lautete mein Berufswunsch: Archäologe. Als Kind liebte ich die Natur. Ich ging gerne zelten und mochte den Gedanken, nur von dem zu leben, was ich dort draußen vorfand. Das brachte mich dazu, mich für die amerikanischen Ureinwohner zu interessieren und dafür, wie sie früher lebten. Ich las alles, was ich in die Finger bekam, suchte nach Höhlen und sammelte auf dem Acker eines Milchbauern in der Nachbarschaft Pfeilspitzen. Mich faszinierte alles, was alt war. Ich schaute mir uralte Landkarten an, um herauszufinden, wo in der Zeit der Kolonialisierung die Straßen verliefen, erkundete die zerstörten Fundamente verlassener Mühlen und durchsuchte historische Müllplätze nach Flaschen. In meinem Kinderzimmer häuften sich die Pfeilspitzen, Knochen und Fossilien. Glücklicherweise förderten meine Eltern mein Hobby. Als ich elf oder zwölf Jahre alt war, kaufte meine Mutter mir Leonard Woolleys Buch *The Young Archaeologist* aus dem Jahr 1961; es steht heute noch auf meinem Schreibtisch in der Universität. Es mag Ihnen ein wenig seltsam erscheinen, dass sich jemand schon als Kind für diese Dinge begeistert, aber viele Archäologen haben ihre Leidenschaft zum Fach bereits in jungen Jahren entdeckt.

Ich las stundenlang Magazine von *National Geographic*. Vor allem Artikel über »primitive« Völker in fernen Ländern und über Jane Goodall, und ihre Schimpansen faszinierten mich. Die Zeitschrift brachte mich dazu, mich mit der Arbeit von Louis und Mary Leakey zu beschäftigen, die damals die Spuren unserer frühesten Vorfahren in Ostafrika entdeckten. Ich wäre so gerne dort gewesen, in der Olduvai-Schlucht, wollte ebenfalls über die kahlen Hügel laufen und nach Knochensplittern suchen. Ich wuchs im ländlichen Neuengland auf, doch mit dem Herzen war ich immer in irgendwelchen windgepeitschten Wüsten unterwegs.

1973 – ich war sechzehn Jahre alt – brachte mir ein aufmerksamer Berufsberater an der Highschool eine Broschüre von Educational Expeditions International (EEI) mit. Heute heißt diese Organisation Earthwatch, und sie vermittelt nach wie vor interessierte Freiwillige an Geologen, Biologen, Zoologen und Archäologen, die im Feld arbeiten. Das EEI vergab damals Stipendien an Schülerinnen und Schüler, die in den Sommerferien bei einem Forschungsprojekt mitarbeiten wollten. Ich bewarb mich, erhielt eine Zusage und wurde zu David Hurst Thomas geschickt, einem Archäologen des American Museum of Natural History, der später zu einem der bekanntesten Vertreter unseres Fachs avancierte. Das war ein großes Glück für mich. Hurst Thomas leitete damals die Ausgrabung einer Höhle in Nevada, und ich arbeitete danach noch mehrere Jahre mit ihm zusammen, bis ich als Doktorand mit meinem eigenen Feldprojekt begann. Später publizierten wir gemeinsam zwei Archäologie-Lehrbücher.

In den vergangenen vierzig Jahren habe ich in den westlichen Bundesstaaten und im Südosten der USA gegraben, in New York City (dort habe ich auf einer Ausgrabungsstätte an der Wall Street mitgearbeitet), in Maine und Kentucky. Ich war auf einer Inka-Stätte am Rande der Atacama-Wüste in Chile tätig, habe 13 000 Jahre alte Siedlungen von »Paläo-Indianern«, Plumpsklos aus dem 19. Jahrhundert, Grabstätten, Pueblos und Höhlen ausgegraben, in Wüsten, im Regenwald, am Meer und auf viertausend Meter hohen Berggipfeln. Und ich habe ethnografische Untersuchungen bei den Mikea durchgeführt, den letzten Jägern und Sammlern Madagaskars.

Bei allem, womit ich mich beschäftigt habe, sind immer wieder die Jäger und Sammler aufgetaucht. Ich gebe zu: Mein Interesse an ihnen war zu Beginn eher romantischer Natur. Menschen, die dermaßen einfach leben und die ihren Einfallsreichtum und ihre ganze Kraft dafür aufwenden, sich von dem zu ernähren, was die Natur ihnen bietet, und dabei in ihrer Umwelt kaum Spuren zu hinterlassen, haftet etwas sehr Authentisches an. Ich fand immer, dass die Lebensweise der Jäger und Sammler am ehesten dem entsprach, wie der Mensch eigentlich leben sollte: friedlich, in kleinen Gruppen und mit wenig materiellem Besitz.

Wie vieles, das wir als junge Menschen glauben, entsprach dies nicht ganz der Wahrheit: Jäger und Sammler können genauso gewalttätig und gebietsbewusst und materialistisch sein wie sesshafte Menschen auch. Ein junger Mann vom Stamm der Mikea bat mich, ihm ein »Flugzeug« oder vielleicht einen Traktor« mitzubringen, ein anderer wollte mir alles abnehmen, was ich bei mir trug, sogar meinen Ehering. Jäger und Sammler jagten manche Tiere, bis die ganze Spezies ausgestorben war, andere veränderten die Vegetation ihrer Landschaft, indem sie sie regelmäßig niederbrannten. Als ein Mikea, mit dem ich unterwegs war, hinter uns die Savanne in Brand steckte, fragte ich ihn entgeistert, warum er das getan habe. Er sah mich überrascht an und antwortete: »Damit wir es auf dem Rückweg leichter haben.« (Er hatte recht.)

Die Menschheit hat 99 Prozent ihrer Zeit auf Erden als Jäger und Sammler zugebracht; es war eine enorm erfolgreiche Lebensweise. Man kann sich daher kaum mit den Jägern und Sammlern der Vor- und Frühgeschichte beschäftigen, ohne sich Gedanken darüber zu machen, wie die Menschen damals lebten und wie die Spezies, der wir angehören, zu dem wurde, was sie ist. Insofern drängte sich für mich die Frage auf, warum wir überhaupt sesshaft wurden und warum wir später Städte bauten, Armeen aushoben, die Sklaverei erfanden und verschiedene Staatsformen entwickelten. Wenn das einfache Leben ohne große technologische Neuerungen, organisiert in kleinen egalitären, nomadischen Gruppen so lange so gut funktionierte, warum gab der Mensch es dann auf? Warum sind wir nicht heute noch Jäger und Sammler?

Archäologen machen es sich zur Lebensaufgabe, zu untersuchen, wie der Mensch früher einmal lebte. Für jemanden, der wie ich in diesem Buch über die Zukunft der Menschheit schreiben möchte, erscheint dies auf den ersten Blick ein wenig paradox. Doch ich will Ihnen zeigen, dass es der Archäologie nicht nur um die Toten geht, sondern immer auch um die Lebenden. Dass es ihr nicht nur um die Vergangenheit geht, sondern immer auch um die Zukunft.

Die Archäologie liefert einen entscheidenden Beitrag zur Aufzeichnung der Menschheitsgeschichte. Für den allergrößten Teil unserer Geschichte ist es der einzige Beitrag, den wir besitzen. Wenn Sie allerdings ein x-beliebiges Geschichtsbuch aufschlagen, wird die Vor- und Frühgeschichte höchstwahrscheinlich lediglich im ersten Kapitel, vielleicht

17

auch nur in den ersten Absätzen des ersten Kapitels abgehandelt. In den Lehrbüchern beginnt die »eigentliche« Geschichte oft erst mit der ägyptischen, griechischen, römischen und chinesischen »Zivilisation«. Die Prähistorie ist dabei kaum mehr als ein Ausgangspunkt, ein Prolog: *Da sind Affen, einige davon steigen herunter von den Bäumen und gehen aufrecht, ihr Gehirn wird größer, sie fertigen Steinwerkzeuge an, bemalen die Wände von Höhlen, bauen Weizen an* – und dann kommen endlich die wichtigen Epochen der Geschichte. Doch wenn Historiker die Vor- und Frühgeschichte dermaßen in den Hintergrund drängen, gelingt es ihnen kaum noch, das große Ganze zu überblicken.

Bei Hyperbeln wie »Er ist der beste Fußballer aller Zeiten« oder »Dieser Film ist der größte Blockbuster, den es je gab« müssen viele Archäologen schmunzeln. Der moderne Fußball und die bewegten Bilder sind Erfindungen der zweiten Hälfte des 19. Jahrhunderts, also gerade einmal 150 Jahre alt. Für einen Archäologen ist das kaum mehr als der sprichwörtliche Wimpernschlag. Wir denken eher in tausenden, zehntausenden oder hunderttausenden Jahren. Sicher, es ist nicht ganz einfach, sich solche zeitlichen Dimensionen vorzustellen. Doch wenn wir die wirklich bedeutenden Stationen in der Geschichte der Menschheit verstehen wollen, nicht die winzig kleinen Veränderungen, die die schriftlich bezeugte Geschichte dokumentieren, sondern die großen, alles verändernden Umwälzungen, so müssen wir die Geschichte der Menschheit in den größtmöglichen Dimensionen betrachten, und die bietet uns eben nur die Archäologie.

Doch was glauben Archäologen, warum die Menschheit diesen Kurs eingeschlagen und dabei mehrere Neuanfänge durchlaufen hat? Hier ein erster Hinweis: Es hat nichts mit Fortschritt zu tun. Die Evolution steuert nicht etwa auf eine Art Endziel hin, sondern versucht immer, uns in einer bestimmten Hinsicht zu Spitzenleistungen zu führen, und genau dadurch macht sie uns schließlich zu etwas ganz anderem. Zum Beispiel wurden die von mir so geschätzten Jäger und Sammler, indem sie versuchten, die besten Jäger und Sammler aller Zeiten zu sein, am Ende zu Landwirten. Und wir sollten damit rechnen, dass wir beim Versuch, die besten kapitalistischen und wettbewerbsorientierten Industrienationen aller Zeiten zu sein, plötzlich zu etwas völlig anderem

werden. Um es kurz zu machen: Der Kapitalismus, die kulturelle Globalisierung und das internationale Wettrüsten werden zusammenge-
nommen über kurz oder lang zu einem vollständigen Wandel in der
Organisation des menschlichen Zusammenlebens führen. Dann wird
man keine Kriege mehr führen, um Streitigkeiten beizulegen, und die
heute so sakrosankte Organisations- bzw. Wirtschaftsform Nationalstaat und Kapitalismus werden einer Gemeinschaft der Weltbürger weichen. Es ist das Ende der Welt, wie wir sie kennen.

Kurz vor Mitternacht am 31. Dezember 1999 erwarteten die Menschen,
dass eine Minute später das Chaos regieren würde, weil die Uhren der
Computer das Jahr 2000 nicht erkennen würden (dass es in Peking oder
Sydney bereits Neujahr war und dort überhaupt nichts geschehen war,
fiel kaum ins Gewicht). Ältere Computer waren darauf ausgelegt, das
Jahr nur mit den letzten zwei Ziffern anzuzeigen, sodass bei ihnen auf
das Jahr 1999 automatisch das Jahr 1900 folgen würde, und man erwar-
tete Fehlfunktionen bei Fluggesellschaften oder Banken. Aber das Ganze
war ein Strohfeuer. Kein Flugzeug fiel vom Himmel, und auch das weltweite Finanzsystem brach nicht zusammen.

Diejenigen, die unbedingt glauben wollten, dass bald die Welt untergeht, sahen sich anderswo um und fanden bald heraus, dass die Überlie-
ferung der Maya angeblich für den 21. Dezember 2012 den Weltunter-
gang prophezeite.

Da Sie gerade dieses Buch hier lesen, können Sie sicher sein, dass
sich diese Prophezeiung nicht erfüllt hat. Aber man sollte auch nicht
davon ausgehen, dass die Maya wie die Gallier ständig fürchteten, der
Himmel würde ihnen auf den Kopf fallen. Die Maya beschäftigten sich
viel mit Zeit und Zeitrechnung, und sie hatten verschiedene Kalender,
die ihnen verrieten, wann ihr König bestimmte Zeremonien durchfüh-
ren musste, um die Welt zu »erneuern« – Riten, bei denen oft sein Blut
eine Rolle spielte (manchmal wurde ihm dabei mit einer Obsidianklin-
ge in die Zunge geschnitten; man sieht: Es hat nicht nur Vorteile, König
zu sein).

Die Weltuntergangspropheten interessierte vor allem ein ganz bestimmter Kalender der Maya, die sogenannte Lange Zählung. Die Lange

19

Zählung zählt buchstäblich die Tage seit dem Beginn der Zeit bzw. dem, was die Maya als Beginn der Zeit betrachteten. Da die Maya für alles (so auch für den Beginn der Zeit) ein genaues Datum hatten, gelang es findigen Forschern schließlich, die Lange Zählung mit dem Gregorianischen Kalender abzugleichen und auszurechnen, wann für die Maya die Zeit und damit die Lange Zählung begann – am 11. August 3114 v. Chr. nämlich. Die Tageszählung erfolgte bei den Maya anhand eines speziellen Systems: in den Einheiten b'ak'tun (144 000 Tage), k'atun (7200 Tage), tun (360 Tage), uinal (20 Tage) und k'in (1 Tag). Bei Mayanisten sieht eine Datumsangabe daher folgendermaßen aus: 12.2.6.4.2 = 12 b'ak'tun (12 × 144 000 = 1 728 000 Tage), 2 k'atun (2 × 7200 = 14 400 Tage), 6 tun usw. Zählt man diese Zahlen zusammen, so erhält man die Anzahl der Tage, die seit dem 11. August 3114 v. Chr. vergangen sind. Mithilfe dieser Informationen sind Archäologen in der Lage, Ereignisse in der Geschichte der Maya mit bemerkenswerter Präzision zu datieren.

13.0.0.0.0 ist in der Langen Zählung der 21. Dezember 2012. Angehörigen einer Kultur, die die Zahl 13 stigmatisiert, erschien dies offenbar bedrohlich. Die Maya indes würde dieses Datum kaum beunruhigt haben (zwar galt die 13 bei ihnen als besondere Zahl, aber ebenso zum Beispiel die 20). Soweit wir wissen, haben sie dieses Datum nur zweimal erwähnt und beide Male in einem ganz und gar harmlosen Zusammenhang. Der Hype um den 21. Dezember 2012 hatte mit dem, was die Maya glaubten, rein gar nichts zu tun.[2]

Die Maya haben das Ende der Welt nicht vorhergesagt, aber viele andere Menschen schon. Zu Beginn des 19. Jahrhunderts kamen in den USA diverse Sekten auf, die behaupteten, die Wiederkehr Jesu Christi und die Apokalypse stünden unmittelbar bevor. Die größte mormonische Glaubensgemeinschaft, die »Kirche Jesu Christi der Heiligen der Letzten Tage«, entstand in den 1820er-Jahren, genau wie eine Reihe Gemeinden freikirchlicher Utopisten wie New Harmony, Indiana (1825). Die Shaker (Eigenbezeichnung: »Vereinigung derer, die an die Wiederkunft Christi glauben«) wurden bereits Mitte des 18. Jahrhunderts in England gegründet, hatten aber um 1840 in den USA ihren größten Zulauf.

Solche Phänomene bezeichnen Anthropologen als »Revitalisie-rungsbewegungen«. Diese Bewegungen haben immer einen Propheten, der behauptet, das Ende der aktuellen Weltordnung stehe unmittelbar bevor; die Menschen seien vom rechten Weg abgekommen, und um die nahende Apokalypse zu überleben, müssten sie sich auf ihre Wurzeln besinnen, ein Prozess, der – seltsamerweise – fast immer neue religiöse Überzeugungen beinhaltet. Die Shaker zum Beispiel sahen im Ge-schlechtsverkehr die Wurzel allen Übels, aber da die Welt bald unter-ging, war er ja eh nicht mehr vonnöten. Und die Mormonen fügten der Bibel kurzerhand ein neues Kapitel hinzu, das beschreibt, wie der aufer-standene Jesus in Amerika auftaucht.

Natürlich ging die Welt auch in den 1840er-Jahren nicht unter, aber das hielt die Menschen auch später nicht davon ab zu glauben, dass die Apokalypse unmittelbar bevorstand. Es kommt einem fast so vor, als glaube jede Generation aufs Neue, sie werde das Ende aller Tage erleben. Die aktuelle Runde der Weltuntergangsszenarien wurde 1987 von der Rockband R.E.M. eingeläutet, die sang: »It's the end of the world as we know it / and I feel fine.« Aber nicht nur Rockstars glauben, die Welt gehe unter. Den Spruch »Das Ende ist nah« kennt man vor allem von Plakate tragenden Cartoonfiguren, doch ab Ende der Achtzigerjahre meldeten sich zahlreiche Autorinnen und Autoren zu Wort, die dieser Empfindung im Titel ihrer Bücher Rechnung trugen, sei es Bill McKib-bens' *Das Ende der Natur* (1990), Francis Fukuyamas *Das Ende der Ge-schichte* (1992) oder Jean-Marie Guéhennos *Das Ende der Demokratie* (1994). Dutzende Titel kündigten damals das Ende des einen oder ande-ren Aspekts unseres Lebens an.[3]

In den Neunzigerjahren war die Formulierung »Das Ende des/der …« in einem Buchtitel ganz eindeutig ein Marketing-Trick, der auf die Mys-tik des Jahrs 2000 abzielte, des Endes eines Jahrtausends. Auch wenn es sich nicht um religiöse Traktate handelt, sind solche Werke dennoch ge-wissermaßen »Endzeit«-Bücher. Und obgleich einige eher optimistisch in die Zukunft blicken (wer sehnt nicht das Ende von Rassismus, Armut, Krieg oder ganz allgemein der Politik herbei?), künden viele von anste-henden Tragödien, die wir selbst fabriziert haben und die unmittelbar bevorstehen, wenn wir nicht schleunigst Reformen in die Wege leiten, um diese fatalen Entwicklungen zu verhindern. Andere Autoren (wie Jared Diamond in *Kollaps – Warum Gesellschaften überleben oder untergehen*) vermeiden den Marketing-Gag mit dem »Ende der Welt«, weisen aber dennoch darauf hin, dass die Evolution für den Menschen etwas anderes vorgesehen habe als das Leben in den modernen Metropolen; dass unsere an Fett, Zucker und Kohlenhydraten reiche Ernährung ungesund für uns ist und dass wir heute in einem solchen Maße mit anderen Menschen kooperieren müssten, dass wir dazu gar nicht in der Lage sind. Der Biologe Edward O. Wilson warnt seit Jahren vor diesen Entwicklungen (zum Beispiel in *Die Hälfte der Erde – Ein Planet kämpft um sein Leben*).[4] Ein kurzer Blick in die Sachbuch-Abteilung einer jeden Buchhandlung zeigt, dass viele Bestseller betont pessimistisch sind – und das aus gutem Grund.[5]

Trotz der bemerkenswerten technologischen Fortschritte, die wir in den vergangenen hundert Jahren gemacht haben, sorgen die täglichen negativen Schlagzeilen dafür, dass viele den Glauben an die Zukunft der Menschheit verlieren. Der ehemalige US-Vizepräsident Al Gore präsentierte in *Die Zukunft – Sechs Kräfte, die unsere Welt verändern* eine Reihe miteinander verbundener Probleme, mit denen wir uns in Zukunft auseinandersetzen müssen, und auch Henry Kissinger warnte in *Weltordnung* vor einem bevorstehenden Chaos. In *Reisen an die Grenzen der Menschheit – Wie die Zukunft aussehen wird* sieht Robert Kaplan für einen Großteil Afrikas und Asiens, wo viele Länder von Krankheiten, gescheiterten Regierungen, Warlords, Verbrechen und Umweltzerstörung geplagt sind, wenig Anlass zur Hoffnung.[6] Seit 1980 hat die soziale Ungleichheit sowohl innerhalb der meisten Länder als auch zwischen diesen Ländern dramatisch zugenommen. Oxfam schätzt, dass die reichsten 62 Personen der Welt heute zusammen genauso viel Geld besitzen wie die ärmsten 3,5 Milliarden Menschen auf der Welt.[7] Und selbst wenn es 620 oder 6200 wären: Die Statistik wäre nicht weniger alarmierend.[8]

Und das ist längst nicht alles. Elizabeth Kolbert (*Das sechste Sterben – Wie der Mensch Naturgeschichte schreibt*), Naomi Klein (*Die Entscheidung – Kapitalismus vs. Klima*), Gaia Vince (*Am achten Tag – Eine Reise in das Zeitalter des Menschen*), Alan Weisman (*Countdown – Hat die Erde eine Zukunft?*), Julian Cribb (*The Coming Famine*) und Naomi

Oreskes und Erik M. Conway (*Vom Ende der Welt – Chronik eines ange-kündigten Untergangs*) erwarten allesamt, dass uns Bevölkerungswachs-tum und Klimawandel fürchterliche Probleme bereiten werden. Tatsäch-lich sieht es so aus, als hätten wir den Rubikon des Klimawandels bereits überschritten und könnten nur noch hoffen, seine Auswirkungen ein wenig zu lindern.[9] Die Weltbevölkerung, die momentan über sieben-einhalb Milliarden zählt, dürfte bis Ende des Jahrhunderts auf zehn bis elf Milliarden anwachsen – und das, obwohl einige Demografen schät-zen, dass gerade einmal anderthalb Milliarden Menschen dauerhaft mit minimalen Auswirkungen auf die Umwelt so leben können, wie die »ers-te Welt« es derzeit tut.[10] Irgendjemand wird das Nachsehen haben.

Leider bezweifeln die meisten dieser Autorinnen und Autoren, dass wir den gemeinsamen Willen aufbringen werden, die erforderlichen Lö-sungen so schnell umzusetzen, wie es nötig wäre. Stattdessen glauben sie, dass unsere politischen und wirtschaftlichen Systeme dafür sorgen werden, dass nur eine kombinierte ökologische, demografische, wirt-schaftliche und politische Katastrophe echte Veränderungen bewirken wird.

Es gibt aber auch optimistischere Stimmen. Dazu zählen Robert Wright (*Non-Zero – The Logic of Human Destiny*), Matt Ridley (*Wenn Ideen Sex haben – Wie Fortschritt entsteht und Wohlstand vermehrt wird*), Steven Pinker (*Gewalt – Eine neue Geschichte der Menschheit*), Charles Kenny (*Getting Better*), Joshua Goldstein (*Winning the War on War*) und Angus Deaton (*Der große Ausbruch – Von Armut und Wohlstand der Na-tionen*). Sie weisen darauf hin, dass es noch weitere Statistiken gibt: Alle Formen von Gewalt gehen immer mehr zurück (auch wenn uns unsere Wahrnehmung das Gegenteil weismachen will). Die Verfügbarkeit von Nahrungsmitteln verbessert sich (auch wenn zugleich Mangelernäh-rung und Fettleibigkeit grassieren). Die Kindersterblichkeit ist im ver-gangenen Jahrhundert drastisch gesunken und die allgemeine Lebens-erwartung um 50 Prozent gestiegen. Seit 1980 ist der Anteil der Weltbevölkerung, der nur 1 US-Dollar pro Tag zum Leben hat, von 42 auf 14 Prozent gesunken. Die Medizin hat erstaunliche Fortschritte ver-zeichnet, und die Bewohner der entwickelten Länder leben rund dreißig Jahre länger. Die Globalisierung öffnet den Menschen mehr Chancen als

23

je zuvor. Das Internet hat den Gedankenaustausch zwischen Menschen rund um die Erde möglich gemacht, und dies schafft eine Menge an Wissen, wie sie die Welt noch nicht gesehen hat. Die eine bemerkenswerte Fähigkeit unserer Spezies, die Klugheit, gibt Diane Ackerman in ihrem Buch *The Human Age* Anlass zur Hoffnung, dass wir die Umweltprobleme lösen werden. Auch wenn wir noch einen weiten Weg vor uns haben, gibt es doch zumindest einige Indikatoren, die zeigen, dass wir uns in die richtige Richtung bewegen.[11]

Die Vor- und Frühgeschichte lehrt uns, dass der Mensch erstaunlich gut darin ist, Probleme zu lösen, und dass die Evolution uns immer wieder dazu gebracht hat, uns neu zu erfinden. Natürlich ist, wie ein Börsenmakler beteuern würde, die Wertentwicklung der Vergangenheit kein verlässlicher Indikator für zukünftige Ergebnisse. Mag sein, dass wir wirklich zum Untergang verdammt sind. Aber als Prähistoriker weiß ich, dass dies nicht unbedingt der Fall sein muss. Vielleicht werden wir das Ruder noch herumreißen.

Doch bevor wir uns mit der Zukunft beschäftigen können, müssen wir die Vergangenheit unter die Lupe nehmen. Und bevor wir das tun, will ich mich ein wenig damit beschäftigen, wie Archäologen denken, um zu demonstrieren, wie sie die bedeutenden Umbrüche der Menschheit erkennen, die immer wieder aufs Neue das Ende unserer Welt markiert haben.

Kapitel 2

Wie denken Archäologen?

*Es geht nicht darum, was man findet,
es geht darum, was man herausfindet.*

SO DER ARCHÄOLOGE DAVID HURST THOMAS

Vor einigen Jahren saß ich in Truth or Consequences, New Mexico, am Straßenrand. Die Stadt hieß früher Hot Springs. 1950 änderten die Stadtväter den Namen ihrer Gemeinde, als der Moderator einer beliebten Radiosendung versprach, das nächste Mal aus der ersten Stadt zu senden, die sich umbenennen und fortan wie seine Sendung heißen würde. »T or C«, wie die Einheimischen sie nennen, ist heute noch eine Stadt mit Humor. Als ich dort am Straßenrand saß, sah ich, wie sich dieser Humor in den Autoaufklebern widerspiegelte. Auf dem Wagen eines Star-Trek-Fans las ich: »Mein Gott, Jim, er ist tot. Du nimmst seine Brieftasche, ich seinen Tricorder.« Und ein Aufkleber sprach mich ganz besonders an: »Archäologen sind die Cowboys der Wissenschaft.«

Cowboys und Archäologen sind immer für einen Spaß zu haben. Ich erinnere mich an den 4. Juli 1976 in Austin, Nevada, einer weiteren Kleinstadt mit Humor. Meine Freunde und ich waren dort in einem kleinen Hotel abgestiegen, das wir liebevoll »Austin Hilton« nannten, als Les Boyd, ein Cowboy von der Triple T Ranch, hoch zu Ross in die Lobby geritten kam und fragte, ob »irgendein Vogel hier« mit ihm um die Wette reiten würde. Niemand schien das sonderlich merkwürdig zu finden, und nachdem sich ein Kontrahent gefunden hatte, wendete Les sein Pferd und trottete seelenruhig wieder hinaus. Sämtliche Bewohner von Austin (es ist eine *sehr* kleine Stadt) schlenderten zu einer unbefestigten Landebahn etwas außerhalb, jemand feuerte eine Pistole ab, und los ging das Rennen. Boyd war ein ausgezeichneter Reiter. Die Zügel locker in der Armbeuge, galoppierte er die Piste hinunter und drehte sich, mit einem Glas Bier in der einen und einer brennenden Zigarre in

25

der anderen Hand, im Sattel um und feuerte seinen Herausforderer grinsend an: »Na los! Leg mal 'nen Zahn zu!«

Archäologen ticken ganz ähnlich. Unter der sengenden Sonne mit Zahnarztbesteck ein zerbrechliches Knochenfragment freizulegen kann nicht nur langweilig sein, es kann einen an den Rand des Wahnsinns treiben. Daher erleichtern sich Archäologen ihre Arbeit mit Anekdoten und Witzen. Ich habe mitbekommen, wie Studenten beim Graben ganze Episoden der *Simpsons* nacherzählten, ich habe Gesprächsfetzen mitgehört, bei denen ich mich ein ums andere Mal fragte, worüber die da bloß redeten, so etwas wie: »Ach ja? Chuck Norris hat zweimal bis unendlich gezählt!« Oder mein Favorit: »Ich sag dir, der Affe litt ganz bestimmt unter Verstopfung.« Bei der Mittagspause an einem besonders heißen Tag in Nevada verkündete eine Studentin: »Orangen sind besser als Sex!« Und damit brach sie eine lange Diskussion vom Zaun, was man mit Obst alles anstellen kann. Ich kann das hier unmöglich wiedergeben.

Archäologen brauchen Humor. Archäologie ist kein Hexenwerk, sie ist um einiges komplexer. Zumindest wissen Hexen gleich, ob sie alles richtig machen: Entweder funktioniert ihr Zauberspruch oder nicht. Ohne Zeitmaschine können wir Archäologen niemals sicher sein, dass wir aus unseren Funden die richtigen Schlüsse ziehen. Wir verbessern ständig unsere Methoden, aber wenn wir ehrlich wären, dürften wir niemals sagen: »Dies und das ist damals geschehen«, sondern nur: »Wir glauben, dass dies und das damals geschehen ist, und die Wahrscheinlichkeit dafür ist soundso hoch.« (Das sagen wir natürlich nicht, denn das wäre, ehrlich gesagt, recht ermüdend.)

Aber manchmal sind wir dann doch in der Lage, die Vergangenheit so detailliert zu interpretieren, dass wir selbst darüber staunen. Zum Beispiel als Wanderer 1991 hoch in den Ötztaler Alpen einen nackten männlichen Leichnam entdeckten; er war so gut erhalten, dass sie davon ausgingen, es handele sich um einen kürzlich verunglückten Wanderer. Sie riefen die Polizei, doch die Gerichtsmediziner merkten schnell, dass die erstarrte Leiche schon länger im Eis gelegen hatte. Eine Radiokarbon-Datierung bestätigte diese Vermutung und ergab, dass der Mann, den man heute als Ötzi kennt, vor etwa 5100 Jahren gestorben war, während des europäischen Neolithikums (der »Jungsteinzeit«, vor 9000 bis 4000 Jahren).

Ötzi ist so gut erhalten, dass an seinem Körper sogar noch fünfzig Tätowierungen sichtbar sind. Analysen des Skeletts haben ergeben, dass er ca. 45 Jahre alt war, als er starb, 1,60 Meter groß war und 50 Kilogramm wog. Er hatte dunkles, gewelltes schulterlanges Haar und trug einen Bart. Seine Zähne waren stark abgenutzt, da er viel Weizenvollkornschrot aß, aber er hatte kaum Karies. Der hohe Arsengehalt in seinen Haaren deutet darauf hin, dass er noch kurz vor seinem Tod dabei gewesen war, als Kupfer eingeschmolzen wurde, und die Rillenbildung in seinen Fingernägeln zeigte, dass er acht, dreizehn und sechzehn Wochen vor seinem Tod krank gewesen war – wahrscheinlich als Folge einer chronischen Erkrankung. Laut seiner DNA hatte er braune Augen, war laktoseintolerant, hatte die Blutgruppe 0, war mit Menschen verwandt, die heute auf Sardinien leben, und litt wahrscheinlich an Lyme-Borreliose. Mit den gleichen Methoden, die Forensiker verwenden, um von Totenschädeln Gesichter zu rekonstruieren, erstellten italienische Forscher ein Porträt von Ötzi. Es ist das einzige Gesicht eines Menschen aus der Jungsteinzeit, das wir je zu Gesicht bekommen haben.[1]

Wir wissen auch, wie Ötzi gekleidet war und was er bei sich trug. Seine Schuhe waren aus Hirschleder und Bärenfell gefertigt und mit Gras ausgepolstert. Gamaschen, Lendentuch und Mantel waren aus dem Leder domestizierter Ziegen, er hatte eine aus Gras gewebte Matte bei sich und trug eine Mütze aus Bärenfell. Ötzis Mantel war mit einem Gürtel aus Kalbsleder zusammengeschnürt, an dem eine Tasche hing, in der sich mehrere Steinwerkzeuge und ein getrockneter Zunderschwamm zum Feuermachen befanden. Er hatte einen nicht ganz fertiggestellten Langbogen aus Eibenholz dabei, der in Blut getaucht war (um ihn wasserfest zu machen), sowie ein Messer mit einer Feuersteinklinge und einem Griff aus Eschenholz, das in einer Scheide aus Bast steckte. Zum Schleifen von Stein diente ein Stift aus Lindenholz mit einem Einsatz aus gehärtetem Hirschgeweih. In einem Köcher aus Gamsleder trug er zwei fertige und zwölf unfertige Pfeile bei sich. Nach der Art und Weise zu urteilen, wie die Befiederung befestigt war, wurde einer der fertigen

Pfeile von einem Rechtshänder, der andere von einem Linkshänder angefertigt. Auf dem Rücken trug er eine Trage mit einem Rahmen aus Haselholz und einem Netz aus Rindenfasern. Außerdem fand man zwei Behälter aus Birkenrinde, von denen einer frische Ahornblätter und der andere Reste von Holzkohle zum Feuermachen enthielt. Sein kostbarster Besitz war zweifellos ein Beil aus Eibenholz mit einer scharfen Kupferklinge, die mit Birkenpech und einem Lederband am Griff befestigt war. Kupfer war im Neolithikum so selten und teuer, dass das Beil ein guter Indikator für den gesellschaftlichen Status von Ötzi ist.

Anhand von Ötzis Zähnen und Knochen konnte man feststellen, dass er im oberen Eisacktal in Südtirol aufgewachsen war und seit zehn Jahren im Vinschgau lebte, aus dem auch seine Steinwerkzeuge stammten. Die Analyse seines Darminhalts hat ergeben, dass seine letzte Mahlzeit aus ungesäuertem Weizenbrot, Hirsch- und Steinbockfleisch und ein wenig grünem Gemüse bestand. Die Pollen in seinen Lungen deuten darauf hin, dass er sich noch zwölf Stunden vor seinem Tod im Vinschgau befand, und der Pollen- und Chlorophyllgehalt der Ahornblätter verrät, dass er seine letzte Reise im Juni unternommen hat.

Und wir wissen sogar, wie Ötzi starb: Er wurde ermordet. Jemand schoss ihm einen Pfeil in den Rücken und schlug ihm danach möglicherweise noch auf den Schädel. Bei einer Röntgenuntersuchung entdeckte man eine steinerne Pfeilspitze, die sein linkes Schulterblatt und ein großes Blutgefäß durchbohrt hatte. Ötzi war binnen Minuten verblutet. Er hatte auch mehrere Schnitte an der Stirn und an den Fingern – vielleicht hat er einen mit einem Messer bewaffneten Angreifer abgewehrt. Auf der rechten Seite des Brustkorbs fand man mehrere geheilte Rippenbrüche, aber auf der linken Seite waren einige Rippen noch kurz vor seinem Tod gebrochen.

Obwohl er seit über fünftausend Jahren tot ist, wissen wir, was Ötzi an seinem letzten Tag auf Erden getan und erlebt hat. Es war Juni, er verließ sein Haus im Vinschgau; er rechnete damit, einige Zeit unterwegs zu sein, denn er packte Utensilien ein, wie man sie für eine mehrtägige Reise benötigte. Jemand verfolgte ihn oder begegnete ihm. Es kam zu einem Kampf, und Ötzi konnte fliehen, doch sein Angreifer holte nahe dem Bergkamm auf und tötete ihn mit einem einzigen gezielten

Pfeilschuss in den Rücken. Vermutlich war der Angreifer ein erfahrener Bogenschütze und hatte nicht nur Glück, daher handelte es sich wahrscheinlich um einen Mann etwa in Ötzis Alter. Und ich glaube, dass der Mörder Ötzi gut kannte. Warum? Er muss gesehen haben, wie Ötzi zu Boden ging, denn ein so gut platzierter Schuss kann kaum aus mehr als fünfzehn Metern Entfernung erfolgt sein. Vielleicht stand der Mörder danach über Ötzi und wartete, bis jener seinen letzten Atemzug nahm. Und dennoch nahm er Ötzis Habseligkeiten nicht an sich, vor allem das wertvolle Beil aus Kupfer. Warum hätte jemand ein solches Beutestück zurücklassen sollen? Ich vermute, er hätte das Beil nicht benutzen können, weil er ebenfalls aus Ötzis Dorf stammte; dass sie sich kannten und er aus irgendeinem Grund wütend auf Ötzi war. Wenn er das Beil mit nach Hause gebracht hätte, so hätte es bestimmt jemand wiedererkannt und unangenehme Fragen gestellt.

Hätten wir eine Zeitmaschine, um in die Jungsteinzeit zurückzureisen, könnten wir mit ziemlicher Sicherheit Ötzis Mörder überführen.

Detaillierte forensische Informationen wie diese – das ist es, was die Öffentlichkeit an der Archäologie interessiert. Und warum auch nicht? Man liest so etwas gerne, weil die Details einem das Gefühl geben, »dabei zu sein«. Es verbindet uns mit der Vergangenheit auf einer ganz persönlichen Ebene. Es fällt uns leichter, Informationen nachzuvollziehen, wenn sie in Form von Begrifflichkeiten daherkommen, die wir sofort verstehen. Kaum jemand liest Artikel in soziologischen Fachzeitschriften mit Statistiken über Untreue in der Ehe, doch die diesbezüglichen Fehltritte von Prominenten schaffen es immer wieder auf die Titelseiten der Regenbogenpresse.

Und die Archäologie wird immer besser darin, diese Neugier zu befriedigen. Ständig kommen technische Neuerungen auf den Markt, die die Grenzen dessen ausloten, was wir aus einer unscheinbaren Keramikscherbe, einem Steinabschlag, einem Knochenfragment herauslesen können. Sie haben sicherlich schon von der Radiokarbon-Methode gehört (mit der man organisches Material datieren kann, wenn es nicht älter als 45 000 Jahre ist), aber es gibt noch weitere Datierungstechniken, die Sie sicherlich nicht kennen, zum Beispiel die optisch stimulierte

Lumineszenz, die ermitteln kann, wann Quarzkörner zum letzten Mal dem Sonnenlicht ausgesetzt waren, und die Elektronenspinresonanz, die Zähne anhand von Änderungen der Molekülstruktur datiert, die von der Hintergrundstrahlung im umgebenden Sediment verursacht wurden.

Die Analyse von Kohlenstoff-, Stickstoff- und Strontiumisotopen in menschlichen Knochen und Zähnen verrät uns, was Menschen gegessen haben, wo sie geboren wurden, wo sie aufgewachsen sind und ob sie später den Standort gewechselt haben. Wir können Lipide aus Keramikgefäßen entnehmen, die uns verraten, welche Lebensmittel in einem Topf einst gekocht oder gelagert wurden. Aus Steinwerkzeugen können wir Proteinrückstände extrahieren und ermitteln, welche Tiere damit getötet oder geschlachtet wurden. Wir können anhand von Tierknochen die Spezies identifizieren (das ist sogar relativ einfach), und wir können feststellen, ob diese Tiere von Menschen geschlachtet, von Hunden und Wölfen gerissen, von Nagetieren angenagt wurden. Wir können herausfinden, ob ein Koprolit (getrockneter menschlicher Kot) von einem Mann oder einer Frau hinterlassen wurde und was diese Person gegessen hat. Wir können feststellen, ob die Handabdrücke, die weltweit die Wände von Höhlen zieren, von Männern oder Frauen stammen (das hat mit der Handgröße und der relativen Fingergröße zu tun). Wir können zurückverfolgen, woher das Gestein eines Steinwerkzeugs oder der Ton eines Stücks Keramik stammt. Diese Daten helfen uns, die Reiserouten von Nomaden und Handelswege nachzuzeichnen. Wir können sogar aus alten Skelettresten genetisches Material extrahieren. Wir sind zu einigem in der Lage.

Ehrlicherweise muss ich jedoch zugeben, dass viele dieser Techniken nur in ganz bestimmten Fällen anwendbar sind, und alle haben ihre Grenzen. Ich habe Ötzi so ausführlich beschrieben, um Sie in ein altes Archäologengeheimnis einzuweihen: Wir können solche detaillierten Informationen nicht *systematisch* gewinnen. Nicht überall ist DNA oder überhaupt organisches Material erhalten, und es gibt immer potenzielle Kontaminationsquellen. Viele Fundstellen waren keine Siedlungen, sondern Orte, wie zum Beispiel Flussdeltas, an denen Mutter Natur Artefakte und Knochen angespült hat, die anderswo durch Bodenerosion in den Fluss gelangt sind. Auch wenn die Technik immer besser wird und wir aus immer bescheideneren archäologischen Objekten immer mehr Informationen extrahieren können, wird die Archäologie doch niemals in der Lage sein, ein so detailliertes Bild der Vergangenheit zu zeichnen, wie wir es gerne hätten.

Doch wie mein erster Mentor, David Hurst Thomas, sagte: Es geht nicht darum, was man findet, es geht darum, was man *heraus*findet. Ötzi und seine Ausrüstung – das haben wir gefunden, doch was wir herausfinden wollen, steht auf einem anderen Blatt. Wenn wir Ötzi untersuchen, erfahren wir eine Menge über das Leben eines Mannes, aber wie viel verrät es uns ganz allgemein über das Leben der Menschen im Neolithikum in Mittel- und Südeuropa? Wenn wir uns die Vergangenheit als Familienfoto vorstellen, steht Ötzi deutlich sichtbar im Vordergrund, aber der Rest ist verschwommen und verpixelt. Über die längerfristigen, großflächigen Prozesse des technologischen, sozialen, politischen und kulturellen Lebens in der Jungsteinzeit erzählt Ötzi uns nur wenig. Dabei kann die Archäologie gerade solche Prozesse oftmals sichtbar machen, und zwar ziemlich deutlich.

Um diese großflächigen Prozesse zu untersuchen, müssen wir Daten analysieren, die uns leider keine persönliche Verbindung zur Vergangenheit ermöglichen oder uns das Gefühl geben, »dabei zu sein«. Aber das ist in Ordnung, und ein britischer Archäologe mit dem wunderbaren Namen Osbert Guy Stanhope Crawford (1886–1957) verrät uns, warum.

Crawford kam in Indien zur Welt, seine Eltern starben, als er acht Jahre alt war. Später studierte er Geografie und Kartografie, doch sein eigentliches Interesse galt der Vor- und Frühgeschichte. 1911 nahm er an einer Ausgrabung im Sudan teil, doch dann kam der Erste Weltkrieg, und seine Karriere lag zunächst auf Eis.[2]

Während des Krieges war Crawford als Beobachter beim Royal Flying Corps tätig. Er fotografierte und analysierte Fotos, bis er 1918 abgeschossen wurde; den Rest des Krieges verbrachte er in einem deutschen Kriegsgefangenenlager. Nach dem Krieg nahm er eine Stelle im britischen Ordnance Survey an und suchte anhand von Luftaufnahmen nach Blindgängern. Als er von der Seite eines Doppeldeckers aus bei tief stehender Sonne eine Reihe Fotos schoss, entdeckte Crawford am

31

Boden seltsame Schattenmuster. Er fand heraus, dass es sich um Mauern und Gräben handelte, die im Erdboden verborgen waren und trotz ihrer Größe so gut versteckt, dass man sie am Boden gar nicht bemerkte. (Crawford demonstrierte diesen Effekt, indem er einen Teppich einmal von oben und einmal aus der Perspektive seiner Katze fotografierte – das eine Mal sah man deutlich das Muster, das andere Mal nicht.) Sein neuer Ansatz half Archäologen, in der englischen Landschaft zahlreiche archäologische Spuren zu entdecken.

Crawford wollte ein Forum für Archäologen schaffen, das ihnen ermöglichte, die Ergebnisse ihrer Arbeit mit anderen zu teilen, und gründete 1927 die Fachzeitschrift *Antiquity*, die heute noch eines der wichtigsten Organe der Archäologie ist. In der ersten Ausgabe erklärte er, worum es in der Zeitschrift ging: »Unser Forschungsfeld ist die Erde, unser Zeithorizont beträgt etwa eine Million Jahre, unser Thema ist die menschliche Rasse.« Diese Aussage beschreibt die zwei großen Stärken der Archäologie: Zeit und Raum.

Keine andere Wissenschaft beschäftigt sich mit dem Menschen im gleichen Maßstab wie die Archäologie. Wir »beobachten« das Verhalten unserer Artgenossen, wie es sich über extrem ausgedehnte geografische Gebiete und über extrem lange Zeiträume hinweg manifestiert. Die Archäologie erforscht die *gesamte* Menschheit – von der Zeit, bevor wir Menschen waren, bis heute, und vom Äquator bis zum Nord- und Südpol. Sicherlich bleiben uns manche Details verborgen, die in die Domäne von Kulturanthropologen oder Historikern fallen, und Individuen, die früher einmal lebten, wie Ötzi, betrachten wir nur selten. Wir können nicht systematisch Religionen, Kosmologie, Verwandtschaftsbeziehungen oder noch abstraktere Aspekte der menschlichen Kultur rekonstruieren, die sich in den Überresten, die wir ausgraben, oft nur indirekt manifestieren. Ich weiß nicht, wie oft jemand Fachfremdes eine meiner Ausgrabungen besucht und mich gefragt hat: »Wie sah denn die Religion dieser Leute aus?« Leider muss ich die Besucher dann regelmäßig enttäuschen. Aber da wir uns mit so gewaltigen (Zeit-)Räumen befassen, gleichen wir jeden Mangel an Details dadurch aus, dass wir den Überblick über das große Ganze haben. Ich sage meinen Studentinnen und Studenten immer gerne: Andere Leute sehen den Wald vor lauter

Bäumen nicht – wir sehen vielleicht nicht die einzelnen Bäume, aber den Wald dafür umso deutlicher.

Wir Archäologen interessieren uns dafür, was Menschen in längst vergangenen Zeiten taten und dachten, aber ihre Taten und Gedanken können wir nur mithilfe dessen rekonstruieren, was sie hinterlassen haben: zerbrochene Knochen, verbrannte Samen, Keramikscherben oder, wenn wir großes Glück haben, ein eingestürzter Tempel. Wir rekonstruieren Geschichte anhand von *Dingen*, besser gesagt: anhand bestimmter *Muster*, die sich dadurch ergeben, dass diese Dinge in Zeit und Raum immer wieder auftauchen.

Wer Vor- und Frühgeschichte studiert, lernt gleich im ersten Semester die Bedeutung von Begriffen wie »Epoche«, »Phase« und »Kultur« kennen, die sich auf bestimmte Einheiten in Zeit und Raum beziehen. Im US-amerikanischen Südwesten spricht man zum Beispiel von der »Basketmaker-Kultur« oder von der »Pueblo-Kultur«. Diese Begriffe beziehen sich auf Zeiträume; die Basketmaker-Kultur bestand beispielsweise von ca. 200 v.Chr. bis 700 n.Chr., Pueblo I von 700 bis 900 und Pueblo II von 900 bis 1100. Solche Begrifflichkeiten beziehen sich aber nicht nur auf die Zeit, sondern auch auf den geografischen Raum; in diesem Fall werden sie ausschließlich für den Südwesten der USA verwendet.

Phasen definiert man anhand der räumlichen und zeitlichen Verteilung bestimmter Gegenstände, zum Beispiel der Formen von Pfeilspitzen, der Bauweise von Behausungen oder der Dekoration von Keramik. Die Basketmaker-Kultur war eine Phase im US-amerikanischen Südwesten, als die Menschen in halbunterirdischen Steinhäusern lebten und ganz ausgezeichnete Körbe (daher der Name der Epoche) und auch Töpferwaren herstellten; außerdem hat man aus jener Zeit moderate Mengen von Überresten von Mais gefunden, zum Beispiel verbrannte Maiskolben. In der Epoche Pueblo I tauchen erstmals der bekannte quadratische, oberirdische Pueblo und die Kivas auf (runde, halbunterirdische Zeremonienräume), Keramik mit schwarzen geometrischen Motiven auf weißem Hintergrund und rot bemalte Keramik. Rückstände von Mais sind in zahlreichen Pueblo-I-Stätten vorhanden und signalisieren die gewachsene Bedeutung von Mais in der Ernährung der nordamerikanischen Ureinwohner. In der Epoche Pueblo II werden die Pueblos größer, und es finden sich einige besonders große Kivas. Es gibt einige Beispiele grauer Keramik und jede Menge schwarz-weiße Keramik. Das ist natürlich längst nicht alles, aber diese Veränderungen in den materiellen Hinterlassenschaften sind der Grund, warum die Archäologie die Kultur des Südwestens Nordamerikas so einteilt, wie sie es tut.

Der springende Punkt ist: Wir Archäologen benennen solche Veränderungen in Form von Epochen oder Phasen, weil wir davon ausgehen, dass Veränderungen in den materiellen Hinterlassenschaften Veränderungen in der Organisation des menschlichen Miteinanders signalisieren. In einem Buch über die Geschichte Nordamerikas könnte sich zum Beispiel ein Kapitel mit dem Titel *Basketmaker-Kultur* finden, das beschreibt, wie die Menschen damals lebten und wie ihre gesellschaftliche und politische Organisation aussah – all das auf Basis der Interpretation archäologischer Funde. Im nächsten Kapitel würden dann vielleicht die materiellen Hinterlassenschaften von Pueblo I interpretiert, um zu zeigen, wie sich das Leben der Menschen gegenüber der Basketmaker-Kultur veränderte. Es ist nicht immer einfach, aber die Archäologie möchte solchen materiellen Hinterlassenschaften Leben einhauchen, um so von den statischen Überresten der Vergangenheit auf das dynamische Verhalten der Menschen zu schließen, die diese Dinge hergestellt und benutzt haben.

Dennoch bin ich sicher, dass jene, die in einer bestimmten archäologischen Phase lebten, enttäuscht wären, wenn sie »ihr« Kapitel zu Gesicht bekämen. »Da steht ja gar nichts über den furchtbaren Winter, als Schnelle Krähe und all ihre Kinder starben«, würden sie vielleicht sagen. »Und was ist mit Rote Hand, diesem großartigen Sänger und Jäger? Der wird ja nicht einmal erwähnt.«

Um dieses Manko auf andere Art und Weise zu verdeutlichen: Stellen Sie sich vor, Sie müssten einen Aufsatz darüber schreiben, was im 20. Jahrhundert alles geschah, und hätten nur eine DIN-A4-Seite Platz. Was würden Sie erwähnen? Vor allem aber: Was würden Sie weglassen?

Den Ersten Weltkrieg? Den Zweiten Weltkrieg? Den Koreakrieg? Den Vietnamkrieg? Den Völkerbund? Die Vereinten Nationen? Die Spanische Grippe? Die Weltwirtschaftskrise? Den Impfstoff gegen Polio? Die Mondlandung? Die Polarexpeditionen? Computer? Den Kommunismus? Das Internet? Einstein? Marie Curie? Spielberg? AIDS? Die Doppelhelix? Das Frauenwahlrecht? Die amerikanische Bürgerrechtsbewegung? Gandhi? Die Ermordung Kennedys? Die SPIEGEL-Affäre? Das Fernsehen? Satelliten? Die Ölkrise von 1973? Martin Luther King? Bob Dylan? Elvis? Willy Brandt? Den NATO-Doppelbeschluss? Madonna? Handys? Mikrochips? Die Aufgabe scheint kaum lösbar, doch wir Archäologen tun im Grunde nichts anderes – wir wühlen uns durch Berge von Details, um das Muster zu finden, den Wald.

Wie soll man eine solche Aufgabe angehen? Sie ahnen es vielleicht bereits: Erweitern Sie Ihr Blickfeld! Nordamerika-Archäologen entdecken Muster in Zeit und Raum nicht, indem sie sich auf einen einzigen Standort konzentrieren, sondern indem sie viele verschiedene Standorte aus unterschiedlichen Epochen untersuchen, die sich auf mehrere Tausend Quadratkilometer verteilen. Erst dann können sie die Unterschiede zwischen Basketmaker- und Pueblo-I-Stätten aufzeigen. Um Ihren Aufsatz über das 20. Jahrhundert zu schreiben, sollten Sie sich also zunächst mit dem 18. und 19. Jahrhundert auseinandersetzen (es würde helfen, wenn Sie auch noch wüssten, was im 21. und 22. Jahrhundert alles geschehen wird). Dadurch hätten Sie einen besseren Überblick darüber, wie sich das 20. Jahrhundert von den Phasen davor und danach unterschied.

Archäologen können sich nur mit den materiellen Zeugnissen der Vergangenheit beschäftigen. Wenn wir in Raum und Zeit nach Mustern suchen, dann suchen wir nach Mustern in der Verteilung materieller Zeugnisse. Dabei haben Archäologen eigentlich gar kein so großes Interesse an materiellen Dingen (sie sind bloß das, was wir *finden*). Vielmehr wollen wir wissen, was uns diese Dinge über die Organisation menschlicher Gesellschaften der Vergangenheit verraten (das ist es, was wir *herausfinden* möchten).

Stellen Sie sich vor, ein Archäologe aus der Zukunft würde in Mülldeponien aus dem 18., 19. und 20. Jahrhundert wühlen: Was würde seine Aufmerksamkeit erregen? Neben der Tatsache, dass sich die schieren Mengen an Material unterscheiden würden, gäbe es im Müll des 20. Jahrhunderts einige Dinge, die ihm besonders ins Auge fallen würden: Autos, elektronische Geräte und vor allem tonnenweise Papier (der Archäologe Bill Rathje, der sich viel mit Müll beschäftigte, fand heraus, dass recycelbares Papier auf modernen Deponien den meisten Platz einnimmt).[3] Ein Archäologe würde aufgrund der großen Unterschiede in dem, was er vorfände, auf zwei Phasen schließen: Eine würde das 20. Jahrhundert umfassen, die andere das 18. und 19. Jahrhundert.

Doch das ist natürlich nur der Anfang, denn der Archäologe möchte vor allem wissen, um was es sich bei den Autos, der Elektronik und dem Papier handelt: Wie wurden sie hergestellt und wozu dienten sie? Wer hat sie verwendet – Männer, Frauen, Kinder? Wurden sie vor Ort produziert oder importiert? Signalisierten sie ein bestimmtes Prestige oder waren es reine Alltagsgegenstände? Um diese Fragen zu beantworten, würde er aus dem großen Fundus archäologischer Techniken und Methoden schöpfen.

Nun wissen Sie ein wenig mehr darüber, wie Archäologen ticken. Wir suchen in verstreuten materiellen Überresten nach räumlichen und zeitlichen Mustern, und anhand dieser Überreste versuchen wir zu rekonstruieren, wie die Menschen damals lebten. Und wir gehen davon aus, dass das Auftauchen neuartiger Gegenstände – seien es Steinwerkzeuge, Töpferwaren, Wohnhäuser, religiöse Bauten, Autos, Elektronik oder Druckerzeugnisse – darauf hindeuten, dass sich im Leben der Menschen etwas veränderte.

In den folgenden Kapiteln werde ich die große Stärke der Archäologie, ihre Fähigkeit, Muster in Raum und Zeit zu erkennen, bis zum Äußersten ausreizen und den gesamten Verlauf der Menschheitsgeschichte nach globalen Mustern abklopfen. Stellen Sie sich vor, Sie nehmen in der Stratosphäre Platz wie in der hintersten Reihe eines Kinos und schauen sich einen Film an, der die gesamte Menschheitsgeschichte zeigt, alle sechs Millionen Jahre. Lassen Sie die Geschichte der Menschheit auf sich wirken, während Sie Ihr Popcorn futtern (Sie brauchen wahrscheinlich den Jumbo-Becher), und fragen Sie sich: Können Sie

irgendwelche *globalen* Veränderungen in der materiellen Kultur ausmachen? Können Sie Phasen erkennen, die die ganze Welt umfassen, die
bedeutende Übergänge in der menschlichen Evolution kennzeichnen,
Zeitpunkte, an denen sich der grundlegende Charakter des menschlichen Lebens auf Erden verändert hat?

Könnten wir die Geschichte der Menschheit von einer solchen War-
te aus betrachten, so würden uns meiner Meinung nach vier wichtige
Wendepunkte auffallen, an denen es zu gewaltigen Veränderungen in
den materiellen Zeugnissen kam, die auf bedeutende Verschiebungen in
der Organisation menschlichen Lebens schließen lassen. In den Kapiteln 3 bis 6 werden wir feststellen, was die Archäologie über diese Verschiebungen alles weiß. Wir kennen noch immer nicht alle Details, aber
immerhin sind wir bereits schlauer als vor hundert Jahren – damals
wusste man so gut wie nichts darüber. Und ich werde beweisen, dass
heute alles anders ist als früher, auch wenn der unhöfliche Student aus
Kapitel 1 es nicht wahrhaben will. Am Schluss, in Kapitel 7, werden wir
dann sehen, inwiefern der Ansatz aus Kapitel 3 bis 6 darauf schließen
lässt, dass auch in Zukunft beileibe nicht alles so bleiben wird, wie es
heute ist.

Kapitel 3

Stöcke und Steine: Technologie

Die Vergangenheit ist niemals tot; sie ist noch nicht einmal vergangen.

WILLIAM FAULKNER, *REQUIEM FÜR EINE NONNE*

Wenn Archäologen etwas können, dann auf der Straße Geld finden. Denn bei der Arbeit laufen wir die meiste Zeit mit gesenktem Kopf durch die Gegend, und diese Haltung gewöhnen wir uns früher oder später so sehr an, dass wir beim Bummel durch die Stadt zwar keine prähistorischen Steinwerkzeuge finden, aber meistens doch immerhin eine Handvoll Kleingeld. Doch das ist nur ein Nebeneffekt. Eigentlich hilft uns diese Haltung, zwischen Geröll und im Staub Artefakte, also von Menschenhand gefertigte Gegenstände, zu entdecken, selbst wenn es sich lediglich um winzige, schmutzige Fragmente handelt. Wir sehen sie sogar, wenn wir in zügigem Tempo über ein gepflügtes Feld laufen oder über einen Hügel in der Wüste.

Doch die ersten Steinwerkzeuge, die der Mensch benutzte, kann selbst ein erfahrener Archäologe nur schwer erkennen. Bei diesen denkbar simplen Artefakten handelt es sich einfach nur um Splitter, die von einem größeren Stein abgeschlagen wurden. Sie unterscheiden sich kaum durch zufällig, etwa durch Erosion an einem Abhang, entstandene Gesteinssplitter.

Die ältesten bekannten Steinwerkzeuge wurden in Kenia gefunden und sind etwa drei Millionen Jahre alt.[1] Sie stellen den Anfang aller Technologie dar. Die Technologie ist ein ganz entscheidender Faktor der Strategie des Menschen, sich an seine Umwelt anzupassen. Ein Faktor, der später Städte, Flugzeuge, Brücken, Autos, Mondfahrzeuge, künstliche Gliedmaßen und Computer hervorbringen sollte. Diese Steinwerkzeuge setzten eine Entwicklung in Gang, im Zuge derer der Mensch die Welt, in der er lebte, dramatisch verändern sollte. Sie markieren einen Punkt, an dem sich alles geändert hat.

Aber ich will nicht vorgreifen. Um nachzuvollziehen, welch bahnbrechende Erfindung die Steinwerkzeuge waren, müssen wir 3,3 Millionen Jahre zurückgehen. Die Umbrüche, die ich in diesem Buch beschreibe, waren oft extrem zeitaufwendig; es handelt sich nicht um Erfindungen, die über Nacht einfach da waren. Und hin und wieder mussten mehrere Faktoren zusammenkommen, damit etwas Neues beginnen konnte. Es ist, als hätten sich die menschliche Innovationskraft, ein gewisser Leidensdruck und die Fähigkeit zur Anpassung gegenseitig hochgeschaukelt, bis zu einem entscheidenden Punkt, an dem die Menschheit dann einen tiefgreifenden Wandel durchgemacht hat. Viele sehen in der Geschichte der Menschheit eine unaufhaltsame Bewegung nach oben, eine regelrechte Erfolgsgeschichte. Doch man sollte stets bedenken, dass sich die Evolution nicht für uns interessiert. Ihr ist es egal, ob wir »Fortschritte« machen, auch wenn wir dazu neigen, die Wendepunkte, um die es hier geht, so wahrzunehmen. Die Geschichte der Menschheit ist mitnichten die Reise eines mythischen Helden, der Prüfungen bestehen muss, das Böse besiegt und am Ende seine große Liebe findet, so schön das auch klingt.

Wo soll ich anfangen? Winston Churchill hat einmal gesagt: »Je weiter man zurückschauen kann, desto weiter kann man nach vorne blicken.« Wir könnten vierzehn Milliarden Jahre zurückschauen, bis zum Urknall, aber das scheint mir doch arg übertrieben. Betrachten wir doch einfach das Entstehen unseres Zweigs des evolutionären Stammbaums, des Zweigs der Primaten.

Die ersten Primaten tauchten vor etwa 55 Millionen Jahren auf – rund zehn Millionen Jahre, nachdem ein Meteor die Dinosaurier ausgerottet hatte. Die ersten Primaten waren an das Leben im tropischen Regenwald angepasst und lebten auf Bäumen. Sie erwiesen sich als äußerst anpassungsfähig und besetzten bald eine ganze Reihe von Lebensräumen. Die sogenannten Neuweltaffen spalteten sich vor etwa 35 bis 40 Millionen Jahren von den Altweltaffen ab, etwa zur Zeit der Kontinentalverschiebung, als Südamerika und Afrika auseinandergerissen wurden. (Einer abweichenden Meinung zufolge gelangten sie auf großen Blättern oder Baumstämmen in die Neue Welt, die von Flüssen in den damals noch schmalen Atlantik gespült wurden.) Aus den Primaten, die in der Alten Welt zurückblieben, gingen schließlich vor etwa 25 Millionen Jahren die Menschenaffen hervor. Und da kommen wir ins Spiel.

Zu den Menschenaffen zählen heute unter anderem der Gibbon (ein sogenannter kleiner Menschenaffe) und die Hominiden: Orang-Utans, Gorillas, Schimpansen, Bonobos[2] – und wir. Schimpansen und Bonobos sind unsere engsten Verwandten. Unser Verständnis der menschlichen Evolution verändert sich ständig, aber dem aktuellen Wissensstand gemäß zweigte sich die Abstammungslinie des Menschen am Ende des Miozäns, vor etwa sieben Millionen Jahren, von einem gemeinsamen Vorfahren von uns, den Schimpansen und den Bonobos ab. Das wissen wir durch zwei Quellen: DNA und Fossilien.

Sie haben sicherlich schon einmal davon gehört, dass die DNA von Schimpansen und Menschen zu 98 Prozent übereinstimmt.[3] Die winzigen genetischen Unterschiede sind weitgehend auf Mutationen zurückzuführen, zufällige Änderungen des genetischen Codes. Solche Veränderungen geben Aufschluss darüber, wann wir Menschen uns von den anderen Primaten verabschiedet haben und unseren eigenen evolutionären Weg gegangen sind. Wir wissen recht genau, wann sich manche Populationen des modernen Menschen von anderen abgespalten haben, und auf Basis dieser Schätzungen können Genetiker die Geschwindigkeit genetischer Mutationen ausrechnen. Und dadurch können sie wiederum ermitteln, wie viel Zeit vergangen ist, bis die genetischen Unterschiede zwischen Schimpansen und Menschen so groß wurden, wie sie heute sind. Sie schätzen, dass sich die Abstammungslinie des *Homo sapiens* vor etwa sieben Millionen Jahren von jener Linie abspaltete, an deren Ende Schimpansen und Bonobos stehen. Es ist nur eine Schätzung, aber sie dürfte einigermaßen akkurat sein.

Die Wissenschaft, die sich mit den Überresten unserer ältesten Vorfahren beschäftigt, ist die Paläoanthropologie. Sie entstand Mitte des 19. Jahrhunderts, als Arbeiter in einem Kalksteinbruch in einer Höhle den Neandertaler entdeckten und der niederländische Arzt Eugene Dubois etwas später auf der Suche nach dem sogenannten »*missing link*« in Indonesien menschliche Fossilien fand. Richtig in Fahrt kam die Disziplin allerdings erst, nachdem der australische Anatom Raymond

41

Dart 1924 den versteinerten Schädel eines Vertreters der Gattung *Australopithecus* (»südlicher Menschenaffe«) aus einem Kalksteinblock befreite, der aus einem südafrikanischen Steinbruch stammte. (Da er kein passendes Werkzeug zur Hand hatte, nahm er dazu die Stricknadeln seiner Frau; wie die das fand, ist nicht überliefert.) 1959 entdeckten Louis und Mary Leakey in der Olduvai-Schlucht in Tansania den Schädel des »Zinjanthropus« (heute nennt man ihn *Australopithecus boisei* oder *Paranthropus boisei*; ich fand den Spitznamen »Zinj« irgendwie immer cooler). So jung die Paläoanthropologie noch ist: Sie hat bemerkenswerte Arbeit geleistet, unseren evolutionären Stammbaum zu rekonstruieren (siehe Abbildung 1).

Um diesen Stammbaum zu erstellen, müssen Paläoanthropologen ihre Entdeckungen – einen Zehen- oder Beinknochen oder, wenn sie viel Glück haben, einen Schädel – nach Spezies klassifizieren. Das führt zu den vielen lateinischen Namen in Abbildung 1. Paläoanthropologische Entdeckungen bestehen normalerweise aus dutzenden oder sogar hunderten winzigen Fragmenten, die in der heißen Wüste an einem Hügel erodieren oder im kühlen Sediment einer Höhle verstreut sind. Sie werden gesammelt, kartiert, gereinigt und sorgfältig zusammengesetzt. Um zu entscheiden, ob ein Knochen zu einer neuen Spezies gehört, muss der Paläoanthropologe feststellen, ob der Fund anderen Funden ähnelt oder nicht. Meistens ist *beides* der Fall: Ein Unterkiefer kann einem anderen, bereits bekannten Unterkiefer ähneln, der Schädel, an dem er sitzt, jedoch ein wenig anders geformt sein. Hin und wieder sind die Unterschiede so groß, dass Paläoanthropologen verkünden, sie hätten eine neue Spezies entdeckt. Das erregt natürlich Aufsehen und führt meistens zu heftigen Debatten. Warum? Weil Spezies dazu neigen, ihre eigene Nische zu besetzen, und welche Nischen von wem auf welche Weise besetzt werden, verrät uns viel über den Evolutionsprozess.

Die Vorstellung, ein Fossil gehöre einer neuen Spezies an, ist ein wenig illusorisch, denn zwei Organismen, die sich in freier Wildbahn paaren und fruchtbare Nachkommen hervorbringen, gehören per definitionem derselben Spezies an. Wir können nicht nachvollziehen, ob zwei unserer prähistorischen Urahnen Geschlechtsverkehr hatten, ge-

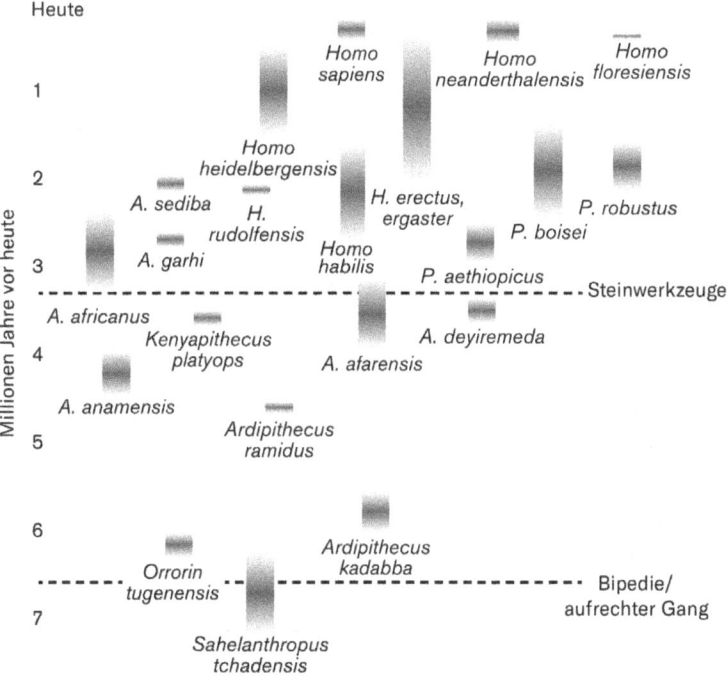

Abbildung 1. Die verschiedenen Hominin-Spezies der letzten sieben Millionen Jahre. Obwohl Paläoanthropologen sich über die Grundzüge einig sind, werden viele spezifische Beziehungen der Spezies untereinander und ihre Zuordnungen nach wie vor diskutiert. Das A. steht für die Gattung *Australopithecus*, das P. für *Paranthropus* (den einige ebenfalls als *Australopithecus* klassifizieren), das H. für *Homo*, unsere Gattung.

schweige denn, ob sie dabei fruchtbaren Nachwuchs zeugten. Stattdessen verwenden Paläoanthropologen bestimmte Standards, um zu bestimmen, ob ein neues Skelett einer bekannten Spezies ähnlich genug ist, um ihr zugeordnet zu werden, oder den bisherigen Funden so wenig ähnlich, dass man es als neue Spezies beschreiben kann. Manchmal sind die Unterschiede so groß, dass die Überreste am Ende eine ganz neue Gattung bilden.

Kollektiv bezeichnet man alle Lebewesen in der Abstammungslinie des Menschen, einschließlich uns, als Homininen. Der älteste bekannte Hominin ist der *Sahelanthropus tchadensis*; der Name der Gattung bedeutet »Menschenaffe aus der Sahelzone« (der langgestreckten Übergangszone südlich der Sahara), und der Name der Spezies spielt darauf an, dass er im Tschad entdeckt wurde. Der *Sahelanthropus* lebte vor etwa sieben Millionen Jahren. Dies entspricht in etwa dem von den Genetikern bestimmten Alter der Divergenz. Daher ist es kaum verwunderlich, dass sein Skelett einige Merkmale mit dem des Schimpansen (kleines Gehirn) und einige mit späteren Homininen (kleine Eckzähne) gemein hat. Und falls man jemals herausfinden sollte, dass der *Sahelanthropus* doch nicht in unseren Stammbaum gehört, ist da immer noch der *Orrorin tugenensis* aus Kenia, der etwa sechs Millionen Jahre alt ist, große Eckzähne hat (ein uraltes Primatenmerkmal), aber dicken Zahnschmelz, wie die späteren Homininen.

Und was nicht weniger wichtig ist: Die Form ihrer Oberschenkelknochen verrät uns, dass sowohl der *Sahelanthropus* als auch der *Orrorin* bipedal waren – sie gingen auf zwei Beinen.

Wenn wir heute durch die Straßen unserer Stadt schlendern, denken wir uns nichts dabei. Dabei ist der aufrechte Gang im Grunde, wie der britische Anthropologe John Napier es formuliert hat, »eine ziemlich riskante Angelegenheit«.[4] Ohne die ständige aufwendige Feinabstimmung der Bewegungen unserer Muskeln würden wir bei jedem Schritt hinfallen. Das Aufkommen des aufrechten Gangs beinhaltete viel mehr, als dass ein Wesen plötzlich auf zwei Beinen stand. Damit dies überhaupt möglich war, waren Veränderungen der Lendenwirbelsäule, der Beckenknochen und der Beckenmuskulatur, der Beinknochen (Schien-

und Wadenbein), der Fußknochen, der Knie und sogar des Schädels erforderlich. Das *Foramen magnum*, das Loch in der Schädelbasis, durch das das Rückenmark verläuft, muss zentral unter dem Schädel sitzen und darf nicht, wie beim Schimpansen, weiter hinten sitzen.

Auch Schimpansen können auf zwei Beinen gehen, aber sie schwanken dabei wie betrunkene Seeleute und können ihre Beine nicht strecken, sodass sie anstelle der Knie ihre Muskeln benutzen müssen, um aufrecht zu stehen. Und aufgrund der Lage ihres *Foramen magnum* müssen sie den Kopf strecken, um nach vorne zu sehen. Auf zwei Beinen zu gehen, ist für Schimpansen extrem anstrengend.

Dennoch bedeutete das Leben auf Bäumen ohne den zusätzlichen Vorteil eines Greifschwanzes (den nur die Neuweltaffen haben), dass die Primaten der Alten Welt viel auf Ästen herumliefen, was den aufrechten Gang gewissermaßen vorbereitete. Es waren nur wenige genetische Mutationen nötig, bis die Baumbewohner auf zwei Beinen durch die Savanne liefen (zunächst recht wackelig, aber mit der Zeit passten sie sich an die neuen Umstände an). Doch was hat diesen evolutionären Wandel veranlasst?

Die Homininen tauchten gegen Ende des Miozäns auf, einer geologischen Epoche vor etwa 23 bis fünf Millionen Jahren, als das Klima in Afrika kühler und trockener wurde und ausgedehnte Graslandschaften entstanden, in denen schon bald ganze Herden von Säugetieren grasten. Für große Fleischfresser bedeutete dies einen reich gedeckten Tisch, und entsprechend wuchs ihre Population. Im Gegenzug schrumpften die Waldflächen, in denen die Primaten bislang gelebt hatten. Und je kleiner die Wälder wurden, desto mehr wuchs die Konkurrenz unter den Baumaffen.

Die biologischen Strukturen, die für die Bipedie, den aufrechten Gang, der Primaten verantwortlich waren, könnten im mittleren Miozän vielleicht noch zu Problemen geführt haben – jetzt, im späten Miozän, versetzten sie alle Baumbewohner mit der biologischen Fähigkeit zur Bipedie in die Lage, sich zwischen einzelnen Waldgebieten hin und her zu bewegen. Dies verschaffte ihnen einen großen selektiven Vorteil: Sie konnten auf Nahrung zurückgreifen, die für jene Primaten, die ausschließlich auf Bäumen lebten, schwieriger zu beschaffen war.[5] (Den gleichen Effekt hätten Flügel gehabt, aber für Flügel waren Primaten nun einmal in biologischer Hinsicht nicht prädisponiert. Daher kennen wir fliegende Affen heute nur aus *Der Zauberer von Oz*.)

Aber warum konnten sie nicht auf allen vieren zum nächsten Baumbestand gelangen? Was ist so toll am aufrechten Gang? Eine ganze Menge. Ein zweibeiniger Primat kann sich hinstellen und nach einem Stück Obst greifen (wie Schimpansen es tun), das so hoch hängt, dass dies für einen vierbeinigen Primaten eine ziemliche Herausforderung wäre. Ein zweibeiniger Primat gelangt effizienter von A nach B, da das Gehen auf zwei Beinen viel weniger Energie erfordert als das auf vier Beinen, und ein zweibeiniger Affe kann sich aufrichten, um Ausschau nach Gefahren zu halten (wie die Erdmännchen es tun), was ziemlich nützlich ist in einer Savanne, die voll von fleischfressenden Raubtieren ist. Außerdem setzt ein aufrecht gehender Primat weniger Körperoberfläche direkt der heißen afrikanischen Sonne aus; daher benötigt er rund ein Drittel weniger Wasser als ein ähnlich großer vierbeiniger Primat. Und zweibeinige Primaten könnten trotzdem noch auf Bäumen nach Nahrung suchen (wir sind heute ja immer noch in der Lage, auf Bäume zu klettern). Der *Sahelanthropus* blieb zunächst, was er war: ein Baumbewohner. Aber da er versuchte, ein möglichst guter Baumbewohner zu sein, machte die natürliche Selektion den *Sahelanthropus* zu etwas Neuem.

Beim zweibeinigen Gehen hat man außerdem die Hände frei. Damit konnte der *Sahelanthropus* möglicherweise einfacher seine Nachkommen versorgen, da es ihm leichter fiel, Nahrung ins Lager zu bringen. Oder er trug seine Nachkommen und nahm sie mit auf Nahrungssuche, sodass sie nicht allein im Nest zurückbleiben mussten, wo es zu Unfällen kommen konnte und Räuber lauerten. Wer beim Gehen die Hände frei hat, kann auch Werkzeuge tragen. Das soll nicht heißen, dass sich der aufrechte Gang entwickelt hat, *damit* Primaten Werkzeuge transportieren konnten. Es würde ja auch niemand behaupten, dass sich unsere komplexe Intelligenz entwickelt hat, damit wir Gleichungen mit drei Unbekannten lösen können. Als der *Sahelanthropus* die Savanne überquerte, hatte er höchstwahrscheinlich noch keine Werkzeuge bei sich.

Wenn ich »Werkzeuge« sage, so meine ich Steinwerkzeuge. Archäologen können nur das untersuchen, was den – wie Francis Bacon schrieb –

»Schiffbruch der Zeit« überlebt hat, und an den ältesten archäologischen Fundstätten sind nur noch Steine und versteinerte Knochen erhalten. Vielleicht denken Sie jetzt: Aber was ist mit Werkzeugen aus Holz, zum Beispiel Stöcken zum Graben? Mag sein, dass die ersten Homininen, wenn sie die Savanne überquerten, einen spitzen Stock dabei hatten, der ihnen als Grabwerkzeug und als Speer diente, aber ich bezweifle es, denn um aus Holz Werkzeuge herzustellen, sei es auch nur, um einen Stock anzuspitzen, braucht man Steinwerkzeuge. Eine Holztechnologie setzt immer eine Steintechnologie voraus. Und Steinwerkzeuge tauchen erst viel später auf, lange nachdem der *Sahelanthropus* und der *Orrorin* die Bühne verlassen haben.

Die ältesten Steinwerkzeuge überhaupt kennen wir aus der *Oldowan-Kultur*, benannt nach der Olduvai-Schlucht in Tansania, wo Paläoanthropologen sie in den 1930er-Jahren entdeckten. Später entwickelte der Mensch clevere Methoden, aus Stein ganz wunderbare Arbeitsgeräte herzustellen, doch die Oldowan-Kultur war längst nicht so weit. Trotzdem waren die damaligen Werkzeuge effektiv, und Homininen verwendeten sie etwa zwei Millionen Jahre lang.

Steinwerkzeuge herzustellen erfordert Wissen und Geschick. Zunächst einmal muss man wissen, welche Art Gestein sich für Abschläge eignet; dazu zählen feinkörniger Basalt und Rhyolith sowie Quarzit, Chert (Hornstein) und Feuerstein. Die Werkzeugmacher der Oldowan-Kultur scheinen das gewusst zu haben. Und sie kannten sich mit Abschlagtechniken aus. Sie stellten Werkzeuge her, indem sie auf einen größeren Stein schlugen, um ein Stück davon abzuschlagen. Wenn man dies mit einem ganz bestimmten Stein mit einem ganz bestimmten Kraftaufwand in einem ganz bestimmten Winkel an einer ganz bestimmten Stelle tut, dann bricht ein sehr scharfes, nützliches Stück Stein davon ab. Die Werkzeuge deuten auch darauf hin, dass unsere Vorfahren vorausplanten, denn Archäologen haben einige dieser Werkzeuge viele Kilometer von dem Ort entfernt gefunden, an dem sie hergestellt wurden. Manche Homininen trugen solche Werkzeuge bis zu zwanzig Kilometer weit.

Das bedeutet, dass diese Homininen kognitiv weiter entwickelt waren als die Schimpansen. Moderne Schimpansen verwenden zahlreiche

Werkzeuge. Dazu zählen Zweige, von denen sie die Blätter entfernten, um nach eiweißreichen Termiten zu stochern (Jane Goodall war die Erste, die dieses Verhalten beobachtete), steinerne »Hämmer«, mit denen sie Nüsse knacken, und Schwämme aus zerkleinerten Blättern, mit denen sie Wasser in Baumhöhlen aufsaugen. Doch Steinwerkzeuge, wie man sie in der Olduvai-Schlucht gefunden hat, fertigen Schimpansen nicht an. Die Archäologen Nick Toth und Kathy Schick brachten dem Bonobo Kanzi bei, mit einem passenden Steinabschlag die Schnur einer Kiste durchzuschneiden, in der sich Nahrung befand.[6] Aber Kanzi konnte nie selbst solche Abschläge herstellen, er konnte lediglich vorhandene Abschläge prüfen und den schärfsten auswählen. Man hat Schimpansen in freier Wildbahn diverse Werkzeuge verwenden sehen, doch dass sie Steinschläge gemacht haben, wurde noch nie beobachtet. Und Schimpansen tragen Gegenstände kaum jemals mehr als zwanzig oder dreißig Meter weit.

Wozu haben unsere Vorfahren die Steinwerkzeuge verwendet? Da man diese Werkzeuge in der Nähe von Tierknochen gefunden hat, wurde schon früh vermutet, dass beides zusammenhängt. In einigen Fällen fanden Archäologen Steinspuren an den Knochen, die zeigen, dass Steinabschläge zumindest hin und wieder dazu verwendet wurden, solche Tiere zu schlachten. Aber jagten die Homininen diese Tiere auch, oder suchten sie nach bereits toten Tieren?

Die Debatte darüber, ob unsere ältesten Vorfahren, die Steinwerkzeuge benutzten, Jäger oder Aasfresser waren, war zu Beginn der Achtzigerjahre, als ich Doktorand war, gerade in vollem Gange. In einem Seminar, in dem ich damals saß, unterstützte der inzwischen verstorbene Frank Livingstone ganz begeistert Louis Leakeys These, dass die frühen Homininen gute Jäger waren und Tiere zur Strecke brachten, die viel größer waren als sie selbst. Ich meldete mich und wies darauf hin, dass die angeblichen Werkzeuge, die sie dazu verwendeten, kaum größer als Pflastersteine waren und dass sie Beutetiere, die größer waren als sie selbst, damit doch höchstens hätten ärgern können, zumal die fraglichen Homininen nur etwa 1,30 Meter groß waren. Livingstone lief rot an und verfiel in eine seiner charakteristischen Tiraden, die mit den

STÖCKE UND STEINE: TECHNOLOGIE

Worten endete: »Sie waren klug und extrem flexibel. Junger Mann, Sie wollen doch nur nicht glauben, dass Ihre Vorfahren blutrünstige Killer waren!« Ich gab zurück, das sei mir ganz egal, meinetwegen hätte der *Australopithecus* seine Kinder fressen können, ich wolle nur ein nachvollziehbares Argument hören. (Ich schnitt in dem Kurs am Ende gar nicht gut ab.)

Oldowan-Steinabschläge waren zwar nicht dazu geeignet, an der Spitze von Stöcken befestigt zu werden, aber immerhin konnten frühe Homininen damit Stöcke anspitzen, um kleinere Tiere zu jagen. Doch Großwild? Die ältesten hieb- und stichfesten Beweise für die Jagd auf Großwild stammen aus Deutschland und sind gerade einmal 300 000 Jahre alt – es handelt sich um eine Reihe langer Holzspeere, die zusammen mit den Überresten mehrerer Pferde in einem Moor gefunden wurden.[7]

Um herauszufinden, ob unsere Vorfahren vielleicht als Aasfresser lebten, haben Archäologen in der modernen Savanne tote Tiere untersucht, um festzustellen, wie viel Fleisch noch an den Gerippen hing. (Die meisten Archäologen finden solcherlei Untersuchungen übrigens »richtig cool«.) Es zeigte sich, dass ein Hominin davon durchaus satt geworden wäre, wenn er nur früh genug zu einem Kadaver gelangte, bevor Löwen, Hyänen und Geier sich daran gütlich taten oder ihn davon vertrieben. Welche Rolle hätten die Steinwerkzeuge dabei gespielt?

Um diese Frage zu beantworten, muss man wissen, dass es bei der Evolution immer um Kompromisse zwischen Kosten und Nutzen verschiedener biologischer Strukturen oder Verhaltensweisen geht. Ein zweibeiniger Primat beispielsweise kann kaum rund um die Uhr auf Bäumen leben, doch er kann das prinzipiell effiziente Leben auf dem Baum gegen eine Lebensweise eintauschen, bei der er zwischen verschiedenen Baumbeständen hin und her wandert. Der Nutzen der Mutationen, die den aufrechten Gang ermöglichten, überwog die Kosten aber erst, als im Miozän die Wälder schrumpften und der Selektionsdruck auf die Baumbewohner wuchs. Bei den Steinwerkzeugen ging es ebenfalls um Kosten und Nutzen. Die Kosten waren hoch: Man musste lernen, wie man sie herstellte, und die Steine von ihrem geologischen

49

Ursprungsort dorthin tragen, wo sie benötigt wurden. Und wie sah der Nutzen aus?

Stellen Sie sich vor, Sie finden den Kadaver eines großen Tieres; die Raubtiere sind bereits fort, oder Sie haben sie vertrieben. Ein Fleischfresser wie ein Löwe lässt immer etwas Fleisch am Gerippe zurück, da er mit seinem Maul nicht überall hinkommt. Er nimmt sich die besten Stücke, und was übrig bleibt, holen sich die Geier und die Hyänen, die die Knochen abnagen. Wenn Sie in der Lage sind, diese letzten Reste abzukratzen, nehmen Sie immer noch eine anständige Portion Fleisch mit. Und wenn Sie dann noch die Knochen aufbrechen können, gelangen Sie zusätzlich an das Knochenmark, das mehr als doppelt so viele Kalorien hat wie das Fleisch.

Jeder Organismus ist darauf angewiesen, auf effiziente Weise Nahrung zu beschaffen. Gelingt dies einer Spezies nicht, ist sie zum Scheitern verurteilt. Bei zunehmender Konkurrenz um bestimmte Nahrungsmittel neigen Organismen dazu, sich zu spezialisieren. Wenn sie in ihrer Nische gut zurechtkommen, verdrängen sie andere Organismen daraus. Die Verlierer müssen dann auf Nahrung umstellen, die schwerer zu finden, zu beschaffen oder zu verarbeiten ist. Die natürliche Selektion kann Organismen hervorbringen, die sich in biologischer Hinsicht auf ganz spezielle Weise angepasst haben, um sich eine bestimmte Art der Nahrung zu beschaffen. Beispielsweise hatten die verschiedenen Arten von Finken, die Darwin auf Galapagos beobachtete, unterschiedlich geformte Schnäbel, um bestimmte Samen zu fressen, bestimmte Stellen an Kakteen zu erreichen oder in der Baumrinde nach Insekten zu stochern.

Mag sein, dass die natürliche Selektion irgendwann einen Primaten mit so starkem Kiefer hervorgebracht hätte, dass er die Knochen von Großwild hätte aufbeißen können, um an das Mark zu gelangen, oder mit scharfen Zähnen, die in der Lage gewesen wären, rohes Fleisch vom Knochen abzunagen. Doch das ist nicht nur ein beängstigender Gedanke, sondern es wäre angesichts der vielen Veränderungen am Schädel, an der Muskulatur und den Zähnen des Primaten, die es dafür gebraucht hätte, äußerst unwahrscheinlich gewesen.

Ein Organismus jedoch, der eine Technologie entwickelt, kann den langwierigen Prozess der biologischen Selektion überspringen und sich in der evolutionären Schlange bis nach vorne drängeln. Kosten und Nutzen von Steinwerkzeugen zeigen also, dass sich die Homininen im Spätmiozän einen evolutionären Vorteil verschafften. Wahrscheinlich rangierten sie zunächst in der evolutionären Hackordnung ganz weit unten, doch mithilfe der Technologie waren sie plötzlich in der Lage, sich energiereichere Nahrung zu beschaffen als bisher. Mag sein, dass sie tatsächlich als Aasfresser begannen (wir wissen es schlichtweg nicht), doch irgendwann benutzten sie ihre Steinwerkzeuge, um lebende Tiere zu jagen.

Eine weitere Nahrungsquelle könnten die Homininen unter der Erde gefunden haben: Wurzeln, Zwiebeln und Knollen. Kapuzineraffen benutzen Steine, um oberflächennahe Wurzeln auszugraben,[8] und unsere Vorfahren könnten auf die Idee gekommen sein, mit ihren Steinwerkzeugen Stöcke anzuspitzen, mit denen sie in der Erde graben und an Knollen gelangen konnten, die in 50 oder 75 Zentimetern Tiefe lagen.

Mit ihren Steinwerkzeugen erschlossen sich diese kleinen, zweibeinigen Homininen, die von Waldstück zu Waldstück wanderten, eine neue Nische. Dass sie die Hände frei hatten, prädestinierte sie dafür, Werkzeuge zu benutzen: Steine zu einem Kadaver zu tragen, um ihm damit das Fleisch von den Knochen zu kratzen. Spitze Stöcke herzustellen, um damit nach Knollen zu graben. Simple Speere anzufertigen, um damit Kleinwild zu erlegen. Die Technologie eröffnete den aufrecht gehenden Homininen eine neue Nische.

Wer waren diese Homininen, die Werkzeuge benutzten? Leider haben sie keine »Fingerabdrücke« auf ihren Werkzeugen hinterlassen. Wenn Sie sich jetzt noch einmal Abbildung 1 ansehen, werden Sie feststellen, dass die ersten Werkzeugmacher vor 3,3 Millionen Jahren wahrscheinlich der Gattung *Australopithecus* angehörten.[9] Zweifellos wird man diese Frage erst dann endgültig entscheiden können, wenn wir einen Hominin finden, der einen Steinabschlag in der skelettierten Hand hält. (Sie haben recht: Das ist höchst unwahrscheinlich.) Wie dem auch sei: Ihre Werkzeuge gaben einigen Homininen einen echten Vorteil an die Hand. Sie konnten aus dem, was sie umgab, mehr Energie extrahieren und überflügelten so all jene Homininen, die keine Werkzeuge ver-

51

wendeten. Und als Gegenleistung für ihre Mühe entwickelten sie sich schließlich zu unserer Gattung, *Homo*, echten bewaffneten Jägern. Die Technologie veränderte alles. Sie war der erste Wendepunkt. Und sie brachte vollkommen neuartige Primaten hervor.

Es ist einigermaßen gesichert, dass unsere Vorfahren vor etwa zwei Millionen Jahren (vielleicht etwas früher), als die Gattung *Homo* auf den Plan trat, verschiedene Dinge aßen, darunter wahrscheinlich auch Fleisch. Woher wir das wissen? Wenn ein Hominin nur Samen, Wurzeln und Knollen gegessen hat, verraten uns das ganz bestimmte Vertiefungen und Kerben in seinen Zähnen. Aber die Zähne einiger *Australopithecina* und des *Homo*, insbesondere des *Homo erectus*, waren in dieser Hinsicht weniger abgenutzt, was auf einen vielfältigeren Speiseplan schließen lässt. Auch waren die Zähne des *Homo erectus* kleiner, hatten aber weniger ebene Kauflächen, was möglicherweise dazu diente, Fleisch zu zerbeißen. Eine Ernährung, die hauptsächlich aus Samen besteht, braucht große, flache Zähne, die harte Körner zermahlen können.[10]

Darüber hinaus könnte der bereits auf Bipedie ausgelegte Körper des *Homo* auch für die Jagd angepasst gewesen sein. 1984 machte der kenianische Paläoanthropologe Kamoya Kimeu eine bemerkenswerte Entdeckung: Er fand das nahezu vollständige Skelett eines jungen *Homo erectus*. Das Kind bekam den Namen »Nariokotome Boy« verpasst (benannt nach einer Stelle am Ufer des kenianischen Turkana-Sees), war etwa acht Jahre alt, als es starb, und es hatte ein modernes Becken und relativ lange Arme und Beine.[11] (Der Lebenslauf des *Homo erectus* ähnelte mehr dem eines Schimpansen als dem eines Menschen, und der *Homo* erreichte früher die Körpergröße eines Erwachsenen als der moderne Mensch.) Wir wissen nicht, wozu der Nariokotome Boy sonst noch in der Lage war, aber seine Beinknochen verraten uns, dass er recht schnell laufen konnte.

Was hat das mit der Jagd zu tun? Wenn Raubtiere wie Geparde, Löwen und Leoparden ihre Beute erspähen, verfolgen sie sie zunächst heimlich und versuchen ihr so nahe zu kommen wie möglich, bevor sie angreifen und es zu einer rasanten Verfolgungsjagd kommt. Aber diese Jagd ist schnell wieder vorbei: Beim Laufen verbrauchen die Raubtiere extrem viel Energie, und wenn sie ihre Beute nicht sofort erwischen, geben sie auf, um den Energieverlust im Zaum zu halten.

Ganz anders der Mensch: Als Zweibeiner sind wir auf Mobilität ausgelegt, und zwar nicht nur für kurze Intervalle, sondern auch für weite Strecken. Deshalb sind wir Menschen in der Lage, einen Marathon zu laufen. Beutetiere passen sich dem Verhalten ihrer Feinde an – wenn eine Antilope einem Löwen für kurze Zeit davonrennen kann, dann reicht ihr das, um ihm zu entkommen. Das funktioniert aber nicht mehr, wenn der Jäger auf einmal kein Löwe mehr ist, sondern ein Hominin. Heutige Jäger und Sammler praktizieren mitunter eine Art der »Dauerjagd«, bei der sie einem Tier so lange hinterherrennen oder -gehen, bis es vor Erschöpfung zusammenbricht und so natürlich leichter getötet werden kann. Sobald Gifte und eine effektive Projektiltechnologie zum Einsatz kamen (lange nach den ersten Steinwerkzeugen), fiel den Jägern die Jagd noch leichter, da das Gift oder die Verletzung durch ein mit steinerner Spitze versehenes Projektil das Beutetier verlangsamten. Die Evolution arbeitet immer mit den Attributen, die man bereits besitzt. Wenn es in der Savanne von Vorteil ist, die Nische der Fleischfresser zu besetzen (was der Fall ist, wenn man nicht gerade Unmengen Gras zu sich nehmen möchte), dann darf man erwarten, dass die natürliche Selektion einen zweibeinigen Primaten hervorbringt, der seiner Beute hinterherlaufen und Steinwerkzeuge tragen kann.

Feuer könnte hier ebenfalls eine Rolle gespielt haben. Feuer bot den Homininen nachts Wärme, Licht und Schutz vor Raubtieren, vor allem aber konnten sie damit ihr Essen garen. Gekochtes oder gegrilltes Fleisch ist besser verdaulich und einfacher zu kauen als rohes,[12] und die Kohlenhydrate in Knollengemüse werden beim Garen in bekömmlicheren Zucker umgewandelt. Ein Hominin, der gegarte Nahrung isst, braucht keinen so großen Dickdarm mehr, da das Garen der Verdauung einen Teil der Arbeit abnimmt.

Natürlich sind keine Eingeweide von damals erhalten geblieben, aber wir können von den Skeletten von Homininen rekonstruieren, wie der Darm aussah. Bei Primaten mit großem Darm ist der Brustkorb glockenförmig, bei solchen mit kleinerem Darm (wie uns) ist er eher gerade. Primaten mit großem Darm fressen viel grüne Pflanzenteile; da Grünzeug aber einen recht niedrigen Nährwert hat, muss der Primat besonders viel davon aufnehmen. Ein Berggorilla zum Beispiel frisst jeden Tag etwa 20 Kilogramm Blätter. *Paranthropus* und *Australopithecus* hatten einen eher glockenförmigen Brustkorb, *Homo* einen geraden. Dies deutet darauf hin, dass *Homo* einen effizienteren Speiseplan hatte, der, wie wir bereits gesehen haben, höchstwahrscheinlich Fleisch beinhaltete, und vielleicht sogar bereits gegartes Fleisch, denn gegartes Fleisch ist echtes »Brain Food«.

Gegartes Fleisch kann, auch wenn es nur 10 bis 20 Prozent der Nahrung ausmacht, die Energieeffizienz spürbar beeinflussen. Homininen, die ihr Essen garten, mussten weniger Zeit für die Nahrungssuche aufwenden, und das Plus an Energie ging direkt in ein Organ, das interessanter ist (und für die natürliche Selektion nützlicher) als der Darm. Die Rede ist vom Gehirn.

Das Gehirn ist ein kostspieliges Organ. Es macht nur 2,5 Prozent unseres Körpergewichts aus, verbraucht aber 20 Prozent unserer Energie. Durch das Garen seiner Nahrung leitete *Homo* die bislang für die Versorgung eines riesigen Darms reservierte Energie in die Versorgung des Gehirns um.[13] Insofern könnte das Feuer dazu beigetragen haben, dass sich ein weiteres Markenzeichen des Menschen entwickelte: ein im Hinblick auf unsere Körpergröße relativ großes Gehirn. Das Gehirn des frühen *Homo* war um 30 Prozent größer als das des *Australopithecus* und das Gehirn des späteren *Homo* wiederum um 20 Prozent größer als das des frühen *Homo*. Durch Garen über dem Feuer gelang es unseren Vorfahren, mehr Nährstoffe aus Fleisch und Knollen herauszuholen, und Steinwerkzeuge erleichterten es ihnen, an Knollen und (gejagtes oder gefundenes) Fleisch zu gelangen.

Falls der frühe *Homo* gegartes Fleisch aß, dann verwendete er Feuer. Haben wir Beweise dafür? Man könnte meinen, es sei relativ einfach, einen prähistorischen Herd zu finden, aber das ist es ganz und gar nicht. Heutige Jäger und Sammler machen sich meist nicht die Mühe, wie die Pfadfinder eine Feuerstelle mit einem leicht identifizierbaren Ring aus Steinen zu bauen. Holz zu hacken ist harte Arbeit, vor allem mit einer Steinaxt, und wenn ein Ast zu dick ist, um ihn über dem Knie zu zerbrechen, werfen die Jäger und Sammler ihn einfach so ins Feuer. Normalerweise werden in der Mitte der Feuerstelle drei lange Stücke Holz mit den Enden aneinandergestellt, und wenn sie brennen, werden die Enden zusammengeschoben, um das Feuer am Laufen zu halten. Ein Ring aus Steinen wäre dabei nur im Weg. (In Madagaskar hat man mir beigebracht, wie man ein Feuer am Laufen hält. Wir schliefen bei unserer Feuerstelle, und vor Morgengrauen langte ich aus dem Schlafsack, um die Holzstücke zusammenzuschieben und so das Feuer zu schüren. Am ersten kalten Morgen, an dem ich das tat, erschreckten mich dabei zwei junge Hunde, die japsend aufsprangen; sie hatten es sich nachts in der warmen Asche der Feuerstelle gemütlich gemacht.) Spuren solcher Feuerstellen, etwa vom Feuer gerötete Erde, Holzkohle und Asche, können durch wühlende Nagetiere, Regenwürmer und geochemische Vorgänge im Erdboden zerstört werden.

Umso verständlicher ist es, dass physische Belege für die Verwendung von Feuer selten sind. Archäologen haben in Israel knapp 800 000 Jahre alte Feuerstellen entdeckt; ein Herd in einer südafrikanischen Höhle scheint eine Million Jahre alt zu sein. Die meisten Belege für die Nutzung von Feuer sind jedoch jünger als 400 000 Jahre.[14] Zunächst holte man sich das Feuer höchstwahrscheinlich nach Blitzeinschlägen, und man brachte es von Lager zu Lager, indem man ein paar glühende Kohlen mitnahm (wie erwähnt, transportierte Ötzi wahrscheinlich solche Kohlen in einem mit grünen Blättern ausgekleideten »Glutbehälter« aus Baumrinde). Archäologen werden weiter danach suchen, aber im Moment haben wir kaum direkte Beweise für die kontrollierte Verwendung von Feuer zu Beginn der Menschheitsgeschichte.

Technologie war Teil eines Adaptionskomplexes, der den aufrechten Gang, eine Ernährungsumstellung und schließlich den Einsatz von Feuer beinhaltete. Die Technologie wurde zu einem entscheidenden Bestandteil menschlicher Anpassungsstrategien. Nichts, was in der Geschichte des Menschen folgen sollte, wäre möglich gewesen ohne unsere Fähigkeit, Dinge zur Erfüllung unserer Bedürfnisse zu benutzen. Insofern waren die bescheidenen Oldowan-Werkzeuge der Beginn der Weltraumfahrt. Und die Technologie ist auch ein entscheidender Bestandteil sozialer Interaktionen, beispielsweise in Form von Handelswaren, Statussymbolen und Waffen.

Selbst mit denkbar einfacher Technologie ausgestattet, war *Homo* in der Lage, aus dem, was ihn umgab, mehr Energie zu gewinnen als seine Konkurrenten. Infolgedessen ersetzte *Homo* schließlich alle anderen Homininen. Die »grazile« Gattung *Australopithecus* starb vor etwa 1,8 Millionen Jahren aus; ihre robusteren Verwandten, *Paranthropus boisei* und *robustus*, hielten ein wenig länger durch, doch vor 1,2 Millionen Jahren verschwanden auch sie von der Bildfläche. Die Technologie muss dabei eine entscheidende Rolle gespielt haben, denn die letzten Homininen der afrikanischen Savanne, unsere Gattung *Homo*, hatten Steinwerkzeuge in der Hand.

Homo vermehrte sich und erschloss sich neue Lebensräume.[15] Einige überquerten die Arabische Halbinsel und gingen weiter nach Südasien. Paläoanthropologen haben Spuren von *Homo* in Indonesien (1,6 bis 1,8 Millionen Jahre alt), in Georgien (1,8 Millionen Jahre alt) und in China (750 000 Jahre alt) gefunden.[16] Vor etwa 800 000 Jahren zog eine afrikanische *Homo*-Population durch die Sahara (in der es damals noch Seen gab) und anschließend über die Meerenge von Gibraltar nach Südeuropa; eine andere Population gelangte über die Arabische Halbinsel und die Türkei nach Europa. Wir bezeichnen diese frühen Homininen in Europa als *Homo heidelbergensis*. Wahrscheinlich entwickelte sich aus ihnen der *Homo neanderthalensis* – der viel geschmähte Neandertaler (mehr über ihn im nächsten Kapitel).

Die Steinwerkzeug-Technologie veränderte sich im Zeitraum von vor 3,3 bis vor 1,5 Millionen Jahren kaum – fast zwei Millionen Jahre lang benutzten unsere Vorfahren die gleichen verdammten Werkzeuge! Sie wurden schließlich von neuen Werkzeugen abgelöst, die Archäologen der sogenannten »Acheuléen-Technologie« zuordnen. Die Acheuléen-Kultur hat ihren Namen von dem Fundort Saint-Acheul in Frankreich, wo man 1859 erstmals Spuren dieser altsteinzeitlichen Kultur entdeckte. Zur Acheuléen-Technologie zählen mehrere Werkzeugtypen, darunter der Faustkeil. Faustkeile gab es in verschiedenen Varianten, aber meist waren sie oval bis tropfenförmig und beidseitig bearbeitet. Wir gehen heute davon aus, dass es sich beim Faustkeil um ein Allzweckwerkzeug handelte – wie ein Schweizer Taschenmesser, nur dass man für alle verschiedenen Zwecke ein und dieselbe Klinge benutzte. Die Acheuléen-Technologie tauchte mit der Zeit in weiten Teilen Afrikas, Europas und Südasiens auf. Auch sie veränderte sich im Laufe der nächsten Million Jahre nicht nennenswert.

Homo hatte sich im evolutionären Wettbewerb gegen die anderen Hominin-Spezies durchgesetzt. Doch das hatte zur Folge, dass es bei *Homo* nun Konkurrenz untereinander gab. Und der Preis für den Sieger war, dass aus ihm etwas völlig Neues wurde.

Aufrechter Gang, Feuer und Werkzeuge – diese Zutaten machten Homininen erfolgreicher als die Konkurrenten in ihrer Nische. Diejenigen, die Werkzeuge verwendeten, hatten mehr Nachkommen, die es bis ins Erwachsenenalter schafften, um das genetische Material, das es ihnen ermöglichte, Werkzeuge herzustellen und zu benutzen, weiterzuvererben (zum Beispiel die genetische Disposition für mentale Strukturen und Feinmotorik). Das war an sich von Vorteil, doch jede Veränderung, die Probleme löst, schafft unweigerlich neue. Die Verwendung von Steinwerkzeugen bedeutete für die Homininen, dass sie neue Aufgaben in ihren Tagesablauf einbauen mussten – sie mussten passende Steine finden und lernen, wie man sie bearbeitet. In der Altsteinzeit gab es zum ersten Mal einen anstrengenden Arbeitstag.

Noch größere Probleme verursachte der aufrechte Gang. Er wurde erst möglich, als sich die Beckenstruktur verändert hatte. Bei weiblichen Homininen führte dies zu einer Verkleinerung des Geburtskanals, und das bedeutete, dass auf zwei Beinen gehende weibliche Homininen, die ihre Föten so lange austrugen wie ihre Vorfahren, Kinder gebären mussten, die zu groß für den Geburtskanal waren. Diese Homininen starben höchstwahrscheinlich bei der Geburt, und nur jene Säuglinge, die zu früh zur Welt kamen, überlebten und gaben ihr genetisches Material weiter.[17]

Dass die überlebenden Nachkommen zweibeiniger Homininen effektiv Frühchen waren, bedeutete, dass sie absolut hilflos waren. Die *Homo*-Kinder mussten getragen werden und wurden wahrscheinlich auch länger gestillt. Heutige Jäger und Sammler stillen ihre Kinder erst mit vier Jahren ab, manchmal sogar noch später. Das liegt nicht daran, dass sie das per se für eine gute Idee halten, sondern weil es schwierig ist, mit ihrer gewohnten Nahrung, die aus Fleisch, Knollen und Samen besteht, ein Kleinkind zu ernähren. Kinder können besonders zähe Nahrung erst kauen, wenn sie ihre zweiten Backenzähne haben, und diese bekommen sie erst mit fünfeinhalb bis sechseinhalb Jahren. Folglich hat ein Kind von Jägern und Sammlern, das nicht vier bis fünf Jahre lang gestillt wird, wenig Chance zu überleben.

Während dieser langen Stillzeit muss ein Kind also bei einer Frau bleiben, die ihm Milch gibt, meistens (aber nicht notwendigerweise) der Mutter. Da Kleinkinder nicht so schnell gehen können wie Erwachsene, werden sie oft von der Mutter auf den Schultern oder auf dem Rücken getragen. Ein Kind ist buchstäblich eine Last; zwei Kinder können schon zu viel für eine Mutter sein. Die Nuk-luk im Süden Afrikas sagen, eine Frau, »die nacheinander mehrere Kinder bekommt wie ein Tier, hat ständig Rückenschmerzen«.[18] Diese Tatsache könnte dazu beigetragen haben, dass sich innerhalb einzelner Gruppen von Homininen ein neuer, wichtiger Aspekt entwickelte: die Kooperation.

Nachdem mein Buch über moderne Jäger und Sammler erschienen war, fragte mich ein Kollege, welche Details daraus ich auf die Vergangenheit übertragen würde. Sehr wenige, war meine Antwort, aber mit Sicherheit die Arbeitsteilung. Bei den heutigen Jägern und Sammlern jagen die Männer das Großwild, und die Frauen sammeln Pflanzen und fangen Kleinwild und Meerestiere. Es gibt durchaus auch Jäger*innen* (am bekanntesten sind wohl die Aeta auf den Philippinen), und die Berichte über sie heben immer wieder hervor, dass die Jagd weniger mit Körperkraft zu tun hat als mit Wissen (um Spuren und Verhalten von Tieren), Geduld und der Fähigkeit, sich heimlich anzupirschen; nichts davon ist eine »typisch männliche« Eigenschaft. Aber warum jagen bei den heutigen Jägern und Sammlern dann nicht regelmäßig die Frauen?

Der Grund ist ganz einfach: Sie haben oft Kinder, die sie stillen müssen, und die kann man unmöglich mit auf die Jagd nehmen. Wenn ich auf Madagaskar die Mikea fragte, ob ich sie begleiten dürfe, wenn sie jagen gingen, sagten sie meistens Nein. Einmal erklärten sie meinem madagassischen Kollegen ganz höflich: »Der *vazaha* [Fremde] wird bald müde und will zurück ins Lager. Er bekommt Hunger. Er kann nicht mithalten. Er ist zu laut.« Mit anderen Worten: Sie gingen davon aus, dass ich mich verhalten würde wie ein Kind. Und ein solches Verhalten ist ein echtes Problem, denn sobald der Jäger seine Beute sichtet, gibt die Beute vor, was als Nächstes passiert. Wenn das Tier losläuft, dann muss auch der Jäger laufen. Wenn es offene Sanddünen überquert, dann muss der Jäger ihm heimlich folgen oder in Deckung gehen und es schnell überholen, um ihm den Weg abzuschneiden. Mit einem Kleinkind im Schlepptau geht das nicht. Tatsächlich begleiten Jungen in heutigen Jäger-und-Sammler-Gesellschaften die Jäger oft erst mit zehn, zwölf Jahren.

Samen, Beeren und Knollen sammeln, unter Steinen nach Eidechsen suchen oder am Strand Schalentiere auflesen – all das kann man wunderbar tun, wenn man ein Kleinkind dabei hat. Schon sehr kleine Kinder können selbst nach stationären Nahrungsquellen suchen. Bei den Mikea graben die Kleinen Knollen aus, bei den Hadza in Tansania pflücken sie Beeren, und bei den australischen Aborigines fangen die Kinder Warane und sammeln Krebse und Muscheln.

Doch Fleisch ist immer noch das begehrteste Nahrungsmittel. Jäger und Sammler können sich mit Knollen und Beeren vollstopfen, wie sie wollen – wenn sie kein Fleisch bekommen, behaupten sie trotzdem, dass sie nicht satt geworden sind. Frühe Homininen verpassten sicherlich keine Gelegenheit, Fleisch zu beschaffen. Aber wenn Frauen nicht jagen konnten, weil sie dauernd Kinder dabei hatten, die sie stillen mussten, woher bekamen sie dann ihr Fleisch?

Mache Paläoanthropologen sind der Meinung, dass die Lösung in der Paarbindung lag (einige würden sogar »Ehe« dazu sagen – ich tue das nicht, da dieser Begriff diverse kulturelle Aspekte implizieren würde, und wenn Sie zum nächsten Kapitel vorblättern, werden Sie sehen, dass die Homininen zu diesem Zeitpunkt in der Evolution meiner Meinung nach noch keine Kultur besaßen). Diejenigen, die diese Position vertreten, weisen gerne darauf hin, dass ein Effekt der Paarbindung bei vielen Spezies eine Verringerung des Sexualdimorphismus ist, also eine Angleichung der Körpergröße bei Männchen und Weibchen: Da die Männ- 59 chen nicht ständig um Weibchen kämpfen müssen, sind es nicht mehr nur die großen, muskulösen Männchen, die sich paaren dürfen und ihre Gene weitergeben können. Und der frühe *Homo* weist tatsächlich keinen allzu ausgeprägten Sexualdimorphismus auf.

Welche soziale Organisation zu diesem sehr frühen Zeitpunkt in der menschlichen Evolution vorherrschte, kann die Wissenschaft nicht rekonstruieren. Doch die Auswirkungen des aufrechten Gangs auf den Geburtsvorgang, die Notwendigkeit, die Nachkommen zu stillen, und die Jagd mithilfe von Werkzeugen – all das lässt mich zu dem Schluss kommen, dass männliche und weibliche Hominine eine Form der Zusammenarbeit entwickelt haben müssen, die möglicherweise beinhaltete, dass sie ihre Nahrung miteinander teilten, vielleicht als Paar, mit Sicherheit aber innerhalb einer Gruppe. Vielleicht brachten die Männer das Fleisch mit, oder die Frauen unterstützten einander, indem die Mütter, wenn eine von ihnen auf die Jagd ging, deren Kind stillten.

Aber ich greife vor (im nächsten Kapitel werden wir sehen, dass Teilen in Wirklichkeit ein äußerst komplexes Verhalten ist). Der springende Punkt ist, dass wir von unserem Kinosessel im Weltraum aus beobachten können, wie sich unsere Vorfahren vor etwa 1,5 Millionen Jahren von Primaten, die auf Bäumen lebten, sich von Früchten und Blättern ernährten und keine Werkzeuge hatten, in etwas völlig anderes verwandelten: in Hominine, die auf zwei Beinen gingen, die am Boden lebten, die Werkzeuge benutzten, die höchstwahrscheinlich auf die Jagd gingen, die ihre Nahrung möglicherweise kochten und grillten, die sich vielleicht zu Paaren zusammentaten. Beim Versuch, die auf Bäumen lebenden Primaten zu Spitzenleistungen zu führen, verwandelte die Evolution sie in etwas völlig anderes. Mit der Lebensweise der Hominine im Miozän war nun Schluss, für immer.

Kapitel 4

Schmuck und Symbole: Kultur

Die Vergangenheit ist ein fremdes Land; dort gehen die Uhren anders.

L. P. HARTLEY, *EIN SOMMER IN BRANDHAM HALL*

Als mein Sohn Matt ein kleiner Junge war, half er mir bei der Arbeit in unserem Gemüsegarten in Kentucky. Eines Tages zupfte ich gerade Unkraut, während er neben mir kniete und mit seinem Spielzeuglaster spielte. Als ich ein Büschel Unkraut auf den Haufen warf, rief er plötzlich: »Ein Schwan!« Ich schaute mich um, dachte, ein Wasservogel habe sich in unseren Garten verirrt. Aber da war nur Matt, der in das Unkraut griff und noch einmal sagte: »Ein Schwan.« Und dann sah ich sie: eine elegante Krümmung, genau wie bei einem Schwanenhals. So unterschiedlich kann das sein: Manche Menschen entdecken Schwäne, wo andere nur Unkraut sehen.

Was uns Menschen von den anderen Primaten unterscheidet, ist unsere Fähigkeit, die Welt auf ganz unterschiedliche Weise wahrzunehmen, und das nennen wir: Kultur. Anthropologen streiten sich seit Langem, wann genau der Mensch die Fähigkeit zur Kultur erworben hat, aber wenn Sie in Ihrem Kinosessel im Weltraum sitzen und die Welt der Homininen an sich vorbeiziehen sehen, werden Sie bemerken, dass im Zeitraum von vor 200 000 bis vor 50 000 Jahren etwas geschah. Damals wurde der Hominin zu einem kulturellen Wesen, zum *Menschen*, wie wir ihn heute kennen. Es war der Moment, als wir die Fähigkeit zum religiösen Denken entwickelten. Als wir begannen, einander Geschichten zu erzählen und Metaphern und Analogien zu verwenden. Als Wissenschaft, Kunst, Musik und Dichtung entstanden. Als uns erstmals eine Erzählung oder ein Lied tief in unserem Innersten berührte.

Sowohl die genetischen als auch die skelettalen Daten deuten darauf hin, dass der Mensch aus Afrika stammt. Wir können den, wie Paläoanthropologen sagen, »archaischen« *Homo sapiens* dort in der Zeit vor etwa 400 000 Jahren verorten.[1] Der (in biologischer Hinsicht) moderne Mensch tauchte in Afrika vor etwa 200 000 Jahren auf. DNA-Befunde zeigen, dass die modernen Menschen schließlich aus Afrika auswanderten und sich in ganz Europa und Asien ausbreiteten. Dort paarten sie sich zumindest gelegentlich mit den dort ansässigen Hominin-Populationen (zum Beispiel den Neandertalern) und ersetzten sie schließlich komplett. In genetischer Hinsicht sind also alle Menschen, die heute auf der Erde leben, eine große Familie. Und das ist nicht nur ein wunderbarer Einwand gegen Rassismus, sondern verrät uns zugleich, dass diese Homininen, die modernen Menschen, in evolutionärer Hinsicht unglaublich erfolgreich waren. Und schuld daran war ihre Fähigkeit zur Kultur.

Einige Anthropologen sprechen die Kulturfähigkeit bereits dem archaischen *Homo sapiens* zu oder sogar dem Beginn der Gattung *Homo*; ich bin jedoch der Meinung, dass sie ein viel jüngeres Phänomen ist. Es scheint sich dabei auch nicht um eine eindimensionale Begabung zu handeln, sondern um das Resultat mehrerer geistiger Fähigkeiten. Ich stelle mir das Ganze immer wie ein Sinfonieorchester vor: In der Phase der menschlichen Evolution von vor einer Million bis vor 200 000 Jahren wurde das Orchester zusammengestellt, wobei die einzelnen Musiker erst nach und nach die Bühne betraten und noch nicht alle Instrumente auf dieselbe Tonart gestimmt waren. Archäologische Zeugnisse deuten darauf hin, dass das Orchester vor rund 200 000 Jahren komplett war, die Instrumente gestimmt und die Musiker bereit waren, Beethovens Fünfte zu spielen.

Wenn man »Kultur« sagt, denken viele, damit sei gemeint, dass sich jemand mit Opern, teurem Wein und Shakespeare auskennt. Sie glauben, jemand, der Bach hört und Thomas Mann liest, habe »mehr« Kultur als jemand, der Hip-Hop hört und Trash-TV schaut. Aber für Anthropologen hat keine Person – und keine Gesellschaft – mehr oder weniger Kultur als eine andere. Dies ist keine Frage der Political Correctness: Es ist die Erkenntnis, dass alle menschlichen Populationen die gleiche Kultur*fähigkeit* besitzen. Dass sich der Begriff »Kultur« auf jede kreative Aktivität des Menschen bezieht.

Jeder Anthropologe wird Ihnen außerdem sagen, dass ein elementares Kennzeichen menschlicher Kultur die Verwendung von Symbolen ist. Symbole sind visuelle, auditive oder taktile Bedeutungsträger, die mit dem, wofür sie stehen, keine direkte Verbindung haben. Zum Beispiel wissen Sie, wenn Sie einen roten Kreis sehen, durch den eine diagonale rote Linie verläuft, dass das, was innerhalb des Kreises dargestellt ist, verboten ist. Wenn Sie darin eine Zigarette sehen, wissen Sie sofort: Rauchen ist hier verboten. Aber wenn Sie in einer Kultur aufgewachsen sind, die dieses Symbol nicht verwendet, könnten Sie durchaus auf die gegenteilige Interpretation kommen: Rauchen ist hier erlaubt.

Oder nehmen Sie ein simples Augenzwinkern. In unserer westlichen Kultur kann es ein Signal des Flirtens sein oder eine spielerische Verschwörung zwischen zwei Menschen gegenüber einem Dritten andeuten. In einer anderen Kultur bedeutet es vielleicht lediglich, dass jemand etwas im Auge hat. Wir verwenden ständig Symbole; denken Sie nur daran, was in unserer Gesellschaft die Kleidung oder das Auto über den Besitzer aussagen.

Symbole sind wichtig, weil Kulturfähigkeit bedeutet, dass Menschen *die Welt als symbolische Konstruktion verstehen*. Lassen Sie mich diesen Punkt anhand eines Beispiels erklären, das aus dem Dokumentarfilm *First Contact* von 1983 stammt. In dem Film geht es um drei Australier, die Brüder Daniel, James und Michael Leahy, die in den 1930er-Jahren auf der Suche nach Gold ins Innere Neuguineas vordrangen. Sie waren die ersten Weißen, die das Hochland von Neuguinea betraten, wo damals eine Million Papua lebten. Weder hatten die Papua gewusst, dass es andere Völker gab, noch hatte der Rest der Welt gewusst, dass im Hochland von Neuguinea Menschen lebten. Und so mussten beide Gruppen ganz unvorbereitet herausfinden, um wen es sich bei ihrem Gegenüber handelte. Der Film ist nicht nur deshalb bemerkenswert, weil er Bilder von der ersten Begegnung zwischen zwei Kulturen zeigt – erstaunlicherweise hatten die Brüder Leahy neben einer Foto- auch eine Filmkamera dabei –, sondern weil es den Filmemachern gelang, sowohl die beiden überlebenden Leahy-Brüder zu interviewen als auch einige Papua, die als Jugendliche dabei gewesen waren, als es zu diesem ersten Kontakt kam. Was hielten sie voneinander?

63

Da die drei Australier ja auf der Suche nach Gold waren, begannen sie, in der Nähe eines Dorfes in einem Fluss zu graben und den Sand auszuwaschen. Als plötzlich die Männer aus dem Dorf auftauchten, um ihnen dabei zu helfen, interpretierten die Australier dies so, wie es ihrer Kultur entsprach: Sie gingen davon aus, dass die Papua sich nützlich machen wollten, um etwas Geld (in ihrem Fall Muscheln) zu verdienen. Doch taten die Papua das?

Viele neuguineische Völker praktizieren eine Form der Religion, die Anthropologen als »Ahnenkult« bezeichnen. Dabei spielen die verstorbenen Vorfahren eine Rolle im Diesseits, und nur wer respektvoll mit ihnen umgeht, wird im Leben erfolgreich sein. Und im Rahmen ihrer Riten streuten die Papua die Asche ihrer Toten in den Fluss. Als die Australier nun in ihrem Fluss zu graben begannen, wussten sie: Das müssen die Geister unserer Vorfahren sein, die im Flussbett nach ihren Knochen suchen. Vielleicht sollten wir ihnen besser helfen!

Beide Seiten interpretierten das Verhalten ihres Gegenübers auf die einzige Weise, die ihnen zur Verfügung stand. Und beide lagen komplett falsch, weil sie die Welt mit unterschiedlichen Symbolen konstruierten. Die Welt der kapitalistischen Australier regierten Geld und Lohnarbeit; für die Papua drehte sich alles um die toten Verwandten, die sie verehrten. Wir bezeichnen dies als zwei unterschiedliche symbolische Konstruktionen, da sowohl die Papua als auch die Australier ihre jeweilige Kultur benutzten, um die Handlungen ihres Gegenübers so zu interpretieren, dass es für sie Sinn ergab (genau wie wir Symbole interpretieren). Das bedeutet jedoch nicht, dass diese Interpretation korrekt ist.

Kultur impliziert die Fähigkeit, die Welt zu verstehen, indem wir das, was uns widerfährt, durch die Linse eines intern konsistenten, organisierten Denkkörpers interpretieren. Deshalb hat *alles* – Sonnenaufgang und Sonnenuntergang, der Mond, Wellen, Bäume, Vögel, Berge, Flüsse, Männer, Frauen, Kinder, Kleidung, Essen, Gebäude, Lieder, Fahnen … – für jeden Menschen eine Bedeutung, wenn auch nicht unbedingt exakt dieselbe Bedeutung.

Man geht davon aus, dass die Kulturfähigkeit in der Biologie verwurzelt ist, genauer gesagt in der Neurologie des Gehirns. Der britische Archäologe Steven Mithen hat versucht zu beschreiben, was da vor sich geht.[2] Laut Mithen arbeitet der Geist mit zwei Arten von Intelligenz. Eine davon ist die allgemeine Intelligenz. Ihre Kapazität spiegelt sich in der Größe des Gehirns wider, genauer gesagt in der Größe des Neocortex (eines Teils der Großhirnrinde), der die Größe unseres Arbeitsgedächtnisses bestimmt. Ein größeres Arbeitsgedächtnis erlaubt es einem Organismus, mehr als einen Gedanken zugleich zu haben und Schlussfolgerungen zu ziehen.

Die andere Art von Intelligenz, so Mithen, ist spezifischer und in vier »Modulen« enthalten, die für die Verarbeitung unterschiedlicher Reize zuständig sind und unterschiedliche Arten von Informationen abspeichern und diese verarbeiten: (1) Das soziale Modul ermöglicht es uns, das Verhalten anderer nachzuvollziehen, (2) das physikalisch-technische Modul ermöglicht es uns, Bewegung, Aktion und Reaktion, also die Eigenschaften von Technologie, zu verstehen, (3) das Sprachmodul ermöglicht es uns, in Form verschiedener Klänge zu sprechen und über abstrakte Themen zu reden, und (4) das naturgeschichtliche Modul katalogisiert die Verhaltensweisen und Attribute von Pflanzen, Tieren und unbelebten Gegenständen. Mithen zufolge besitzen Schimpansen alle diese Module mit Ausnahme des Sprachmoduls.

Der »große Sprung nach vorne« war für den modernen Menschen laut Mithen die *kognitive Fluidität*, die neurologische Verbindung dieser verschiedenen Module. Das menschliche Gehirn besteht aus etwa 86 Milliarden Neuronen mit im Schnitt jeweils 7000 synaptischen Verbindungen zu anderen Neuronen. Zum Vergleich: Schimpansen haben etwa sieben Milliarden Neuronen; sogar der Elefant, der ein größeres Gehirn besitzt als wir, hat nur 23 Milliarden. Informationen speichern und Verbindungen herstellen – das ist es, worum es im menschlichen Gehirn geht.

Dank der neurologischen Verbindungen zwischen den einzelnen Modulen können wir uns Gedanken über soziale Beziehungen machen und dabei Gedanken aus unserem naturgeschichtlichen Modul zu Hilfe nehmen. Oder wir können uns Gedanken darüber machen, wie wir ein Objekt manipulieren können, um ein bestimmtes Ziel zu erreichen. Das Sprachmodul versetzt uns in die Lage, über all das zu sprechen und

65

währenddessen das Wissen und die Konzepte aus allen vier Modulen zu verwenden. Das heißt, wir können Analogien und Metaphern verwenden. Wenn wir sagen: »Tim ist ein schlauer Fuchs«, verknüpfen wir dabei das naturgeschichtliche, das soziale und das Sprachmodul. Eine solche Aussage ergibt nur für Angehörige einer Kultur Sinn, in der Füchse als schlau gelten. Angehörigen einer Kultur, in der Füchse nicht als schlau gelten, wird sie befremdlich vorkommen. Aber jemandem, der keine Metaphern versteht, wird sie komplett sinnlos erscheinen.

Die biologische Fähigkeit, verschiedene Wissensbereiche miteinander zu verknüpfen, ermöglichte es den Papua, zum ersten Mal weißhäutige Menschen zu erblicken und in ihnen die Geister ihrer Ahnen zu sehen, die ihre Knochen zurückhaben wollen. Diese Fähigkeit macht uns zu kulturellen Wesen.

Einige Anthropologen und viele Primatologen sagen, dass auch Schimpansen und Bonobos eine Kultur haben. Grund für diese Behauptung ist, dass bei Schimpansen bestimmte Verhaltensweisen, zum Beispiel die Art und Weise, wie sie ihre Baumnester bauen, von Gruppe zu Gruppe variieren, durch soziale Interaktion erlernt werden und keine funktionalen oder umweltbezogenen Unterschiede widerspiegeln. Bei bestimmten Schimpansen hat das Nest eine ganz bestimmte Form, aus welchem Grund auch immer, und diese Bauweise wird an die nächste Generation weitergegeben.

Aber auch wenn Kultur durch soziale Interaktion erlernt wird, steckt doch mehr dahinter, denn das auf diese Weise erlernte Verhalten führt beim Menschen zu einer bestimmten Weltsicht, einer symbolischen Interpretation der Welt, die durch die kognitive Fluidität überhaupt erst möglich wird. Manche Schimpansen können zwar tatsächlich ein Verhalten erlernen, das mit der Verwendung von Symbolen zu tun zu haben scheint, doch hierbei handelt es sich wahrscheinlich eher um *indexikalisches Lernen*, bei dem eine bestimmte Handlungsweise oder ein Objekt mit einem gewünschten Ergebnis in Verbindung gebracht wird, zum Beispiel der Beschaffung von Nahrung. Wie der Anthropologe Leslie White immer wieder betonte, sind Schimpansen nicht in der Lage, den Unterschied zwischen Weihwasser und destilliertem Wasser zu verstehen, da sich beides nicht in materieller, sondern nur in symbolischer

Hinsicht unterscheidet. In diesem – überaus wichtigen – Sinne sind Schimpansen also keine kulturfähigen Wesen.

In Anbetracht dessen, dass die Fähigkeit zur symbolischen Konstruktion der Welt für die Definition des Menschen als kulturfähiges Wesen von zentraler Bedeutung ist, müssen wir fragen: Wann trat diese Fähigkeit erstmals auf? Um diese Frage zu beantworten, sollten wir zunächst eine weitere mentale Fähigkeit untersuchen: die Fähigkeit zu erkennen, dass andere Gedanken haben. Dies ist ein wenig wie Gedankenlesen und ist für die Kulturfähigkeit notwendig, weil man so erkennen kann, ob das Gegenüber genauso denkt wie man selbst oder nicht.

Es gibt einen alten Sketch aus dem amerikanischen Vaudeville-Theater, bei dem ein Schauspieler zum anderen sagt: »Du weißt, dass ich weiß, dass du weißt, dass ich weiß ...« und so weiter, bis das Publikum nicht mehr mithalten kann und Tränen lacht. Dieser Sketch spiegelt ein wichtiges Element der Kognition wider, das man als *Intentionalitätsebene* bezeichnet. Wie beschrieben, beinhaltet Kultur Vorstellungen davon, wie die Welt funktioniert und wie sich Menschen verhalten sollen. Aber eine Kultur funktioniert nur, wenn zwei Angehörige dieser Kultur wissen, dass sie an dasselbe glauben. Es gibt, wie bereits angedeutet, unendlich viele Intentionalitätsebenen:

1. Ich weiß ...
2. Ich weiß, dass du glaubst ...
3. Ich weiß, dass du glaubst, dass wir wissen ...
4. Ich weiß, dass du glaubst, dass wir wissen, dass sie glaubt ...
5. Ich weiß, dass du glaubst, dass wir wissen, dass sie glaubt, dass wir wissen ...

Das Arbeitsgedächtnis des Menschen kann höchstens mit fünf Ebenen Schritt halten (bei mir sind es etwa drei). Die meisten Tiere erreichen nur die erste Ebene – sie wissen, was sie vorhaben, und das wissen auch alle anderen (oder sie wissen nicht, dass sie nicht wissen, was die anderen wissen). Schimpansen schaffen zwei Ebenen, möglicherweise auch drei, obwohl dies noch nicht bewiesen ist.[3] Diese Intentionalitätsebenen sind unerlässlich für das Erzählen von Geschichten, und das wiederum ist für die Weitergabe von Kultur von entscheidender Bedeutung, insbesondere wenn es in einer Geschichte um Täuschung und Intrigen geht (und das sind immer noch die besten, oder?).

Mindestens zwei Intentionalitätsebenen sind notwendig, damit ein Organismus eine *Theory of Mind* haben kann. Teil der *Theory of Mind* ist die Fähigkeit zu wissen, dass andere Gedanken haben, die von den eigenen abweichen. Dass es für einen sozialen Organismus von Vorteil ist, wenn er »Gedanken lesen« kann, versteht sich von selbst. Drei Intentionalitätsebenen zu haben (»Ich weiß, dass du weißt, dass wir uns beide darin einig sind, dass die Geister der Vorfahren nach ihren Knochen suchen«) ist eine Voraussetzung für Kultur.

Wie viele Intentionalitätsebenen hatten unsere Vorfahren, die Homininen? Auf Basis von Studien zum Gehirn und zur Psychologie lebender Menschen und Primaten und von Messungen an Schädelpräparaten konnte Robin Dunbar anhand der geschätzten Größe der Grauen Substanz im Frontallappen die Anzahl der Intentionalitätsebenen verschiedener Homininen schätzen.[4] Offenbar besaßen der archaische *Homo sapiens* (vor etwa 100 000 Jahren) und der Neandertaler vier. Der *Homo erectus* lag mit drei etwas weiter hinten, und der *Homo habilis* und der *Australopithecus* brachten es auf zwei Intentionalitätsebenen. Falls das stimmt, wäre der *Homo erectus* der erste kulturfähige Hominin gewesen.

Ich bezweifle jedoch, dass das stimmt, denn eine zweite Voraussetzung für Kulturfähigkeit ist die Sprache. Ohne Sprache ist es schwierig, abstrakte Gedanken weiterzugeben, à la: »Die Hügel wurden geschaffen, als die Tiere Menschen waren und als das Warzenschwein und das Gnu um den Mond kämpften.« Da Sprache eine Voraussetzung für Kultur ist, müssen wir wissen, wann die Homininen zu sprechen begannen.

Heute werden auf der Erde ungefähr siebentausend verschiedene Sprachen gesprochen, und früher gab es noch viel mehr. Jede hat ihre eigenen Regeln dafür, wie aus Klängen Wörter gebildet werden und aus Wörtern Sätze. Jede Sprache verleiht den Menschen die Fähigkeit, über komplexe Themen zu sprechen, über neue Erfahrungen, über Dinge, die nicht existieren (das bedeutet nicht nur, dass wir lügen können, sondern auch, dass wir Science-Fiction-Romane schreiben können), und Dinge, die möglicherweise existieren (wie das Leben nach dem Tod, Geister und Götter).

Die Fähigkeit, eine Sprache zu erlernen, ist biologisch in uns angelegt. Kinder in allen Kulturen durchlaufen ähnliche Phasen des Spracherwerbs ohne expliziten Unterricht, und wenn sie bis zum Alter von etwa zwölf Jahren keine Gelegenheit haben, die Sprache zu lernen, werden sie sie nie komplett meistern. (Kinder können, bis sie zwölf sind, problemlos Fremdsprachen lernen, daher sollte der Fremdsprachenunterricht in der Schule möglichst früh beginnen – in der Oberstufe ist es meistens viel zu spät.) Selbst Personen mit einem unterdurchschnittlichen IQ sind zumindest minimal kompetente Sprecher einer Sprache. Offenbar ist der menschliche Verstand dafür ausgelegt, eine Sprache zu lernen. Aber wann haben unsere Vorfahren diese Fähigkeit ausgebildet?

Diese Frage ist schwer zu beantworten, da Wörter nicht zu Fossilien werden und die ältesten geschriebenen Sprachen, wie Hieroglyphen und Keilschrift, erst vor etwa fünftausend Jahren auftauchten. Dennoch mussten ja bereits die biologischen Voraussetzungen für Sprache gegeben sein – die physischen, um Klänge, und die mentalen, um Wörter und Sätze zu erzeugen. Finden wir stichhaltige Beweise für diese biologischen Voraussetzungen?

Die Position des Kehlkopfes ermöglicht es dem Menschen, eine breite Palette von Klängen zu erzeugen. Dabei spielt auch der aufrechte Gang eine Rolle. Unser Schädel sitzt direkt oben auf dem Rückenmark, und die Wirbelsäule befindet sich näher am Mund als bei unseren vierbeinigen Vorfahren. Dadurch hat sich die Position des Kehlkopfes verschoben, wodurch eine größere Kammer im Hals entstand, die es dem Menschen seither ermöglicht, ein breiteres Spektrum an Tönen von sich zu geben als zum Beispiel ein Schimpanse. Unsere biologischen Voraussetzungen für die Sprachfähigkeit dürften also fast so alt sein wie der aufrechte Gang. Doch das bedeutet nur, dass wir viele verschiedene Klänge erzeugen konnten und nicht, dass wir damals schon Sprache verwendeten, wie wir es heute tun.

69

Vielleicht bringt uns das Wachstum des Gehirns auf die richtige Spur. Das menschliche Gehirn ist im Laufe der Zeit stetig gewachsen, von 650 cm³ beim frühen *Homo* über 900 cm³ beim Nariokotome Boy bis hin zu unseren heutigen 1350 cm³. Vor 500 000 Jahren kam das Wachstum unseres Gehirns richtig in Fahrt – war das der Zeitpunkt, als wir zu sprechen begannen?

Das Gehirn wuchs vor allem im Neocortex und dort insbesondere in der Grauen Substanz des Frontallappens. Der Frontallappen beherbergt unser Arbeitsgedächtnis, das uns hilft, die sogenannten Exekutiven Funktionen auszuführen. Zu diesen Funktionen zählen innovative Problemlösungen, Analogieschlüsse, langfristiges Planen und auch einige linguistische Aufgaben. Die Größe des Neocortex korreliert allerdings auch mit der Intensität des Sozialverhaltens (wie gegenseitige Körperpflege, Spielen, Zurschaustellung aggressiver und sexueller Gefühle). Wenn der Neocortex wuchs, kann dies also auch bedeuten, dass mehr soziale Informationen verarbeitet werden mussten – es spiegelte also nicht unbedingt eine wachsende Sprachkompetenz wider. Aber gibt es einen verlässlicheren Indikator für Sprache als die Größe des Gehirns?

Sprachproduktion und Sprachverständnis finden in verschiedenen Bereichen des Gehirns statt, insbesondere im Gyrus frontalis inferior, kurz GFI (das Broca-Areal, von dem Sie vielleicht schon einmal gehört haben, ist ein Teil der linken Seite des GFI). Der GFI ist nicht nur für die Sprachproduktion und das Sprachverständnis von Bedeutung, sondern auch für die Manipulation und das Suchen von Gegenständen, für Rechnen und Musik.

Den GFI assoziiert man auch mit der Herstellung von Steinwerkzeugen.[5] Die Kognitionswissenschaft besitzt Hightech-Geräte, mit denen man messen kann, wo es im Gehirn zu Aktivitäten kommt, wenn jemand spricht, zuhört oder eine bestimmte Tätigkeit verrichtet, beispielsweise Steinwerkzeuge anfertigt. Wenn ein moderner Mensch ein Oldowan-Werkzeug herstellt, leuchten einige Bereiche des GFI (und andere Teile des Gehirns) auf, aber wenn dieselbe Person einen Acheuléen-Faustkeil anfertigt, melden sich zusätzlich noch weitere Bereiche, insbesondere die Pars triangularis des GFI. Oldowan-Steinabschläge erfordern nicht viel Überlegung, doch das Herstellen eines Faustkeils ist ein Vorgang, der dem des Sprechens ähnelt: Man muss vorausdenken und sich jedes Mal, wenn man einen weiteren Splitter vom Stein abschlägt, vorstellen, wie das Werkzeug hinterher aussehen wird und wie man danach weitermachen muss, damit der Faustkeil seine endgültige Form erhält. Beim Sprechen tun wir genau das Gleiche: Welche Wörter und Grammatik wir verwenden, hängt zumindest teilweise davon ab, wie ein Satz weitergehen soll.

Diese Experimente legen nahe, dass die Entwicklung der Sprache und die Entwicklung komplexerer Werkzeuge zur gleichen Zeit erfolgten. Falls dem so ist, könnten unsere Vorfahren vor etwa 1,7 Millionen Jahren zu sprechen begonnen haben, als auch die Acheuléen-Technologie entstand. Ebenso gut ist aber möglich, dass die Homininen die entsprechende Architektur des Gehirns ursprünglich nur für die Herstellung von Steinwerkzeugen nutzten und erst später dazu verwendeten, eine Sprache zu entwickeln.

Wann könnte das gewesen sein? Manche Archäologen verweisen hierbei weniger auf die Steinwerkzeuge als vielmehr auf Werkzeuge mit mehreren Komponenten, beispielsweise einen hölzernen Speer mit steinerner Spitze – erst das Aufkommen solcher Werkzeuge bezeuge eine mentale Architektur, die in der Lage gewesen wäre, sowohl eine komplexe Technologie als auch eine Sprache hervorzubringen. Der Archäologe Lawrence Barham argumentiert, dass selbst eine einfache Schäftung fortgeschrittene Denkprozesse voraussetzt.[6] Wenn man zum Beispiel einen Stein an einem Holzschaft befestigen will, um einen Speer herzustellen, muss man (1) einen geeigneten Stein finden und in die passende Größe und Form bringen, (2) ein längliches Stück Holz beschaffen, das aus dem richtigen Holz ist und von passender Länge, das ein bestimmtes Gewicht hat und die richtige Balance, (3) eine Schnur anfertigen, beispielsweise aus Leder oder aus den Bändern und Sehnen von Tieren, und (4) einen Klebstoff beschaffen, der aus einer Mischung aus Baumharz und Mineralien besteht; dieser muss später erhitzt und in der genau richtigen Temperatur aufgetragen werden. Eine solche Technologie erfordert vorausschauendes Denken und setzt die Fähigkeit voraus, aus verschiedenen Elementen einen kohärenten, sequenzierten

Vorgang zu konzipieren. Strukturell ähnelt dieser Prozess der Sprache, bei der wir passende Wörter gemäß einer bestimmten Syntax zusammensetzen, damit sie Sätze bilden. Die frühesten Zeugnisse für Werkzeuge mit mehreren Komponenten sind etwa 500 000 Jahre alt.

Auch die Genetik liefert uns einen Hinweis darauf, wann die biologische Kapazität zur Sprache erstmals auftauchte. Für eine normale Sprachentwicklung benötigen wir das Gen FOXP2. Genetiker identifizierten es als das Gen, das bei einer modernen Familie erbliche Sprachstörungen auslöste – Defekte in den Gesichtsmuskeln führten hier zu Problemen beim Erzeugen von Lauten, bei der Tonproduktion, der Klangunterscheidung und der Grammatik. Zwar waren die Gehirne der Mitglieder dieser Familie normal groß, doch sie wiesen mehrere Veränderungen auf, unter anderem waren bestimmte Teile des Frontallappens zu klein. Genetische Untersuchungen haben ergeben, dass die Neandertaler das FOXP2-Gen hatten; wahrscheinlich besaß die Gattung *Homo* es also bereits vor 800 000 Jahren (als jene Linie, aus der die Neandertaler hervorgingen, sich vom Rest der *Homo*-Linie in Afrika abspaltete und nach Europa zog).

Die verschiedenen Indikatoren führen zu unterschiedlichen Einschätzungen, wann unsere Vorfahren zu sprechen begannen. Aber selbst wenn wir es wüssten, würde das notwendigerweise die Fähigkeit zu symbolischem Denken beweisen? Sprache besteht aus Symbolen: Es gibt keinen vernünftigen Grund, warum wir den Hund *Hund* nennen, die Franzosen *chien*, die Finnen *koira* und die Madagassen *alika*. Wir dürfen allerdings das *indexikalische Lernen* nicht mit der Verwendung von Symbolen verwechseln, und das tut man allzu leicht, wenn ein Organismus zu komplexeren Lernprozessen in der Lage ist.

Zum Beispiel versuchen Primatologen immer wieder, Schimpansen eine Sprache beizubringen. Da Schimpansen nicht über die nötigen biologischen Voraussetzungen verfügen, um sprechen zu können, verwenden sie die Gebärdensprache. Vor vielen Jahren lernte ich die erste Schimpansin kennen, die eine modifizierte Form der American Sign Language erlernt hatte. Sie hieß Washoe und beherrschte ungefähr 350 Gesten. Bevor ich die Einrichtung betrat, zeigte mir der Wärter eine simple Geste zur Begrüßung. Ich weiß nicht mehr, was ich erwartet hatte, aber ich war geschockt, als Washoe zurückgrüßte und noch ein paar weitere Gesten machte. Echte Kommunikation zwischen verschiedenen Spezies! Ich hoffte, dass sie etwas Tiefgreifendes gesagt hatte, so etwas wie:»Keine Sorge, alles wird gut.« Aber das war nicht der Fall. Der Wärter wirkte ein wenig verlegen und übersetzte dann:»Washoe mag Ihre Schuhe.« (Jahre später las ich in Washoes Nachruf, dass sie von allen Schuhen fasziniert war. Meine schwarzen Cowboystiefel hatten sie also gar nicht so sehr beeindruckt, wie ich dachte.)

Studien zur Sprachbegabung von Schimpansen zeigen, dass in ihrem Kopf eine ganze Menge vor sich geht. Schimpansen können hunderte von Zeichen und Gesten lernen, und manche Forscher sind der Ansicht, dass Schimpansen die kognitive Fähigkeit zur Sprache besitzen, da sie in der Lage sind, neue Wörter zu erfinden und Dinge zu benennen, die sich nicht in ihrem Blickfeld befinden. Vielleicht sind sie aber trotz allem doch nur zu komplexem indexikalischem Denken in der Lage. Bewiesen ist das noch nicht.

Sprache ist ein entscheidender Bestandteil der menschlichen Kultur. Ohne sie könnten wir nicht die komplexen, abstrakten Informationen übermitteln, die kulturelles Wissen ausmachen. Intensive verbale Kommunikation allein ist jedoch noch kein direkter Indikator für Kultur. Höchstwahrscheinlich kommunizierten Homininen spätestens vor 200 000 Jahren mithilfe einer Art Sprache. Doch wann wir fähig waren, über Dinge zu sprechen, die etwas mit Kultur zu tun hatten – das steht möglicherweise auf einem anderen Blatt.

Statt nach Zeugnissen für Sprach*fähigkeit* müssen wir also nach Zeugnissen für spezifische Verhaltensweisen suchen, die die Präsenz von Kultur deutlicher widerspiegeln. Eine solche Verhaltensweise könnte das Teilen von Nahrung sein.

Im Rahmen ihrer anthropologischen Feldforschung beim indigenen Volk der Cree am kanadischen Mistassinisee begleitete Eleanor Leacock in den 1950er-Jahren einen Cree namens Thomas bei der Jagd. Nach ein paar Tagen trafen sie zwei andere Jäger, die Hunger hatten und sie um etwas zu essen baten. Thomas gab ihnen seine letzte Portion Mehl und Schmalz, was bedeutete, dass er früher zum Lager zurückkehren musste, 73 mit weniger Pelzen, als er eigentlich hatte mitbringen wollen. Leacock fragte ihn, wie es ihm damit gehe und ob er keine Gegenleistung erwartet habe. Thomas' Antwort überraschte sie. In ihrem Tagebuch lesen wir: »Es war eine der seltenen Gelegenheiten, als Thomas die Geduld mit mir verlor, und er sagte, deutlich verärgert, auch wenn er es zu verbergen suchte: ›Nicht geben ihnen Mehl, Schmalz – im Inneren tot.‹ Noch aufschlussreicher als seine Worte war die Entschlossenheit, mit der er sprach, und seine Überzeugung, wie unmenschlich es von mir war, allein die Frage zu stellen.«[7]

Aufgrund solcher Vorfälle gehen Anthropologen davon aus, dass das Teilen von Nahrung im Leben von Jägern und Sammlern ein wichtiger Faktor ist. Obwohl sie auch viele andere Dinge miteinander teilen, liegt ihr Hauptaugenmerk auf dem Teilen von Fleisch. Der Mensch hat eine Vorliebe für fetthaltiges Fleisch entwickelt, weil es reich an Kalorien und Nährstoffen ist. Von drohenden Herzkrankheiten einmal abgesehen, ist fettes Fleisch eine gute Wahl. Wenn einer der Jäger also ein Reh oder eine Antilope erlegt hat und ins Lager mitbringt, erwarten alle anderen, dass sie einen Anteil davon bekommen.

So schön es wäre, wenn die Jäger ihr Fleisch aus reiner Herzensgüte mit der Gruppe teilen würden, ist das eher nicht der Fall. Oft geht dem Teilen von Fleisch eine entsprechende Forderung voraus. Bei den südafrikanischen Ju/'Hoansi erlebte die Anthropologin und Demografin Nancy Howell, dass es »nicht Altruismus oder guter Wille war, der sie veranlasste, ihre Beute zu teilen ..., sondern ein nicht enden wollender Chor, der *na, na, na* (›gib, gib, gib‹) rief«.[8] Die Jäger gaben der Forderung nach, um soziale Sanktionen zu vermeiden.

Die modernen Jäger und Sammler teilen ihr Fleisch gemäß bestimmten kulturellen Regeln. Bei den australischen Gunwinggu zum Beispiel bekommt der Jäger von einem Känguru, das er erlegt hat, den Kopf und eines der Vorderviertel; das andere Vorderviertel bekommt der Begleiter oder der Bruder des Jägers. Die Kruppe und der Schwanz gehen an den Sohn des Bruders der Mutter oder an den Sohn der Tochter des Bruders der Mutter des Jägers (bei den Gunwinggu achtet man sehr auf solche verwandtschaftlichen Beziehungen). Beide Hinterviertel erhält einer der Stammesältesten. Herz, Leber, Kutteln und andere Innereien erhalten der Jäger und weitere Stammesälteste oder andere Männer, die dabei waren, als das Tier erlegt wurde.[9]

Schimpansen teilen ebenfalls ihre Beute, aber auf ganz andere Weise. Schimpansen jagen kleine Tiere, vor allem Rote Stummelaffen. Sie tun dies auf eine Art und Weise, die den Anschein eines gemeinschaftlichen Vorgehens erweckt – einige Schimpansen klettern hoch in die Bäume und jagen ein Äffchen durch die Baumwipfel, während andere am Boden sitzen und offenbar darauf warten, ob der Affe herunterfällt; wieder andere klettern schon vor Beginn der wilden Jagd auf weitere Bäume, vermutlich, um der Beute den Fluchtweg abzuschneiden. Der Schimpanse, der das Äffchen tötet, frisst zunächst selbst etwas von dem Fleisch, während sich die anderen um ihn versammeln und ihn mit ausgestreckten Händen anbetteln. Anscheinend dient das Teilen der Beute auch dazu, das Interesse potenzieller Sexualpartner zu wecken, Beziehungen zu anderen Männchen zu festigen oder zu vermeiden, dass es um das Fleisch zum Kampf kommt – ein Verhalten, das man *tolerierten Diebstahl* nennt. In vielerlei Hinsicht ähnelt das Ganze dem Teilen der Beute bei den Jägern und Sammlern.

Wenn da nicht Thomas wäre, der Cree, der wusste, dass es für ihn persönlich von Nachteil war, etwas von seinen Vorräten abzugeben, aber der sich »im Inneren tot« gefühlt hätte, wenn er den hungrigen Jägern die Hilfe versagt hätte. In diesem Punkt unterscheidet sich der Vorgang des Teilens beim Menschen ganz gewaltig von dem beim Schimpansen.

Unser Verhalten ist durch kulturelle Konditionierung tief in uns verwurzelt, und wenn wir gegen die Regeln unserer Kultur verstoßen, fühlen wir uns automatisch unwohl. Wir sind anpassungsfähig, denn wir können Auswege aus Dilemmas finden, nach dem Motto: Wenn ich dieses Fleisch für mich behalte, habe ich mehr für mich und meine Familie, aber dann gelte ich als geizig, und niemand wird sein Fleisch mit mir teilen, wenn ich einmal darauf angewiesen bin. Kulturelle Regeln schreiben uns vor, wie wir uns verhalten sollen, selbst dann, wenn wir uns eigentlich gerne anders verhalten würden. Wir bestrafen jene, die kulturelle Regeln missachten, mit Sanktionen, die von einem abschätzigen Blick bis zur Todesstrafe reichen, je nachdem, gegen welche Regeln sie verstoßen haben. Für Menschen ist das Teilen viel mehr als ein simples 75

Kalkül à la »eine Hand wäscht die andere«. Es basiert auf kulturellen Werten, die uns eingeimpft wurden und die dafür sorgen, dass wir dabei am Ende nicht zu kurz kommen, aber es ist untrennbar mit unserer kulturellen Konstruktion der Welt verbunden. Diese resultiert darin, dass es in einer Kultur bestimmte »Regeln« des Teilens gibt (wie bei den Gunwinggu). Immer wieder aufs Neue Kosten und Nutzen abzuwägen, kann für egoistische Individuen auf lange Sicht recht kostspielig sein.

Wann begannen die Homininen, ihre Nahrung miteinander zu teilen? Das ist eine schwierige Frage, aber die Archäologin Mary Stiner hat möglicherweise eine Antwort.[10] Wenn man ein Tier mit einem Steinwerkzeug schlachtet, schneidet man dabei oft bis in die Knochen und hinterlässt dabei verräterische Schnitte. Wenn die Knochen gut erhalten sind, können wir diese Schnitte mit bloßem Auge sehen (und sie von den Spuren von Raubtierzähnen oder Wurzelätzung unterscheiden). Als sie in der Qesem-Höhle in Israel etwa 700 000 bis 400 000 Jahre alte Tierknochen untersuchte, fand Stiner daran zahlreiche Schnittmarken in ganz zufälligen Winkeln. Diese unterschieden sich von den Schnittmarken an Knochen, die an Standorten gefunden wurden, die viel später vom modernen Menschen bewohnt waren. An den jüngeren Standorten konzentrieren sich die Schnittmarken auf bestimmte Bereiche eines Knochens, da, wo man das Fleisch mit wenig Aufwand besonders leicht entfernen kann. Außerdem weisen alle Schnittmarken einen ähnlichen Winkel auf, was darauf hindeutet, dass eine einzige Person das Fleisch von den Knochen getrennt hat, die dabei in einer bestimmten Position zum geschlachteten Tier saß.

Das war Stiners Erkenntnissen zufolge im Altpaläolithikum ganz anders: Damals waren zahlreiche Hände an den Knochen zugange. Jemand schnitt sich etwas Fleisch ab, gab das Stück Tier an jemand anderen weiter, der seinerseits etwas abschnitt und es weitergab. Sicherlich konnte sich nicht jeder einfach so viel nehmen, wie er wollte, aber es gibt keine Hinweise darauf, dass das Teilen von Fleisch durch irgendwelche festen Regeln koordiniert wurde. Die willkürlichen Schnittmarken beschwören ein Bild, das eher an das Miteinander von Schimpansen denken lässt, und spiegeln den Umstand wider, dass soziale Beziehungen danach ausgehandelt wurden, wer gerade über welche Ressource verfügte (einen Brocken Fleisch, die Möglichkeit zur Paarung, ein Bündnis …) und nicht auf Basis eines Regelwerks, das dafür gesorgt hätte, dass im Lager auch ein alter Krüppel noch einen Anteil an der Beute erhalten hätte. Die Kultur bestimmt, wie das Teilen funktioniert. Und derzeit deutet nichts darauf hin, dass es im Altpaläolithikum entsprechende kulturelle Regeln gegeben hätte. Beweise für eine Kulturfähigkeit unserer Vorfahren gibt es aus jener Zeit nicht.

An dieser Stelle kommt nun die spezifischste physische Manifestation von Kultur ins Spiel: die Verwendung von Symbolen.

Um nachzuvollziehen, wie wir anhand der Verwendung von Symbolen auf die Kulturfähigkeit schließen können, müssen wir uns zunächst vergegenwärtigen, dass die Menschen unterschiedliche Begabungen besitzen. Der eine hat einen Hang zu Mechanik, der andere ist ein begeisterter Sportler. Wieder andere sind passionierte Mathematikerinnen, Naturwissenschaftler, Künstlerinnen oder Musiker. Ein paar wenige Glückspilze zeichnen sich in mehr als einem Bereich aus, einige bringen in einer ganzen Reihe Disziplinen mittelmäßige Leistungen, und manche können gar nichts richtig gut.

Dies ist auch bei der Verwendung von Symbolen der Fall. Einige Menschen sind ganz hervorragend darin, Symbole zu verwenden und zu manipulieren. Sie sind sozusagen extrem *symbolbegabt*. Es sind Individuen, die offenbar die ganze Welt in Form von Symbolen wahrnehmen. Wie mein Sohn, der im Unkraut einen Schwan entdeckte, sehen und hören sie Dinge, die andere nicht sehen oder hören.

Duke Ellington zum Beispiel notierte sich in den Taxis von New York Melodien, weil er im Lärm der Großstadt Musik vernahm, genau wie Beethoven Symphonien hörte, wenn er im Wald spazieren ging. Die Texte von Bob Dylan ergeben auf dem Papier oft keinen Sinn, aber wenn er sie zur Musik singt, vermitteln sie tiefgreifende Emotionen. Mozart, da Vinci, Picasso, O'Keeffe, Dalí – sie alle befanden sich am äußersten »kreativen« Ende der Glockenkurve einer Population, die in der Lage ist, symbolisch zu denken. Man weiß aber auch, dass das Verhalten großer Künstler oft ans Pathologische grenzt. Sie sind keine »normalen« Menschen, aber da sie ein nützliches Produkt produzieren, sind sie keine 77 sozialen Außenseiter. (Am anderen Ende der Glockenkurve befinden sich unter anderem Menschen mit einer autistischen Störung, die Probleme mit Symbolen haben und das Verhalten anderer nur ganz buchstäblich verstehen können.)

Der springende Punkt ist: Sobald eine *Population* in der Lage ist, symbolisch zu denken, werden einige Mitglieder dieser Population besonders symbolbegabt sein. Und sie werden höchstwahrscheinlich Symbole in Form von Kunst produzieren, ganz einfach weil sie nicht anders können.

George Bernard Shaw hat einmal gesagt: »Ohne Kunst wäre die Grausamkeit der Welt unerträglich.« Kunst ist der Versuch, die Welt zu verstehen, ihrer Grausamkeit eine kulturell geprägte Weltsicht entgegenzusetzen. Der Künstler Norman Rockwell wurde mitunter für seine Heile-Welt-Darstellungen des Lebens im Amerika des 20. Jahrhunderts verspottet. Aber er malte nicht etwa Szenen aus seinem eigenen Leben. Stattdessen malte er, um die Realität seines Lebens (seine Scheidung, die Depressionen, den Tod seiner zweiten Frau, die Ablehnung durch »echte« Künstler) mit dem Lebensentwurf in Einklang zu bringen, den er verinnerlicht hatte. Deshalb ist die Kunst so oft das Werkzeug von Revolutionären. Deshalb befahl Mao Zedong dem chinesischen Volk, nur noch patriotische Lieder zu singen. Deshalb kam Pete Seeger in der McCarthy-Ära auf die schwarze Liste. Deshalb ließ der russische Präsident Putin die Rockband Pussy Riot ins Gefängnis stecken.

Insofern liegt es nahe, dass die Kunst in der Menschheitsgeschichte zum ersten Mal auftauchte, als unsere Vorfahren versuchten, die Realität ihres Lebens mit ihrem Lebensentwurf in Einklang zu bringen. Dies impliziert, dass sie eine bestimmte Vorstellung davon hatten, wie ihr Leben aussehen sollte, eine symbolisch konstruierte Vision ihrer Welt. Sie dachten in mehreren Intentionalitätsebenen: Einige wollten, dass andere wissen, dass das Leben nicht so läuft, wie sie alle es erwartet hatten. In der Kunst manifestiert sich die Kultur.

Wie wir gesehen haben, ist die Kulturfähigkeit in unserem Gehirn verwurzelt. Sie ist durch genetische Mutation entstanden, auch wenn wir nicht genau wissen, um was für eine Mutation es sich dabei handelte. Da es eine Mutation war, kann es gut sein, dass zunächst lediglich eine einzige Person in einer bestimmten Population diese Mutation aufwies. Stellen Sie sich vor, sie wären diese Person, die einzige weit und breit, die im Wind Musik hört, die einen Schwan in einem Grashalm sieht oder die sich über die Ähnlichkeit zwischen einem geflochtenen Sack und der schraffierten Zeichnung auf Muscheln oder Felsen Gedanken macht. Sie hätten niemanden, dem Sie sich erklären könnten. Es ist das Grundgefühl aller Pubertierenden: Sie sind anders als die anderen, und niemand versteht sie.

Wir wissen, dass die Homininen vor etwa 200 000 Jahren technisch begabt waren. Sie befestigten Mikrolithen, kleine Steinklingen, mit einem Klebstoff, den sie möglicherweise aus Gummi arabicum herstellten, an Griffen aus Holz oder Knochen. Von den Homininen, die diese Art von Technologie nutzten, könnten jene, die von Natur aus besonders symbolbegabt waren, also die Künstlerinnen und Künstler, materielle Dinge manipuliert haben, um ihr Verständnis der Welt mit der Realität der Welt in Einklang zu bringen.

Dieser deutliche Bezug auf die eigene Person könnte der Grund dafür sein, warum einige der frühesten Hinweise auf »symbolisches« Verhalten in Form von Muschelschalen auftraten, die als Schmuck verwendet wurden, und in Form von Pigmenten, die man möglicherweise für Tätowierungen oder zur Körperbemalung benutzte. In Südafrika mahlten Menschen vor mindestens 70 000 Jahren Ocker (ein natürliches Pigment aus einem Eisenoxid) zu einem Pulver. Vielleicht diente es nur dazu, ein Mastix-Harz herzustellen, mit dem man Steinklingen an Holzgriffen befestigte, aber die Oberfläche eines kleinen Stücks Ocker aus der Blombos-Höhle an der Küste Südafrikas weist merkwürdige X-förmige Einkerbungen auf, die oben, in der Mitte und unten mit horizontalen Linien verbunden sind.[11] Ungefähr zur selben Zeit ritzten andere Menschen in Südafrika einfache, leiterartige Motive in die Schalen von Straußeneiern.[12] Außerdem hat man an verschiedenen Orten verarbeitete Muschelschalen gefunden; in Algerien und Marokko sind sie etwa 80 000 Jahre, in Südafrika 75 000 Jahre und im Nahen Osten vielleicht sogar 100 000 Jahre alt.[13]

Wie werden die Homininen reagiert haben, als sie zum ersten Mal sahen, wie einer der Ihren eine Muschelkette um den Hals trug oder das

Gesicht oder die Brust mit roten Pigmenten bemalt hatte? Waren sie verwirrt? Bekamen sie Angst? Waren sie fasziniert? Ich sage jetzt einfach mal *fasziniert* – nicht nur, weil ich weiß, wie die Geschichte hier ausgeht, sondern auch, weil es dem Verhalten von Schimpansen und Bonobos ähnelt, wenn sie einem kuriosen Phänomen gegenübertreten. Heute befestigen manche Primatologen kleine bewegungsempfindliche Kameras in Bäumen, damit sie unauffälliger das Verhalten von Schimpansen beobachten können. Aber Schimpansen sind neugierig, und ich habe amüsante Aufnahmen davon gesehen, wie sie die Kameras entdecken und an ihnen riechen, sie anstupsen, genau untersuchen und dabei Grimassen ziehen. Genauso reagieren Schimpansen, wenn Forscher sie markieren oder ihnen Kleidung anziehen. Die Homininen des Mittelpaläolithikums waren den Schimpansen intellektuell weit überlegen, daher gehe ich gehe davon aus, dass sie Neuerungen generell mit Neugier begegneten, und sei es auch nur, um herauszufinden, welche Technologie dahintersteckte.

Muschelschalen und Pigmente könnten sich durch einen in der Evolutionstheorie als Baldwin-Effekt bekannten Mechanismus ausgebreitet haben. Dass die Homininen des Mittelpaläolithikums gut darin waren, sich soziale Verhaltensweisen anzueignen, zeigt sich in ihrer Technologie. Wenn diese Homininen mitbekamen, dass sich einige ihrer Kollegen mit Muschelschmuck und Körperbemalung hervortaten und sich so einen Vorteil bei der Paarung oder beim Verteilen von Nahrung verschafften, könnte dies andere dazu veranlasst haben, diese Praxis zu übernehmen, selbst wenn sie nicht über das genetische Merkmal verfügten, das den ursprünglichen Urheber zu diesem Verhalten veranlasst hatte. Auf diese Weise könnten sich die Gene, die zunächst für das Auftreten »symbolischen« Verhaltens verantwortlich waren, über Generationen hinweg zumindest in geringer Häufigkeit erhalten haben. Aber auch wenn die natürliche Selektion nicht allzu sehr zugunsten dieses Merkmals arbeitete, dann doch sicherlich auch nicht dagegen.

Vielleicht halten Sie die Kunst, die ich hier beschrieben habe, für wenig bemerkenswert. Würde man von einem künstlerisch begabten Individuum nicht erwarten, Kunst zu schaffen, wie wir sie im Jungpaläolithikum (vor 50 000 bis 12 000 Jahren) in den Höhlen Frankreichs

und Spaniens vorfinden – beeindruckende Wandbilder von Auerochsen, Pferden und Bisons? Mag sein. Aber was würden Künstlerinnen
und Künstler produzieren, wenn sie keine künstlerische Tradition hätten, auf der sie aufbauen können? Wenn sie nicht in einer Gemeinschaft
lebten, die ihre Bemühungen würdigt? Wenn die Hilfsmittel und Materialien, die sie für ihre Kunst benötigen, noch nicht voll entwickelt wären? Vielleicht war der Mensch, der die Linien in die Ockerstücke in der
Blombos-Höhle ritzte, genauso begabt wie Michelangelo – nur dass die
Tradition und Technologie seiner Zeit nicht mehr hergaben als solche
simplen Gravuren.

Vor nicht ganz 200 000 Jahren waren zumindest einige Homininen
kulturfähig – sie besaßen die geistige Fähigkeit, eine symbolische Konstruktion des Lebens zu kreieren. Das Seltsame ist, dass Muschelschalen
und Pigmente zwar vor etwa 80 000 Jahren auftauchten, von da an aber
nicht, wie wir vielleicht erwarten würden, immer üblicher wurden.
Stattdessen verschwanden die Zeugnisse symbolischer Aktivität vor
rund 65 000 Jahren wieder und tauchten erst 15 000 Jahre später wieder
auf. Was war geschehen?

Wir wissen es nicht. Eine Hypothese besagt, dass eine Art »nuklearer
Winter«, verursacht durch den Ausbruch des Vulkans Toba auf der Insel
Sumatra vor rund 74 000 Jahren (einer der größten Vulkanausbrüche
aller Zeiten), die Menschheit beinahe vollständig auslöschte.[14] Einige
Genetiker haben aus der Verteilung genetischer Daten hochgerechnet,
dass die menschliche Gesamtpopulation vor knapp 70 000 Jahren einen
erheblichen Einbruch erlitt.[15] Schätzungen zufolge lebten auf der Erde
nur noch so wenige Menschen, dass sie beinahe ausgestorben wären.
Eine derart kleine Population bedeutete natürlich auch, dass es weniger
symbolbegabte Menschen gab, die kreativ waren und ihre Begabung
weitergeben konnten. Bei kleinen Populationen kann es sogar vorkommen, dass eine richtig gute Idee nicht von Generation zu Generation
weitergegeben wird, wenn es sich dabei um ein Zufallsprodukt handelt.

Aber die Menschheit erholte sich und breitete sich in ganz Afrika
aus, besiedelte Europa und Asien und schließlich auch noch den Rest
der Welt. Der moderne Mensch, *Homo sapiens*, ersetzte die Nachkommen früherer aus Afrika emigrierter Homininen (oder assimilierte sie

teilweise, zumindest im Falle der Neandertaler). Vor mindestens 40 000 Jahren waren die Homininen nicht mehr nur besonders geschickte Affen; sie waren Menschen.

Seinen dramatischsten Ausdruck fand dieser Umstand in den Bildern an den Wänden europäischer Höhlen. Vor nicht ganz 40 000 Jahren begannen einige Menschen, dort Tiere wie Auerochsen, Bären, Löwen, Mammuts, Nashörner und Pferde abzubilden. Es finden sich aber auch abstrakte Darstellungen mit Punkten, schraffierten Linien und gewölbten, regenbogenartigen Gebilden (seltsamerweise sind Menschen nur sehr selten abgebildet). Die Kunst befindet sich teilweise tief im Inneren der Höhlen, an Stellen, die extrem schwer zu erreichen sind, zumal wenn man lediglich eine Steinöllampe oder eine Fackel aus Schilfrohr hat, um den Weg zu beleuchten. Dort hat man auch Schnitzereien aus Knochen, Geweih und Elfenbein gefunden (zweifellos gab es auch welche aus Holz, aber Holz überdauert ja leider nicht die Jahrtausende).

Der Anthropologe David Lewis-Williams ist der Ansicht, dass die Höhlenkunst darstellt, was die Schamanen in ihren Träumen oder in Trance gesehen hatten.[16] Schamanen verstehen Träume und Trance als Möglichkeit, mit Verstorbenen bzw. mit der Geisterwelt zu kommunizieren. Eine Trance induzieren sie durch psychotrope Drogen, Sinnesentzug oder körperliche Erschöpfung (zum Beispiel durch Tanzen). Das Spannende dabei ist: Alle Schamanen durchlaufen die gleichen drei Phasen der Trance, egal, welche Methode sie verwenden oder welcher Kultur sie angehören. Sie berichten, dass sie zuerst bestimmte Formen sehen, wie Regenbogen, Punkte, schraffierte Formen und Quadrate. In der zweiten Phase sehen die Schamanen diese abstrakten Elemente wie eine Folie über Dingen des täglichen Lebens, zum Beispiel Tieren. Und in der dritten und tiefsten Phase der Trance haben die Schamanen das Gefühl, in einen dunklen wirbelnden Strom hineingezogen zu werden, und können nicht mehr zwischen sich und ihrer Vision unterscheiden – sie werden Teil der Halluzination.

Heutige Schamanen verschiedener Kulturen bezeichnen die tiefste Phase der Trance als »Tod« oder als »Reise auf die andere Seite«. Mag sein, dass die Schamanen versuchten, ihre Erfahrung aus der Trance in den dunklen Höhlen tief im Inneren der Erde zu replizieren und auf die »andere Seite« der Existenz zu gelangen. Vielleicht sahen sie ihren Alltag bloß als Schatten einer *realen* Welt, der sie in ihren Träumen und in der Trance begegneten und in die sie erst mit ihrem Tod dauerhaft übersiedeln würden. Die Höhlenmalerei legt nahe, dass die Künstler, die Bisons, Löwen und Mammuts an die Wände malten, in einer Welt lebten, in der es nicht nur um Nahrung, Obdach und Fortpflanzung ging, sondern auch um Geister, Vorfahren und »andere Welten« – kurzum: in einer symbolisch konstruierten Welt.

Frühere Hominien sprachen wahrscheinlich darüber, wie man Werkzeug herstellte, wie man welches Tier verfolgen konnte und wo man Knollen ausgraben konnte. Ob sie auch über das Leben nach dem Tod sprachen, über den Sinn des Lebens, darüber, ob Bären eigentlich Menschen waren, was ihre toten Vorfahren von dem halten würden, was sie gerade taten, oder ob die Sterne die Lagerfeuer der Verstorbenen waren, die sich auf der Reise in die nächste Welt befanden – da bin ich mir nicht so sicher. Doch die Höhlenkunst deutet darauf hin, dass die Menschen vor mindestens 40 000 Jahren auf eine erkennbar *menschliche* Art und Weise miteinander kommunizierten und mit ziemlicher Sicherheit Metaphern und Analogien benutzten. Und das ist ein eindeutiger Beleg für Kultur.

Gibt es noch weitere Beweise für Kulturfähigkeit? Wie beschrieben, besteht Kultur aus einer Reihe von Vorstellungen oder Überzeugungen, die eine Gruppe von Menschen miteinander teilt – Vorstellungen davon, welche Aufgaben die Männer, welche die Frauen übernehmen sollten, wie man seine Kinder erziehen sollte, welche Rolle die Vorfahren im Leben spielen, welche Ziele man im Leben verfolgt, wie man mit alten Menschen umgeht, was mit Verbrechern geschehen sollte oder warum einem die Leute, die im Tal nebenan leben, ein wenig seltsam vorkommen. Zu wissen, dass die Menschen um einen herum die gleichen Vorstellungen vom Miteinander haben wie man selbst, erfordert mindestens drei, oft sogar vier Intentionalitätsebenen: Ich weiß, dass du weißt, dass wir uns beide darin einig sind, wie man sich verhalten sollte, und dass wir wissen, dass der Mensch dort drüben das ebenfalls weiß. Am deutlichsten wird diese Fähigkeit des Menschen in Verhaltensweisen, die wir zusammenfassend als »Religion« bezeichnen. An welchem Punkt in der menschlichen Evolution finden wir Beweise für Religion?

Der Ursprung der Religion ist in der Anthropologie eine vieldiskutierte Frage. Auf der Suche nach einer Antwort wählen einige Forscher eine evolutionäre Perspektive.[17] Warum eignet sich bei diesem Thema eine solche Sichtweise? Aus dem gleichen Grund, aus dem wir davon ausgehen, dass die Sprache ein Produkt der Evolution ist: Religion ist überall. Auch die eingefleischtesten Atheisten wissen, dass religiöses Denken in *jeder* Kultur existiert (selbst wenn die Machthaber die Religionsausübung verbieten). Anders als die meisten anderen Ausprägungen menschlichen Verhaltens setzt Religion mindestens vier Intentionalitätsebenen voraus: Ich weiß, dass du weißt, dass wir uns beide darin einig sind, dass die Geister wollen, dass wir uns auf eine bestimmte Art und Weise verhalten sollen. Wie ist es dazu gekommen?

Auf der Suche nach dem Ursprung der Religion haben einige Forscher darauf verwiesen, dass man hin und wieder männliche Schimpansen dabei beobachtet, wie sie bei einem Gewitter oder vor einem rauschenden Wasserfall geradezu »ausrasten«. Dies kommt sogar dann vor, wenn das betreffende Männchen ganz allein ist – es kann also nicht dazu dienen, den Artgenossen zu demonstrieren, wie furchtlos sie dem lauten Geräusch entgegentreten. Vielmehr ist es eine Reaktion auf ein Phänomen von besonders großer »Präsenz«. Ich möchte hier niemandes Religion mit dem Verhalten von Schimpansen gleichsetzen, die einem Wasserfall mit einem Ast drohen. Doch immerhin verweist diese Verhaltensweise darauf, was für eine kognitive Variante irgendwann einmal in einer Hominin-Population existiert haben mag – und mit Varianten wie diesen arbeitet die Evolution.

Eine solche kognitive Variante ist der sogenannte *agent detection device*, ein »Organ zum Erkennen von Akteuren«, mithilfe dessen wir feststellen können, dass andere Akteure bestimmte Absichten haben. Als soziale Tiere wollen wir herausfinden, was diese Absichten sind: Ist unser Gegenüber uns wohlgesonnen? Ist es wütend, traurig oder gefährlich? Dies ist für alle, die in Gruppen leben, eine ganz entscheidende Fähigkeit.

84

Varianten in den kognitiven Fähigkeiten können jedoch dazu führen, dass es Individuen gibt, die einen zu stark ausgebildeten *agent detection device* besitzen, einen, der auch einem Wasserfall, einem Gewitter oder vielleicht einem Baum die Fähigkeit attestiert, absichtsvoll zu handeln. Sie können ein unbelebtes Objekt als Akteur wahrnehmen, wenn es zu handeln scheint (zum Beispiel einen Berg bei einem Erdrutsch) oder sich selbst als nützliches Stück Technologie »anbietet« (zum Beispiel ein schön geformter Feuerstein, der sich leicht zu einem Werkzeug verarbeiten lässt). Vielleicht gehören eben jene Schimpansen, die ein Wasserfall oder Gewitter zu einem abnormen Verhalten anregen, zu einer Handvoll Tiere, die sich fragen (auf welche Weise auch immer Schimpansen sich etwas fragen), was der Wasserfall oder das Gewitter mit ihren Geräuschen *bezwecken.*

Einige Psychologen sagen, dass Kinder »von Natur aus« an Gott glauben, denn sobald sie über drei Intentionalitätsebenen verfügen, wird ihnen klar, dass andere Personen handeln und dass hinter ihren Handlungen eine Absicht steckt. Da für sie der Geist vom Körper getrennt ist, fragen sie sich, was mit dem Geist passiert, wenn der Körper nicht mehr lebt. Wenn Omas Geist nicht Teil ihres Körpers war, wohin ist er dann gegangen, als ihr Körper aufhörte zu existieren? An diesem Punkt scheint es Kindern vernünftig (und beruhigt sie), sich zu sagen: »Der wirklich wichtige Teil von Oma hat nicht aufgehört zu existieren, sondern ist woanders hingegangen.«

Um beweisen zu können, wann im Laufe der menschlichen Evolution die Religion auftauchte, müssten wir sie mit den Mitteln der Archäologie nachweisen können. Obwohl sich alle Religionen, wie Sprachen, auf den ersten Blick voneinander unterscheiden, weisen sie doch einige ähnliche strukturelle Elemente auf. Ein solches Element ist die Annahme, dass es eine Existenz jenseits des irdischen Lebens gibt und dass der Tod das Portal zu dieser Existenz ist. Daher ist das Ritual der Bestattung, bei der ein Mensch aus dieser in die nächste Welt gesendet wird, ein so wesentlicher Bestandteil religiöser Praktiken. Und das Gute an Ritualen ist, dass sie oft physische Spuren hinterlassen, die Archäologen glücklich machen.

Und wann taucht in unserer Evolution zum ersten Mal ein Begräbnisritual auf? Viele Fossilien früher Hsomininen – zum Beispiel des *Aus-*

tralopithecus – hat man nicht dort entdeckt, wo jene einst begraben wurden, sondern zum Beispiel in den Sedimenten prähistorischer Flüsse. Daher finden wir bei ihnen auch keine Hinweise auf irgendwelche Bestattungsrituale.

Auch hier könnten uns wieder unsere engsten Verwandten, die Schimpansen, auf die richtige Spur bringen.[18] Schimpansen sind oft fasziniert, verwirrt und traurig, wenn sie einen toten Artgenossen finden. Schimpansen wissen: Wenn ein anderer Schimpanse auf einen Baum klettert, kann es sein, dass er spielen möchte. Aber was bezweckt einer damit, dass er zu Boden fällt und regungslos liegenbleibt? Manche Schimpansinnen tragen ihr totes Kind wochenlang mit sich herum, bis der verrottende Leichnam bereits zerfällt. Andere Schimpansen stupsen einen toten Artgenossen an, riechen an ihm und heben seine schlaffen Hände. Manchmal schleppen sie ihn fort und legen ihn in hohes Gras; vielleicht ist das ihr »Bestattungsritual«, vielleicht wollen sie aber auch nur die Quelle dessen beseitigen, was sie so verwirrt. Auf jeden Fall gibt es keine archäologischen Befunde, die darauf hinweisen, dass der *Australopithecus* und der frühe *Homo* anders mit ihren Toten umgingen, als es heute die Schimpansen tun.

Besser ist die Beweislage für die Neandertaler. (Die Neandertaler waren Höhlenbewohner, und Höhlen konservieren prähistorische archäologische Zeugnisse ziemlich gut.) Einige Neandertaler wurden ganz offensichtlich in flachen Gruben begraben, aber die Hinweise auf Bestattungsrituale sind nicht allzu überzeugend.[19] In einem Neandertaler-Grab in der Schanidar-Höhle im Irak hat man Pollen von verschiedenen Blumen gefunden, was darauf hindeuten könnte, dass dem Toten ganze Blütenköpfe mit ins Grab gelegt wurden. Doch war es wirklich ein trauernder Neandertaler, der den Toten mit Blumen schmückte? Vielleicht. Aber genauso gut könnte eine Persische Rennratte (*Meriones persicus*) die lockere Erde des frischen Grabes genutzt haben, um sich eine Höhle für ihre Nahrung anzulegen. Und was fressen Persische Rennratten? Ausgerechnet Blütenköpfe. Archäologie kann ziemlich frustrierend sein.

Erst für die Zeit vor 40 000 oder 50 000 Jahren besitzen wir eindeutige Belege für Bestattungsrituale. Der *Homo sapiens* begrub seine Toten auf eine konsequente, zweifellos von seiner Kultur vorgeschriebene Weise (zum Beispiel in Fötushaltung oder mit rotem Ockerpulver bestreut) und legte ihnen Werkzeuge, persönliche Gegenstände und Nahrung mit ins Grab. Es gibt auch Gräber ohne Grabbeigaben, aber der Anteil derer, die solche Dinge enthalten, ist so groß, dass wir davon ausgehen können, dass die Grabbeigaben dort einfach nicht erhalten geblieben sind (oder niemand den Toten mochte). Unsere eindeutigsten Zeugnisse für Begräbnisrituale – ein deutliches Zeichen für den Glauben an ein Leben nach dem Tod, also für Religion und damit für Kultur – tauchten also vor etwa 50 000 Jahren auf, zur gleichen Zeit, als sich die Kunst verbreitete. Die Kulturfähigkeit umfasst mehrere Kompetenzen, die der Mensch also im Zeitraum von vor 200 000 bis vor 50 000 Jahren in sich vereinte. Im Hinblick auf die Evolution des Menschen ist dies ein extrem kurzer Zeitraum. Doch warum verbreitete sich die Kulturfähigkeit so schnell?

Wir gehen davon aus, dass eine gemeinsame Kultur, also ein gemeinsames Verständnis der »Bedeutung« der Welt, Verhaltensweisen motiviert haben muss, die es kulturfähigen Homininen ermöglichte, sich schneller fortzupflanzen als jene, denen diese Fähigkeit fehlte.

Wahrscheinlich ist hier ein selektiver Prozess am Werk, der eher auf der Ebene der Gruppe funktioniert als auf der Ebene einzelner Personen. Kultur schafft solche Gruppen, weil sich Menschen mit anderen Menschen identifizieren, die die Welt auf die gleiche Weise interpretieren wie sie selbst. So jemandem kann man vertrauen. Wenn ein anderer Mensch dieselbe Sprache spricht, sein Fleisch auf dieselbe Weise teilt, die gleiche Musik mag und an denselben Gott glaubt wie Sie, dann können Sie eher davon ausgehen, dass er beim gegenseitigen Geben und Nehmen im Leben auf eine Weise agiert, die Sie für fair halten (sprich: die für Sie von Vorteil ist). Mit anderen Worten, Kultur ist ein entscheidender Faktor kooperativer Beziehungen.

Doch was genau sind die Vorteile von Kultur als Instrument der Kooperation? Es ist schon paradox: Kultur macht unsere Beziehungen zu anderen persönlich und unpersönlich zugleich. Jeder Auswanderer weiß: Sobald man im Ausland auf Landsleute trifft, spürt man eine selt-

87

same Verbundenheit, auch wenn man einander gar nicht kennt. Sich länger in einer fremden Kultur und einem anderen Sprachraum zu bewegen, kann anstrengend sein, und wenn man in dieser Situation jemandem begegnet, der denselben kulturellen Hintergrund hat wie man selbst, ist man oft erleichtert, da man sich mit dieser Person problemlos unterhalten kann und jede Bewegung und Geste auf Anhieb richtig interpretiert.

Kultur kann Beziehungen zwischen Menschen aber auch unpersönlich machen. Denken Sie an die Gunwinggu, und stellen Sie sich folgendes Szenario vor: Ein Mann hat ein Känguru erlegt, schlachtet es und legt zu viel Fleisch auf seinen eigenen Haufen und zu wenig auf den seiner Schwiegermutter. Seine Schwiegermutter wird gar nicht unbedingt selbst dafür sorgen müssen, dass sie nicht zu kurz kommt, es könnte auch jemand anderes darauf hinweisen, dass sie zu wenig Fleisch bekommen hat. Und dabei geht es gar nicht darum, dass sich diese Person im Namen der Schwiegermutter beschwert; sie weist einfach darauf hin, dass der Mann gegen die Regeln verstoßen hat. Dass er einen Fehler begangen hat, denn so *macht man das* bei den Gunwinggu *nun einmal nicht*. Es handelt sich also mitnichten um einen persönlichen Angriff. Vielmehr werden der Jäger und alle anderen Anwesenden daran erinnert, wie sich ein Gunwinggu, also ein vernünftiger Mensch, zu verhalten hat. Wenn der Jäger sich nun weiterhin egoistisch und geizig zeigt, zahlt er dafür einen hohen gesellschaftlichen Preis, denn selbst jene, die schweigend zugeschaut haben, wissen nun, dass dieser Mann kein richtiger Gunwinggu ist, dass man ihm nicht trauen darf und nichts mit ihm teilen sollte.

Wenn sie tief genug verwurzelt wird, werden kulturelle Normen zu ihrer eigenen Exekutivgewalt. Wer von uns war nicht schon einmal versucht, etwas Verbotenes zu tun, hat es dann aber doch nicht getan, weil sich eine leise Stimme in uns meldete, die uns davon abhielt. Wir vermeiden es, kulturelle Normen zu verletzen, denn wie Thomas, der Jäger von den Cree, würden wir uns dann »im Inneren tot« fühlen. Es gibt immer wieder Soldaten, die in der Schlacht ihr Leben riskieren, um ihre Kameraden zu retten. Wenn man sie hinterher fragt, warum sie das getan haben, sagten sie oft, wenn sie es nicht versucht hätten, hätten sie nicht mit sich leben können – also hatten sie nichts zu verlieren. Das ist angewandte Kultur, und Sprache unterstützt Kultur. Die anderen Gunwinggu müssen gar nicht dabei gewesen sein, als sich einer der Jäger bei der Fleischverteilung danebenbenommen hat: Der Klatsch im Lager wird dafür sorgen, dass jeder Bescheid weiß, um wen es sich handelt. In Verbindung mit Sprache ist Kultur eine kostengünstige Möglichkeit, dafür zu sorgen, dass Menschen miteinander kooperieren.

Und wer kooperiert, wird belohnt. Denken Sie zurück an unsere Diskussion rund um das Thema Teilen. Sie können versuchen, Ihr Fleisch für sich zu behalten, Sie können es aber auch großzügig verteilen. Letzteres kommt nicht nur denen zugute, die das Fleisch erhalten, sondern auch denen, die es verteilen. Der Anthropologe Eric Smith hat Daten von sechs modernen Gemeinschaften von Jägern und Sammlern kompiliert und festgestellt, dass Männer, die zugleich gute Jäger und besonders großzügig waren, mehr Kinder hatten als Männer, die schlechte Jäger waren (und daher weniger Möglichkeiten hatten, sich großzügig zu zeigen).[20] Natürlich sind gute Jäger besonders gut in der Lage, dafür zu sorgen, dass ihre Kinder satt sind. Smith fand jedoch heraus, dass die großzügigen Jäger außerdem besonders früh heiraten konnten, und zwar Frauen, die ähnlich gut darin waren, Nahrung zu beschaffen. Außerdem konnten sie dank ihrer Großzügigkeit Stammesgenossen dazu verpflichten, auf ihren Nachwuchs aufzupassen. Und im fortgeschrittenen Alter fanden sich großzügige Männer eher von hilfsbereiten Familienmitgliedern und Freunden umgeben.[21]

Doch nicht nur die großzügigen Jäger profitierten, sondern auch ihr Umfeld. Das innere Tauziehen, das wir erleben, wenn wir uns zwischen einer egoistischen und einer selbstlosen Handlung entscheiden müssen, legt nahe, dass wir stets den Nutzen beider Varianten berechnen. Egoistisches Verhalten hat durchaus seine Vorteile, aber selbstloses Verhalten ebenfalls – zumindest in einem kulturell geprägten Umfeld.

Falls die Kulturfähigkeit die Erschaffung eines aus Symbolen konstruierten Universums ermöglicht und falls Menschen feststellen können, dass Großzügigkeit etwas Positives ist, dann wird Großzügigkeit durch Kultur verstärkt und wird infolgedessen immer häufiger auftreten. Gute Jäger haben besonders gute Chancen, sich fortzupflanzen, aber ebenso ihr direktes Umfeld, das mithilfe der Kultur Möglichkeiten schafft, sich der Großzügigkeit der guten Jäger zu vergewissern. Auf diese Weise könnten Gruppen kulturfähiger Homininen ihre nicht kulturfähigen Konkurrenten überflügelt haben.

Irgendwo in Afrika, vielleicht in einer Höhle an der Küste ganz im Süden des Kontinents, wahrscheinlich im Zeitraum von vor 200 000 bis vor 50 000 Jahren, ereignete sich Umbruch Nr. 2 – das Aufkommen der Kultur. In Ihrem Kinosessel im Weltraum wird Ihnen zweierlei auffallen: Erstens bleibt die Technologie nicht mehr über weite Strecken von Raum und Zeit gleich. Nein, sie verändert sich nun viel schneller, und in unterschiedlichen Umgebungen tauchen verschiedene Typen und Stile von Werkzeugen auf. Es gibt keine einzelne Technologie mehr, die eine so gewaltige zeitliche und geografische Ausbreitung hat wie zuvor die Oldowan-Werkzeuge oder die Werkzeuge des Acheuléen. Die Technologien entsprechen fortan mehr den speziellen Anforderungen ihrer Umgebung, einige Unterschiede sind jedoch rein stilistischer Natur. Wir erleben hier das Aufkommen regionaler Kulturen, die ihre ganz eigenen Methoden entwickelten, Werkzeuge herzustellen, Geschichten zu erzählen, Nahrung zu teilen, zu heiraten, die Götter zu verehren und die Toten zu bestatten. Dies geschieht überall, wo der *Homo sapiens* Fuß fasst. Es ist ein Beleg für verschiedene Kulturen, ein Phänomen, das ohne Kulturfähigkeit unmöglich ist.

Homininen betraten die Welt des Pleistozäns als Geschöpfe, die in einem glühend roten Sonnenuntergang nicht mehr sahen als das Signal, sich für die Nacht zurückzuziehen. Die Zeilen eines ausgefeilten Haikus hätten sie genauso wenig berührt wie die einsamen Gestalten auf Edward Hoppers *Nachtschwärmern* oder die Melodie eines Klavierkonzerts von Mozart. Aber irgendwann im Zeitraum von vor 200 000 bis vor 50 000 Jahren waren unsere Vorfahren zu so etwas in der Lage. Vor drei Millionen Jahren war *alles* anders als vor 50 000 Jahren. Je mehr sich die Dinge veränderten, desto mehr Dinge veränderten sich. Und diesen Prozess sollte nichts und niemand mehr aufhalten.

Kapitel 5

Brot und Bier: Landwirtschaft

Die Gegenwart enthält nicht mehr als die Vergangenheit,
und was wir in der Wirkung finden, das steckte bereits in der Ursache.

HENRI L. BERGSON

Es dauert nun eine Weile, bis Sie von Ihrem Kinosessel im Weltraum aus die nächste große Veränderung beobachten können, genauer gesagt: von 50 000 oder 60 000 bis etwa 10 000 v. Chr. Doch dann geht alles ganz schnell. Umbruch Nr. 3 kennzeichnet der erstmalige Anbau von Nutzpflanzen: Weizen und Gerste im Nahen Osten, Hirse in Nordchina und Reis in Südchina und Südostasien, Mais und Kürbisse in Mexiko, Kartoffeln und Quinoa im Hochland der Anden, Hirse und Sorghum in Zentralafrika. Und das ist erst der Anfang; zu diesen frühen Nutzpflanzen gesellen sich später Erbsen, Linsen, Tomaten, Obstbäume, Weintrauben, Bananen, Yams und viele andere mehr.

Eine weitere Neuerung, die Sie bemerken werden, sind Haus- und Nutztiere. Der Hund ist bereits domestiziert worden; spätestens 13 000 v. Chr. schleicht er um die Lagerfeuer der Jäger und Sammler, vielleicht sogar bereits 33 000 v. Chr.[1] Doch ab 10 000 v. Chr. gesellen sich zum besten Freund des Menschen weitere Tiere hinzu: Rinder, Schafe, Ziegen, Schweine, Lamas, Pferde und Truthähne.[2] Die meisten davon sind Spezies der Alten Welt. Die Bewohner der Neuen Welt domestizieren vor der Besiedlung durch die Europäer kaum irgendwelche Tiere. Im Hochland Südamerikas hält man Lamas (als Lasttiere und als Lieferanten von Wolle und Fleisch) und Meerschweinchen (um sie zu essen – als Lasttiere taugen sie nicht viel), und im Norden Mexikos und im amerikanischen Südwesten halten die Menschen Truthähne. Aber das in der Neuen Welt heimische Großwild – Hirsche, Gabelböcke und Bisons – lässt sich nicht domestizieren. Aus irgendeinem Grund besitzt das Wild der Neuen Welt nicht die nötigen genetischen Varianten, um

91

lernwillige Tiere hervorzubringen, die sich herumscheuchen lassen. Heute führt kein Rancher zahme Bisons eine Landstraße hinunter, wie unsere Bauern es mit ihren Milchkühen tun.

Sie können außerdem beobachten, dass die Menschen nun in Dörfern zusammen leben und nicht mehr, wie die Jäger und Sammler der letzten Jahrzehntausende, in Lagern. Die Anzahl und Größe dieser Dörfer zeigt, wie schnell die menschliche Population wächst. Die Häuser sind stabiler, und die Dörfer weisen viele Anzeichen auf, die von Beständigkeit zeugen: Kochhäuser, Lagerräume, Brunnen, Versammlungsplätze und Friedhöfe. Pflanzen und Tiere, die es früher nur in bestimmten Gegenden gegeben hatte, breiteten sich über ganze Kontinente aus. Der Mais zum Beispiel stammt ursprünglich aus Südmexiko (siehe Abbildung 2), aber als die Europäer in der Neuen Welt ankamen, hatte er sich bereits nach Süden bis in die Anden und ins Amazonasbecken und nach Norden bis nach Südostkanada ausgebreitet.

Nach zehntausenden Jahren als Jäger und Sammler betätigten sich viele Menschen nun als Landwirte. Schlussendlich führte dies dazu, dass die siebeneinhalb Milliarden Menschen, die heute die Welt bevölkern, eine Milliarde Tonnen Mais, 738 Millionen Tonnen Reis, 711 Millionen Tonnen Weizen, 375 Millionen Tonnen Kartoffeln, 143 Millionen Tonnen Gerste, 25 Millionen Tonnen Hirse, 24 Millionen Tonnen Hafer und 17 Millionen Tonnen Roggen anbauen.[3] Als Jäger und Sammler war die menschliche Spezies viele Zehntausend Jahre lang gut zurechtgekommen. Heute lebt so nur noch ein Bruchteil der Weltbevölkerung. Warum ist es zu diesem Wandel gekommen? Diese Frage stellt die Archäologie seit Langem vor Rätsel.

In dem Film *Indiana Jones und das Königreich des Kristallschädels* entkommen Harrison Ford und Shia LaBeouf einer Horde Sowjetagenten, indem sie mit dem Motorrad durch eine Universitätsbibliothek fahren (die Sterling Memorial Library in Yale). Sie rutschen auf ihrer Harley-Davidson unter einer Reihe von Tischen hindurch, stellen das Motorrad wieder auf, doch bevor sie weiterfahren, richtet ein Student, der so in seine Lektüre versunken ist, dass er gar nicht mitbekommen hat, auf

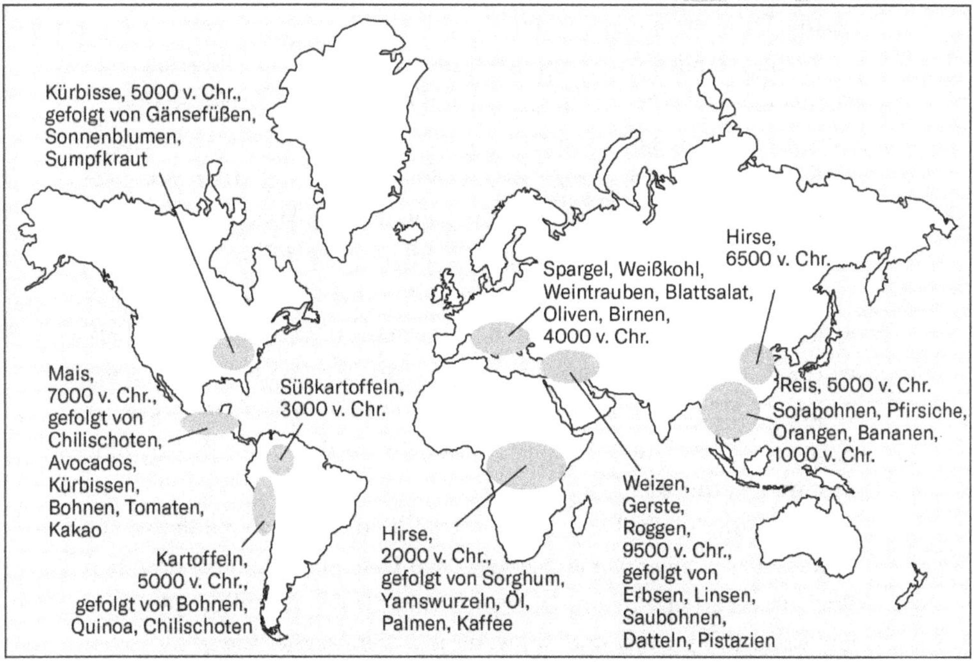

Kürbisse, 5000 v. Chr.,
gefolgt von Gänsefüßen,
Sonnenblumen,
Sumpfkraut

Hirse,
6500 v. Chr.

Spargel, Weißkohl,
Weintrauben, Blattsalat,
Oliven, Birnen,
4000 v. Chr.

Mais,
7000 v. Chr.,
gefolgt von
Chilischoten,
Avocados,
Kürbissen,
Bohnen, Tomaten,
Kakao

Süßkartoffeln,
3000 v. Chr.

Reis, 5000 v. Chr.
Sojabohnen, Pfirsiche,
Orangen, Bananen,
1000 v. Chr.

Weizen,
Gerste,
Roggen,
9500 v. Chr.,
gefolgt von
Erbsen, Linsen,
Saubohnen,
Datteln, Pistazien

Kartoffeln,
5000 v. Chr.,
gefolgt von Bohnen,
Quinoa, Chilischoten

Hirse,
2000 v. Chr.,
gefolgt von Sorghum,
Yamswurzeln, Öl,
Palmen, Kaffee

Abbildung 2. Wo und wann die wichtigsten Kulturpflanzen der Welt auftauchten.

93

welche Weise Professor Jones da gerade vor ihm aufgetaucht ist, eine Frage an ihn. Indy ist mit seinen Gedanken natürlich woanders, aber die Drehbuchschreiber kannten sich offenbar mit Universitäten aus, denn sie wussten: Ein Professor beantwortet immer die Fragen seiner Studenten. Und sie kannten sich auch mit Archäologie aus, denn Indiana Jones verweist den Studenten auf Vere Gordon Childe.

Wahrscheinlich wird man den Namen Vere Gordon Childe nie wieder in einem Film hören, aber es gab ihn wirklich. Childe wurde 1892 in Australien geboren und studierte an der Oxford University Archäologie. Schon damals verdiente man als Archäologe nicht viel, daher arbeitete Childe zunächst für die australische Labour Party. Wahrscheinlich festigte dieser Job seine politischen Ansichten – er war Sozialist, was sich auch in seinem Umgang mit der Vor- und Frühgeschichte widerspiegelt. Später erhielt er einen Posten an der University of Edinburgh, und 1947 wurde er Leiter des archäologischen Instituts am Londoner University College. 1957 ging er in den Ruhestand, und tragischerweise beging er noch im selben Jahr Selbstmord, indem er in den australischen Blue Mountains von einer Klippe sprang.[4]

Childe war ein brillanter Wissenschaftler und extrem gut darin, Zusammenhänge zwischen archäologischen Daten herzustellen. In seinen Büchern liefert er einen möglichen Grund für den damaligen kulturellen Wandel in Europa und Südwestasien. *Der Mensch schafft sich selbst* (1936) bietet eine der ersten Erklärungen für die Entstehung der Landwirtschaft.[5]

Wie viele kluge Köpfe seiner Zeit war Childe der Ansicht, dass die Geschichte von stetigem Fortschritt geprägt ist; dass der Mensch stets bemüht ist, sich zu verbessern, zivilisierter zu leben und sich moralisch zu festigen. Als Sozialist glaubte er außerdem, dass jedem Wandel eine Revolution vorausgeht, wenn auch nicht eine so gewalttätige wie beim Sturm auf die Bastille (er persönlich war ein äußerst friedlicher Mensch). Er war vielmehr der Ansicht, dass jeder Revolution ein Konzept zugrundeliegt, das sich durchsetzt, wenn es unter den richtigen Umständen aktiviert wird, und dass es sich dabei stets um jenes Konzept handelt, das für die meisten Menschen den größten Nutzen bringt. Childe ging davon aus, dass die Landwirtschaft ein solches Konzept gewesen ist. Für ihn stellten sich nur die Fragen: wo, wann und wie? Childe glaubte, die Landwirtschaft müsse als Folge des trockenen Klimas am Ende der letzten Eiszeit im Nahen Osten entstanden sein, wo damals Emmer (eine Weizenart) und Gerste wuchsen. Und er war der Ansicht, das Konzept der Landwirtschaft müsse sich dort etabliert haben, wo der Mensch direkten Zugang zu den entsprechenden Pflanzen hatte. Angesichts des trockenen Klimas musste es eine Gegend gewesen sein, in der es viel Wasser und viel Leben gab, zum Beispiel das Niltal, wo es von der Wüste zu fruchtbaren Feldern nur ein paar Schritte sind.

Childe argumentierte, weil Menschen und Pflanzen am Nil so eng zusammenlebten, habe »irgendein Genie« schließlich herausgefunden, dass Pflanzen aus Samenkörnern wuchsen. Genauso ging er davon aus, dass irgendwer irgendwann versucht habe, das Verhalten von Tieren zu beeinflussen. So wurden schließlich einige Wildpflanzen und -tiere domestiziert und waren fortan vom Menschen abhängig, um sich auszubreiten.¹

Childe hatte in einigen Punkten recht. Die ältesten Spuren von Landwirtschaft finden wir tatsächlich im Nahen Osten, und am Ende der Eiszeit begannen die Menschen mit dem Anbau von Nahrungsmitteln. Aber es war nicht entlang des Nils, wie er geglaubt hatte, sondern in der Nähe wilder Bestände von Emmer und Gerste in den Bergen Syriens, der Türkei und des Irak.

Vor allem aber irrte er sich, was die Ursache anging. Um Landwirt zu werden, muss man nicht nur wissen, dass Pflanzen aus Samen entstehen. Heute treiben viele Jäger und Sammler mit Landwirten Handel; sie wissen durchaus, wie die Landwirtschaft funktioniert, bauen aber trotzdem nichts an. Und es gibt Jäger und Sammler, die früher Landwirte waren, aber zur Lebensweise der Jäger und Sammler »zurückkehrten«. Die Lakota zum Beispiel (die man auch unter dem Namen Sioux kennt) lebten westlich der Großen Seen als Landwirte, bevor sie Ende des 17. Jahrhunderts von den Ojibwe, die von französischen Trappern Schusswaffen erhalten hatten, in die Great Plains verdrängt wurden. Etwa zur gleichen Zeit drangen die Spanier mit Pferden aus Mexiko in den Südwesten Nordamerikas ein. Die Lakota fingen ein paar ausgerissene Pferde ein, und Mitte des 18. Jahrhunderts wurden sie zu den

95

berittenen Bisonjägern, von denen man oft irrtümlicherweise annimmt, sie hätten schon immer so gelebt.

Wenn Childe sich geirrt hat, und bloßes Wissen über die Pflanzen- und Tierwelt das Entstehen der Landwirtschaft nicht erklärt, was dann? Um diese Frage zu beantworten, müssen wir ein wenig weiter ausholen.

Wie ich im letzten Kapitel erwähnt habe, besiedelte der *Homo sapiens,* als er vor ca. 70 000 Jahren Afrika verließ, Teile der Welt, in denen bereits andere Hominin-Spezies lebten, unter anderem die Neandertaler in Europa. Seit der Neandertaler 1856 in einem Tal bei Düsseldorf entdeckt wurde, hat er beileibe nicht den besten Leumund.[6] Aufgrund von Fehlinterpretationen und Vorurteilen stellt man sich den Neandertaler heute noch oft als gebückt gehenden, verlausten, grunzenden Höhlenbewohner vor.

Dieses Bild ist grundfalsch. Der Körper des Neandertalers war an die Kälte angepasst, und dumm kann er schon deshalb nicht gewesen sein, weil es ihm gelang, in einer unwirtlichen eiszeitlichen Umgebung zu überleben, die von so garstigen Kreaturen wie Höhlenbären bevölkert war. Trotzdem verschwand er vor etwa 40 000 Jahren von der Bildfläche, nachdem er etwa 5000 Jahre lang Seite an Seite mit dem *Homo sapiens* gelebt hatte. Wir wissen nicht, auf welche Weise es dem modernen Menschen gelang, seinen Platz einzunehmen. Klar ist, dass sich Neandertaler und *Homo sapiens* gepaart haben, denn der *Homo sapiens* europäischer Abstammung besitzt einen geringen Anteil vom Erbmaterial des Neandertalers (etwa 1 bis 3 Prozent). In Asien ersetzte der *Homo sapiens* eine andere Population von Hominiden, die Paläoanthropologen als Denisova-Menschen bezeichnen (wir wissen nicht allzu viel über den Denisova-Menschen, weil all unsere genetischen Kenntnisse aus einem Knochen vom kleinen Finger eines jungen Mädchens stammen).[7] Paläoanthropologen sind immer noch dabei, die Geschichte dieser Population aus den Knochen zu rekonstruieren.

Für uns ist an dieser Stelle nur wichtig, dass ab der Zeit vor rund 50 000 Jahren kulturfähige Homininen die Welt beherrschten. Sie besiedelten ganz Europa und Asien und legten dabei nur eine Pause ein, als

sie darauf warteten, dass sich die Gletscher zurückzogen, die Skandinavien und Nordrussland bedeckten. Sie überlebten in den weiten Steppen
und Wäldern Sibiriens und der Mongolei, und vor 30 000 Jahren waren
sie bis an die Nordküste Russlands vorgedrungen. (Sie zogen sich von
dort bei einem erneuten Ausbrechen der Eiszeit noch einmal zurück,
doch als vor etwa 18 000 Jahren die letzte Eiszeit zu Ende ging, waren sie
wieder da).

Vom äußersten Osten Russlands aus überquerten die Menschen
die Beringstraße, als die Eiszeit dafür sorgte, dass der Meeresspiegel
sank und die Kontinente miteinander verbunden waren. Spätestens
13 000 v. Chr. erreichten sie Nordamerika.[8] Sie zogen weiter nach Süden,
entweder entlang der Westküste oder durch einen Korridor zwischen
zwei massiven Eisschilden, die sich über fast ganz Kanada erstreckten;
einer bedeckte die kanadischen Rocky Mountains, der andere hatte
sein Zentrum in der Hudson Bay. Sobald sie sich südlich der Gletscher
befanden, breiteten sie sich über die heutigen USA aus, und um
11 000 v. Chr. herum erreichten sie Mittel- und Südamerika. Verglichen
mit der Alten Welt wurde die Neue Welt – von Alaska bis Feuerland –
quasi im Handumdrehen kolonisiert.

In Asien wandten sich andere Populationen des *Homo sapiens* nach
Süden, durchquerten die tropischen Regenwälder des Malaiischen Ar-
chipels, fuhren auf Booten über das offene Meer, besiedelten Insel für
Insel, gelangten nach Neuguinea und erreichten vor etwa 50 000 Jahren
Australien.

Kurz gesagt: Von unserem Kinosessel in der Stratosphäre aus werden
wir Zeugen einer globalen Migrationsbewegung, die ein langsames, aber
stetiges Bevölkerungswachstum kennzeichnet, und um 10 000 v. Chr.
herum ist fast die gesamte Erde von Jägern und Sammlern besiedelt.
Der *Homo sapiens* ist eine kolonisierende Spezies, und die Mobilität war
ein wichtiges Kennzeichen der Jäger und Sammler. Was geschah, als sie
keinen Platz mehr hatten, um sich weiter auszubreiten?[9]

Die Jäger und Sammler wollten nie Landwirte werden. Kein Jäger ist
jemals eines Morgens aufgewacht und hat verkündet:»Ich glaube, ich
betreibe ab sofort Ackerbau, vielleicht baue ich Weizen und Rauke an.«   97

Nein, die Jäger und Sammler wurden zu Landwirten, als sie versuchten, noch besser zu werden in dem, was sie bereits gut konnten: jagen und sammeln. So paradox das zunächst einmal klingt.

All unsere Nutzpflanzen stammen von Wildpflanzen ab. Einige jener uralten Pflanzen kennen wir, und ganz ehrlich: Sie machen durchweg einen recht kümmerlichen Eindruck. Mais zum Beispiel stammt von der Teosinte ab, einem hohen tropischen Gras, das im Süden Mexikos heute noch wild wächst. Die Samen der Teosinte sind winzig, und der Kolben ist kleiner als ein kleiner Finger und überhaupt nicht vergleichbar mit den genetischen Mutationen, die heute auf unseren Maisfeldern wachsen. Niemand hätte sich die Teosinte angesehen und gesagt: »Eines Tages wird diese Pflanze einen Großteil der Menschheit ernähren, und man wird Biokraftstoff daraus herstellen.« Dennoch baute man im Süden Mexikos Teosinte an, und irgendwann wurde sie zu dem Mais, wie wir ihn kennen. Warum dies geschah, hat damit zu tun, wie nomadische Jäger und Sammler beschließen, was sie essen und wann es Zeit ist, weiterzuziehen.

Jäger und Sammler sind genau wie Sie und ich, nur anders. Sie haben die gleichen geistigen Kapazitäten wie alle anderen Menschen auf der Welt, und sie treffen Entscheidungen nach den gleichen Prinzipien. Nur tun sie es unter anderen Umständen. Sie wägen Kosten und Nutzen der verschiedenen Möglichkeiten ab, die sich ihnen bieten, um ein bestimmtes Ziel zu erreichen, und entscheiden sich aus Prinzip für jene Variante, die ihnen am meisten Ertrag für den geringsten Einsatz bietet. Im Falle von Nahrung würde das bedeuten: die meisten Kalorien für den geringsten körperlichen Aufwand. Die Ökologie untersucht die Frage der Entscheidungsfindung bei der Beschaffung von Nahrung anhand mehrerer theoretischer Modelle, die man zusammengefasst als »Optimalitätsmodelle« bezeichnet. Das am häufigsten verwendete ist das sogenannte *Diet Breadth Model* (DBM). So simpel es scheint, so weitreichend sind seine Implikationen.

Stellen Sie sich vor, wie Jäger und Sammler durch den Wald streifen. Wenn sie auf Nahrung stoßen, wie Beeren oder Knollen, oder auf Spuren von Nahrung, wie die frische Fährte eines Hirschs, entscheiden sie ad hoc, ob es sich lohnt, die Beeren zu pflücken oder den Hirsch zu verfolgen, oder ob sie lieber weitersuchen sollen, in der Hoffnung, bessere Nahrung zu finden. Doch wenn sie das tun, verpassen sie möglicherweise die Chance, überhaupt etwas mit ins Lager zu bringen. Wie entscheiden sie sich?

Das Diet Breadth Model geht davon aus, dass sich die Jäger und Sammler stets für jene Nahrung entscheiden, die den höchsten Energiegewinn verspricht. Das heißt, dass sie an einem jeweiligen Tag entweder so viel Nahrung beschaffen, wie sie können (zum Beispiel wenn sie Vorräte für den Winter anlegen), oder gerade so viel Nahrung beschaffen, wie sie zum Überleben brauchen, entweder um noch Zeit für andere wichtige Dinge zu haben (zum Beispiel für den Handel, soziale Beziehungen, die Erziehung der Kinder oder die Ausübung ihrer Religion) oder um so schnell wie möglich ins Lager zurückzukehren (zum Beispiel falls Raubtiere ein Problem darstellen).

Um das DBM anzuwenden, müssen wir dreierlei über die mögliche Nahrung der Jäger und Sammler in Erfahrung bringen: (1) Welche ihrer Ressourcen liefert wie viele Kalorien? Für Jäger und Sammler benötigen wir Informationen zu Nahrungsmitteln, die in den üblichen Listen mit Kalorienangaben eher selten auftauchen, wie die Zwiebeln von Mormonentulpen, Flusskrebse, Bären- und Igelfleisch, Heuschrecken, Kiefernsamen und Witchetty-Maden (wie sie die australischen Aborigines essen – sie sind überraschend lecker!). Wir erhalten diese Informationen, indem wir Proben an ein Lebensmittellabor schicken, das auch die Daten für die Etiketten auf verpackten Lebensmitteln ermittelt. (2) Wie häufig kommt eine bestimmte Ressource in einer bestimmten Gegend vor? Nur wenn wir das wissen, können wir darauf schließen, wie schwer es ist, diese Ressourcen zu finden. (3) Wie lange dauert es, eine bestimmte Ressource zu fangen, zu pflücken oder auszugraben und in eine essbare Form zu bringen? Beeren beispielsweise lassen sich leicht pflücken und sofort konsumieren, Eicheln muss man erst verarbeiten, bevor sie genießbar sind. Setzen wir diese Faktoren zueinander in Beziehung, erhalten wir den *Nettoenergiegewinn* der Ressource.

Anthropologen und Archäologen haben diesen Wert für zahlreiche Nahrungsressourcen berechnet. Die erforderlichen Daten stammen entweder aus der ethnografischen Feldforschung – Wissenschaftler haben

99

moderne Jäger und Sammler beobachtet und ihr Verhalten aufgezeichnet – oder aus entsprechenden Experimenten.

Der Archäologe Steven Simms war einer der ersten, der Experimente zur Beschaffung von Nahrung durchführte, um den Nettoenergiegewinn einzelner Nahrungsmittel zu ermitteln.[10] Dass dies ausgerechnet ein Archäologe tat, liegt daran, dass Simms bei seinen Untersuchungen im Großen Becken im Westen der USA ein Optimalitätsmodell anwenden wollte, es dort aber niemanden mehr gab, der mit der Technologie der Ureinwohner wilde Nahrungsmittel sammelte. Also musste er es selbst tun. Anhand historischer Berichte baute er sich Werkzeuge, um verschiedene Pflanzen zu ernten, und übte, bis er gut genug war, um einen zuverlässigen Nettoenergiegewinn zu erzielen.

Eines der Nahrungsmittel, die Simms sammelte, war der Wasserreis (*Zizania*). Er erntete ihn, wie es im Großen Becken offenbar früher die Shoshonen und Paiute taten, mit einem gewebten Instrument, das wie ein Tischtennisschläger aussieht, und einem dicht geflochtenen Korb. Im Juli ging er durch die hohen Wasserreisstände, schlug mit dem Schläger gegen die Ähren und fing mit dem Korb, den er in der anderen Hand trug, die Samen auf. Anschließend mahlte er das Saatgut mit einem traditionellen steinernen Schleifgerät zu Mehl. Nach 41 Minuten hatte er 96 Gramm Wasserreismehl produziert. Wasserreis enthält etwa 2,74 Kalorien pro Gramm, sodass der Nettoenergiegewinn 2,74 kcal/g × 96 g/41 min = 6,41 kcal/min bzw. 385 kcal/h beträgt. Der Nettoenergiegewinn eines Nahrungsmittels kann zwischen 100 kcal/h bis zu mehreren Hunderttausend kcal/h reichen (auch wenn Letzteres extrem selten ist), dies hängt nicht zuletzt von der Technologie und von der Jahreszeit ab.

Auf Basis der Informationen über Vorkommen, Nährwert und Nettoenergiegewinn von Nahrungsmitteln verrät uns das DBM, welche Kombination von Nahrungsmitteln Jäger und Sammler auswählen, um ihren Nettoenergiegewinn zu maximieren. Kurz gesagt: Dem DBM zufolge überlegen sich Jäger und Sammler immer, wenn sie auf ein Nahrungsmittel stoßen, ob die Nettoenergie dieses Nahrungsmittels höher ist als die Energie, die sie voraussichtlich aufwenden müssen, um es zu beschaffen. Sicherlich fragen Sie sich jetzt: Wie zum Teufel kann denn jemand so etwas ausrechnen? Ein ganz wundersames Merkmal des menschlichen Verstandes ist, dass wir alle möglichen mathematischen Berechnungen anstellen können, ohne uns mit Mathematik auszukennen. Die Jäger und Sammler entscheiden in erster Linie auf Basis von Erfahrungswerten, ob es sinnvoll ist, eine bestimmte Pflanze zu ernten oder einem Beutetier nachzustellen. Das DBM bildet diesen Prozess einfach nur mit mathematischen Mitteln ab und lässt sich so gut auf moderne Jäger und Sammler wie die Aché in Paraguay oder die Hadza in Tansania anwenden. Jäger und Sammler versuchen lediglich, wie alle anderen Menschen auch, ihre Zeit optimal zu nutzen.

Doch genau hier hakt die Argumentation: Die Vorfahren unserer wichtigsten Nutzpflanzen – Teosinte, wilder Reis, Einkorn, Emmer, wilde Gerste und wilde Hirse – haben kleine Samenkörner, und kleine Samenkörner haben im Allgemeinen einen recht niedrigen Nettoenergiegewinn. Wie kam es dazu, dass Nahrungsmittel mit niedrigem Nettoenergiegewinn heute eine Weltbevölkerung von über sieben Milliarden Menschen ernähren?

Betrachten wir, um diese Frage zu beantworten, ein Nahrungsmittel mit niedrigem Nettoenergiegewinn, dem eine dermaßen glorreiche Karriere versagt blieb: die Eichel.

Wenn Sie noch nie Eicheln gekostet haben, heben Sie einfach mal eine auf, knacken Sie die äußere Schale, nehmen Sie das Nussfleisch heraus, stecken Sie es sich in den Mund, und kauen Sie. Aber Vorsicht: Ihr Mund wird sofort trocken. Und wenn Sie eine ganze Handvoll essen, werden Sie krank und werden sich fragen, wie die kalifornischen Ureinwohner den ganzen Winter über Eicheln essen konnten. Der Grund dafür ist, dass irgendwer irgendwann – entweder durch Zufall oder nach zahllosen Versuchen – herausgefunden hat, wie man Eicheln essbar macht. Dazu muss man nämlich die Gerbsäure entfernen, und das geht so: Man sammelt Eicheln, entfernt die Schalen und zerstößt das Nussfleisch zu einem kalten, klumpigen Brei, den man auf grüne Blätter streicht. Dann erhitzt man Wasser und gießt es über den Brei. Wenn man dies mehrmals tut, wird die Gerbsäure ausgelaugt. Trocknet man den Brei anschließend, kann man ihn für den Winter einlagern. Er ist nicht besonders appetitlich oder lecker, aber essen kann man ihn.

101

Eicheln zu verarbeiten nimmt viel Zeit in Anspruch, daher ist ihr Nettoenergiegewinn gering. Dennoch waren Eicheln, als im 16. Jahrhundert zum ersten Mal die Europäer nach Kalifornien kamen, ein ganz wesentlicher Bestandteil des Speiseplans der dortigen Ureinwohner. Warum?

Die Archäologie verrät uns, dass die Ureinwohner Kaliforniens nicht immer Eicheln aßen. Sie änderten sogar erst relativ spät in der Prähistorie ihre Ernährungsgewohnheiten, und selbst dann waren Eicheln sicherlich nicht ihre erste Wahl. Aber Kalifornien hat ein gemäßigtes Klima und war extrem reich an essbaren Tieren und Pflanzen. Und genau das war der Grund dafür, dass die dortige Bevölkerung wuchs ... und wuchs ... und wuchs. Und das stellte für nomadische Jäger und Sammler ein Problem dar.

Wenn Jäger und Sammler Nahrung beschaffen, verbrauchen sie dabei die Ressourcen rund um ihr Lager. Je länger sie sich an einem Ort aufhalten, desto weiter müssen sie sich vom Lager entfernen, um etwas Essbares zu finden. Jäger und Sammler können sich nur rund zehn Kilometer von ihrem Lager entfernen, bevor sie in der Wildnis übernachten müssen, da Sie an einem Tag nicht mehr als zwanzig Kilometer zurücklegen können und noch genug Zeit und Energie haben, um ihre Arbeit zu erledigen. Die Männer übernachten auf der Jagd möglicherweise woanders, aber Frauen, die oft noch Kinder dabeihaben, kehren zur Nacht immer ins Lager zurück (daher bestimmt vor allem der Erfolg der Nahrung sammelnden Frauen, wann man weiterzieht). In jedem Fall gilt: Je länger Jäger und Sammler an einem bestimmten Ort bleiben, desto mehr Zeit verbringen sie mit der Suche nach Nahrung und desto niedriger ist ihr Nettoenergiegewinn.

Da der Nettoenergiegewinn also ständig sinkt, müssen Jäger und Sammler immer wieder abwägen, wann er so weit gesunken ist, dass es den Aufwand lohnt, weiterzuziehen und ein neues Lager aufzuschlagen. Dabei spielen diverse Faktoren eine Rolle, unter anderem die Entfernung zum nächsten geeigneten Standort (wobei wiederum das Vorkommen von Wasser und Brennholz ins Gewicht fallen), die Beschaffenheit des Geländes, das Wetter und sogar das Vorkommen lästiger Insekten (die in einer Welt ohne Insektenspray eine größere Rolle spielen, als Sie vielleicht annehmen). In der Arktis beispielsweise halten sich Jäger besonders lange in ein und demselben Lager auf und nehmen bei der Jagd vorzugsweise größere Strecken in Kauf, wenn die Entfernung zum nächsten Baumbestand (der ihnen Brennholz liefert) besonders weit ist.[11]

Außerdem können Jäger und Sammler nur dort ein neues Lager aufschlagen, wo noch niemand ist. Mit der Bevölkerungsdichte steigt auch die Wahrscheinlichkeit, dass der nächste mögliche Standort in der Landschaft bereits von jemandem besetzt ist. In diesem Fall haben die Jäger und Sammler zwei Möglichkeiten: Entweder vertreiben sie ihre Konkurrenten, oder sie bleiben, wo sie gerade sind, und ändern ihren Speiseplan. Die erste Option ist ziemlich riskant, denn es besteht immer die Möglichkeit, dass sie den Kampf verlieren. Die zweite Option ergibt sich aus dem Diet Breadth Model: Wer die höherwertigen Ressourcen aufgebraucht hat, muss ab sofort auf weniger wertvolle Ressourcen zurückgreifen. Und dies sind in der Regel Nahrungsmittel, die zwar reichlich vorhanden sind, aber erst aufwendig verarbeitet werden müssen, bevor man sie essen kann, wie zum Beispiel Eicheln.

Als Kaliforniens prähistorische Bevölkerung wuchs, wurden einige Jäger und Sammler sesshaft und ernährten sich fortan hauptsächlich von Eicheln. Aber warum war den Eicheln dann nicht eine ähnliche Erfolgsgeschichte beschieden wie Weizen, Mais oder Reis? Eine Möglichkeit, den Nettoenergiegewinn einer Pflanze zu steigern, besteht darin, sie produktiver zu machen oder dafür zu sorgen, dass man mehr davon hat, also beispielsweise mehr Weizen anzubauen oder jene Maiskörner zur Saat auszuwählen, die größere Kolben wachsen lassen. Wer sich aber vornimmt, in den Hügeln Kaliforniens mehr Eichen wachsen zu lassen, wird es genauso schwer haben wie jemand, der eine Eiche dazu bringen will, mehr Eicheln zu produzieren als bisher. Natürlich hätten die kalifornischen Ureinwohner Eicheln aussäen können, aber es hätte viele Jahre gedauert, bis ein neuer Baum Früchte getragen hätte. Und generell neigt der Mensch dazu, nicht allzu weit vorauszuplanen, wenn er *heute* Hunger hat. Jene Pflanzen, die heutzutage Milliarden Menschen ernähren, brauchen von der Aussaat bis zur Frucht nur eine einzige Vegetationsperiode (beim Mais sind es lediglich neunzig Tage), und es sind Arten, die der Mensch durch gezielte Selektion produktiver machen konnte. Daher essen wir heute Weizenbrot, Reiswaffeln und Cornflakes und keinen Eichelbrei.

Damit Sie genauer nachvollziehen können, wie aus den Jägern und Sammlern sesshafte Bauern wurden, werde ich mich im Folgenden mit einer Region beschäftigen, bei der der Übergang zur Landwirtschaft genauer erforscht wurde als irgendwo sonst. Die Rede ist vom Nahen Osten.[12]

Meine erste Begegnung mit dem Nahen Osten war eine Reise nach Kairo. Wenn Sie noch nie in Kairo waren, sollten Sie unbedingt einmal hinfahren. Es ist nicht so schön wie Paris und nicht so kosmopolitisch wie London, aber es gibt keine Stadt auf der Erde, die eine ähnliche Energie versprüht. Die Straßen sind voll mit allen möglichen Vehikeln, von Traktoren bis hin zu Eselskarren. Die Suqs sind voll mit Gewürzen, Fisch, frisch geschlachteten Ziegen, Gemüse und – für die Touristen – allem erdenklichen Pharaonenkitsch und Pseudohieroglyphen-Schmuck. Und die Stadt ist voll mit Menschen. Schwer bepackte Händler verstopfen die Gassen, Ladenbesitzer bieten einem Tee an (der erste Schritt zum Teppichkauf), Männer knien auf Gebetsteppichen und beten. Als jemand, der auf dem Lande aufgewachsen ist, wundere ich mich immer wieder, wie Menschen in einer dermaßen lauten, überfüllten, riesigen Stadt leben können, ohne wahnsinnig zu werden.

Allerdings ging es im Nahen Osten durchaus auch einmal ruhiger zu. Noch vor 15 000 Jahren war die Region kaum besiedelt. Auf dem sogenannten Fruchtbaren Halbmond, dem hufeisenförmigen Gebiet, das sich von Palästina, Israel und Jordanien über den Libanon, Syrien und die Südtürkei bis an den Persischen Golf erstreckt, lebten alle Menschen als nomadische Jäger und Sammler. Sie ernährten sich von Einkorn, Emmer und Gerste, von wilden Ziegen, Schafen und Rindern.

Childe war auf der richtigen Spur, als er darauf hinwies, der Schlüssel zum Ursprung der Landwirtschaft könne das Klima gewesen sein. Er dachte an den Klimawandel, der das Ende des Pleistozäns markierte. Das Pleistozän, das der Volksmund oft nur »die Eiszeit« nennt, umfasst den Zeitraum von vor 2,6 Millionen bis vor etwa 12 000 Jahren.[13] Das kältere Klima führte damals dazu, dass sich massive Eisschilde bildeten, die weite Teile der Nordhalbkugel und viele Gebirgstäler bedeckten. Stellenweise war das Eis bis zu drei Kilometer dick.[14]

Während des Pleistozäns rückten die Eisschilde mehr als hundert Mal nach Süden vor und zogen sich wieder zurück. Wenn das Eis vorrückte, wurden dabei so große Mengen Wasser gebunden, dass der Meeresspiegel im Vergleich zu heute stellenweise um bis zu 150 Meter sank. Während der Eiszeit war es auf der Erde kälter, aber auch viel trockener.

Als sich die Erde am Ende des Pleistozäns wieder erwärmte und die Gletscher sich zurückzogen, wurde jede Menge Wasser freigesetzt, und trockene Regionen wurden feuchter. Aus noch unklaren Gründen nahm auch der Anteil an Kohlendioxid in der Luft zu. Und wie wir alle im Biologieunterricht gelernt haben, nehmen Pflanzen bei der Photosynthese Kohlendioxid auf, ziehen daraus den Kohlenstoff, den sie zum Wachsen brauchen, und scheiden den Sauerstoff, der übrigbleibt, wieder aus. Am Ende des Pleistozäns gab es also viel Wasser und viel Kohlendioxid – was will eine Pflanze mehr! Der Mensch wäre wahrscheinlich schon lange vor dem Ende des Pleistozäns in der Lage gewesen, Landwirtschaft zu betreiben, aber erst jetzt war auch der Planet bereit dafür. Die Jäger und Sammler hatten die ganze Erde bevölkert und waren nicht mehr in der Lage, sich ausreichend zu ernähren, indem sie durch die Gegend zogen, und ihre Umwelt bereitete den Weg für eine neue Lösung.

Ab etwa 14 500 v. Chr. wurde der ohnehin sonnenverwöhnte Nahe Osten feuchter und reicher an Kohlendioxid. Das Wachstum der Pflanzen nahm zu, die Zahl der Menschen ebenfalls. Ab rund 50 000 v. Chr. stieg die Weltbevölkerung um schätzungsweise 0,04 Prozent pro Jahr. Das klingt nach sehr wenig, aber es reichte aus, damit zu Beginn des 19. Jahrhunderts auf der Erde eine Milliarde Menschen lebten.[15] Und selbst ein so bescheidenes Bevölkerungswachstum sorgte dafür, dass die Jäger und Sammler über kurz oder lang alle verfügbaren Nischen besetzten.

Um 13 000 v. Chr. ereignete sich im Nahen Osten ein Wandel in der materiellen Kultur, der so bedeutsam war, dass die Archäologie eine ganze Epoche danach benannt hat: das Natufien (12 500 bis 9500 v. Chr.). 105

Zu den Merkmalen zählen halb unterirdische Häuser aus Stein und Lehm, Vorratsbunker und große Schleifsteine – merkwürdige Merkmale für eine Siedlung von Jägern und Sammlern.

Die Menschen des Natufien taten genau das, was man von Jägern und Sammlern erwarten würde, wenn es um sie herum plötzlich zu viel Konkurrenz gibt. Wenn man Probleme hat, ein neues Lager aufzuschlagen, ohne jemandem auf die Füße zu treten, dann ist eine mögliche Reaktion (und wahrscheinlich auch die erste), sich den bestmöglichen Standort zu sichern und dort zunächst einmal zu bleiben. Es ist wie bei dem Kinderspiel »Reise nach Jerusalem«, nur dass einige Stühle bequemer sind als andere. Zuerst wurden also die besten Standorte besetzt, und die besten Standorte im Fruchtbaren Halbmond waren jene, in deren Nähe wildes Getreide wuchs. Dort ließen sich die Jäger und Sammler des Natufien nieder.

Das ging eine ganze Weile gut, aber dann geschah etwas, mit dem wohl die wenigsten gerechnet hätten.

Zunächst wurde es im Natufien immer wärmer und wärmer, doch um 10 900 v. Chr. wurde es urplötzlich wieder kalt – richtig kalt. Und so blieb es, über tausend Jahre lang. Diese Phase bezeichnen wir als Jüngere Dryaszeit.[16] Wie war es zu diesem extremen Kälterückfall gekommen?

Das hat etwas mit den Meeresströmungen zu tun. Wie ein globales Förderband zirkuliert das Wasser in den Weltmeeren in gewaltigen Oberflächen- und Tiefenströmungen.[17] Eine solche Oberflächenströmung ist der Golfstrom, der warmes Wasser aus den Tropen nach Norden in den Atlantik transportiert. Wenn der Wind von Westen über den Golfstrom weht, nimmt er warmes Wasser mit, und damit erwärmt er anschließend Europa. Schottland liegt auf dem gleichen Breitengrad wie die Hudson Bay und der Golf von Alaska, aber die Schotten können problemlos Hafer anbauen, da bei ihnen die Meeresströmung die Luft erwärmt. Wie sehr der Golfstrom Europa erwärmen kann hängt davon ab, wie weit er in den Nordatlantik eindringen kann und wie weit er in den Nordatlantik eindringen kann, hängt zum Teil davon ab wie viel Süßwasser in den Nordatlantik fließt. Wenn Wasser aus den Tropen in den arktischen Norden strömt, bildet sich Meereis, und wenn Meerwasser gefriert, verdrängen die Wassermoleküle das Salz. Die Folge: Das Wasser drumherum wird salziger. Und da Salzwasser schwerer ist als Süßwasser, sinkt das Salzwasser, wenn beides aufeinandertrifft, in die Tiefen des Ozeans ab.

Was das alles mit der Jüngeren Dryaszeit zu tun hat? Als am Ende des Pleistozäns in Nordamerika die Gletscher schmolzen, bildete das Schmelzwasser den Agassizsee über dem größten Teil der heutigen kanadischen Provinz Manitoba und Teilen der Provinzen Saskatchewan und Ontario. Der Agassizsee war riesig, er war in etwa so groß wie das Schwarze Meer. Eine Hypothese besagt, dass das Süßwasser aus diesem See plötzlich abfloss, möglicherweise als Folge einstürzender Dämme aus Eis. Es floss eventuell über den Mackenzie River nach Norden und ergoss sich in den Arktischen Ozean, wo es schließlich über die Framstraße östlich von Grönland den Nordatlantik erreichte. Sedimentkerne aus der Tiefsee zeugen von dieser Flut, die wahrscheinlich mehrere Jahrzehnte dauerte. Zusätzliches Süßwasser kam vermutlich aus Skandinavien, wo ebenfalls die Eisdecke schmolz.

Dieser schnelle Zufluss von Süßwasser in den Nordatlantik veränderte die Strömungen im Ozean. Das salzigere Wasser, das aus Süden kam, wurde weiter südlich nach unten gedrückt als zu der Zeit, bevor der Agassizsee abgeflossen war. Daher brachte der Westwind nun statt der üblichen warmen plötzlich kalte Luft mit und stürzte Europa und Nordasien in eine neue Kälteperiode. Die Gletscher kehrten zurück, banden Wasser, und der Nahe Osten trocknete wieder aus. Ironischerweise sorgte die Klimaerwärmung also für eine Abkühlung des Klimas. (Genau diesen Prozess greift der Film *The Day After Tomorrow* auf, nur läuft er dort viel zu schnell ab. Aber so ist Hollywood nun einmal.)

Im Nahen Osten zog die Jüngere Dryaszeit den Menschen den Boden unter den Füßen weg. Von nun an war das Klima wechselhaft, in einigen Jahren war es warm und trocken, in anderen kühl und feucht. Die Menschen des Natufien mussten die Produktivität ihrer Umgebung steigern, und so begannen einige im Westen des Fruchtbaren Halbmonds, das wilde Getreide, das sie vorfanden, gezielt anzubauen, wahrscheinlich zunächst Roggen, später Gerste und Emmer (einen Vorgänger unseres Weizens). Jene Gruppen, die bei der »Reise nach Jerusalem« 107 keinen Platz ergattert hatten, blieben Jäger und Sammler und zogen als Nomaden durch die unbewohnten Gebiete zwischen den Dörfern ihrer sesshaften Zeitgenossen.

Zwischen 9500 und 8500 v. Chr., einer Epoche, die Archäologen als Präkeramisches Neolithikum A bezeichnen, wurden die Dörfer im Nahen Osten größer (eine Siedlung, die damals entstand, war das biblische Jericho) und bauten Roggen, Emmer, Gerste, Hafer, Wicken, Erbsen und Linsen an (siehe Abbildung 2). Zu diesem Zeitpunkt tauchten die ersten wirklich domestizierten Varianten einiger Pflanzen auf. Im Präkeramischen Neolithikum B, zwischen 8500 und 6500 v. Chr., gab es erstmals komplett landwirtschaftlich ausgerichtete Siedlungen. Einkorn, Kichererbsen, Wicken, Linsen und Bohnen kamen hinzu. Die Bewohner dieser Dörfer züchteten außerdem Schafe und Ziegen (und später Rinder und Schweine). Die heutige Küche des Nahen Ostens hat ihre Wurzeln in den ökonomischen Veränderungen, die das Bevölkerungswachstum und der Klimawandel am Ende der Eiszeit über die dortigen Menschen brachten.

Um Landwirtschaft zu betreiben, muss man Pflanzen domestizieren, und um Pflanzen zu domestizieren, müssen sich bestimmte Veränderungen in der Genetik dieser Pflanzen ereignen. Manchmal gelingt es Menschen, diese Veränderungen herbeizuführen. Beispielsweise bewahrte man zur Aussaat von Einkorn oder Emmer wahrscheinlich speziell Samen von Pflanzen auf, deren Ähren mehr Kornzeilen aufwiesen als üblich (Einkorn hat normalerweise zweizeilige, domestizierter Weizen sechszeilige Ähren). Und indem sie das taten, entschieden sich die Landwirte automatisch für die produktiveren Pflanzen. In anderer Hinsicht kam es zu einer eher unbeabsichtigten Selektion. Zum Beispiel hat wilder Einkorn eine recht brüchige Ährenspindel (das ist jener Teil der Pflanze, der die Körner mit dem Stängel verbindet). Einige wenige Pflanzen haben eine stabilere Ährenspindel, also sitzen die Körner bei ihnen fester als bei jenen mit brüchiger Ährenspindel. Beim Ernten des Getreides, wenn man die Pflanzen aus der Erde zog oder abmähte, fielen naturgemäß viele Körner mit den Genen für eine brüchige Ährenspindel herunter und gingen verloren. Folglich säte man später automatisch jene Körner aus, die aus Pflanzen mit stabilerer Ährenspindel stammten.

Weizensamen sind außerdem von einer robusten Hüllspelze umgeben, die der Mensch entfernen muss, um an die verdaubaren Körner zu gelangen. Der frühe domestizierte Weizen war produktiv, doch es war recht aufwendig, ihn zu verarbeiten, denn er musste gedroschen werden. Es dauerte ein- bis zweitausend Jahre, aber schließlich schuf der Mensch etwas, das dem Weizen ähnelte, den wir heute kennen. Dies geschah wahrscheinlich zuerst im Südosten der Türkei.[18]

Interessant für die Entwicklung der Landwirtschaft ist auch die Tatsache, dass eines der ersten Getreide, das die Menschen anbauten, Gerste war, die in domestizierter Form erstmals während des Präkeramischen Neolithikums A auftauchte. Man könnte versucht sein zu behaupten, dass sie schon damals dazu verwendet wurde, Bier zu brauen. Tatsächlich war Bier eines der ersten Produkte, die aus Gerste hergestellt wurden, doch der eigentliche Grund war wohl eher, dass Gerste einem warmen, trockenen Klima standhält und sogar auf schlechten, leicht salzigen Böden wächst. Falls Sie (um bei unserem Bild zu bleiben) bei der »Reise nach Jerusalem« keinen allzu bequemen Stuhl erwischt haben, könnten Sie versuchen, Ihre Erträge zu steigern, indem Sie vermehrt Gerste anbauen.

In anderen Teilen der Welt ereigneten sich ähnliche Prozesse. Im Süden Mexikos war Mais die domestizierte Version der Teosinte (siehe Abbildung 2). Die akribischen genetischen Untersuchungen von John Doebley verorten den Ursprung des Mais am Río Balsas im Südwesten Mexikos, etwa 7000 v. Chr.[19] Teosinte sieht kaum wie eine Pflanze aus, auf der man ein Weltreich aufbauen kann; wahrscheinlich brauchten die Jäger und Sammler mehrere tausend Jahre, um jenes Gewächs daraus zu züchten, das wir heute Mais nennen, indem sie immer wieder große Samenkörner und multiple Kornzeilen zur Saat auswählten. Anders als im Nahen Osten geschah dies nicht im Kontext von Dörfern mit sesshaften Bewohnern; solche Dörfer entstanden in Mexiko erst später. Stattdessen scheinen die Jäger und Sammler in Zentralamerika erst nach und nach Kulturpflanzen in ihren Speiseplan aufgenommen zu haben, allerdings ohne die Domestizierung so stark zu forcieren wie die Menschen im Nahen Osten. Vielleicht säten die Jäger und Sammler zu-

109

nächst die Teosinte an feuchten Flussufern aus und machten sich keine allzu großen Gedanken, falls die Ernte misslang.

So verfuhren Jäger und Sammler mit vielen Pflanzen. In Mexiko und Peru wurden bereits um 8000 v. Chr. Kürbisse und Flaschenkürbisse angebaut. (Letztere verwendete man vor allem als Behälter; die Kerne kann man essen, aber das Fruchtfleisch ist zu bitter.) Genetische Daten deuten übrigens darauf hin, dass der Kürbis ursprünglich aus Asien stammt und über das Meer nach Amerika gelangte. Jäger und Sammler oder Landwirte im Osten der heutigen USA domestizierten um 5000 v. Chr. einen einheimischen Kürbis und um 3000 v. Chr. Pflanzen, die hauptsächlich an den Ufern von Flüssen vorkamen, wie Sonnenblumen, *Iva angustifolia* (ein Sumpfkraut) und Gänsefuß; später kamen noch bestimmte Knöterichgewächse und *Phalaris caroliniana* hinzu. Dies sind zum Teil »unkrautartige« Pflanzen, die auch in gestörten Lebensräumen gut wachsen. Je mehr Bäume der Mensch entlang der Flüsse fällte, um mit dem Holz zu bauen oder es zu verfeuern, desto mehr Platz war am Ufer für diese Pflanzen. Und je mehr sie sich ausbreiteten, desto mehr stieg der Nettoenergiegewinn, den diese Pflanzen boten, sodass es sich schließlich lohnte, sie regelmäßig zu ernten. Eine gezielte Auswahl größerer Samen und eine gezielte Aussaat trugen das Ihre dazu bei.

Doch wie heißt es bei Matthäus: »Viele sind berufen, aber wenige sind auserwählt.« Den Pflanzen, die im Osten der USA kultiviert wurden, war keine glorreiche Karriere beschieden. (Oder haben Sie in der Gemüseabteilung im Supermarkt schon einmal Gänsefuß und Knöterich gesehen?) Der Unterschied zu Pflanzen wie Teosinte, Emmer und Gerste war, dass jene in genetischer Hinsicht »plastisch« genug waren, sodass ein kluger Selektierer – ein hungriger Mensch zum Beispiel – in der Lage war, sie in produktive Nahrungsmittel mit hohem Ertrag zu verwandeln.

Die vorsätzliche Manipulation dieser Pflanzen durch die Menschen wurde zum primären Vehikel für die Selektion und Evolution von Pflanzen.[20] Im Großen und Ganzen taten prähistorische Landwirte mit ihren Mais-, Reis- oder Kartoffelsorten, was auch ein moderner Landwirt tut. Sie steigerten den Ertrag ihrer Ernte, indem sie durch gezielte Züchtung die Samengröße und die Pflanzdichte steigerten. Technologische Innovationen wie Sichel, Pflug, Bewässerung, Terrassierung und Dünger spielten dabei eine große Rolle. So schufen die Menschen Pflanzen, die zum Dreh- und Angelpunkt ihrer Existenz wurden. Und an diesem Punkt entstanden erste Agrargesellschaften. Das resultierende Bevölkerungswachstum sorgte dafür, dass die Landwirte immer wieder neue Regionen besiedelten und ihre Pflanzen mitbrachten. Mais war um 5500 v. Chr. in ganz Mexiko verbreitet, bald kamen Kürbisse, Bohnen und Tomaten hinzu; sesshafte Dörfer tauchten um 4000 v. Chr. auf. Der Maisanbau breitete sich weiter nach Norden und Süden aus. In den Zentralen Anden wurde Mais neben der Kartoffel nach 3000 v. Chr. zu einer wichtigen Kulturpflanze, und im Osten der heutigen Vereinigten Staaten ersetzte der Mais etwa 700 bis 100 n. Chr. die weniger eindrucksvollen Pflanzen an den Flussufern.

In China wurden Hirse und Reis domestiziert (ca. 8000 v. Chr.) und in Afrika südlich der Sahara Hirse und Sorghum (Hirse ca. 2000 v. Chr.; hier ging die Domestizierung von Rindern, Ziegen und Schafen, wohl um 4000 v. Chr. herum, dem Anbau von Pflanzen voraus; siehe Abbildung 2). Das genaue Timing war in der ganzen Welt unterschiedlich, aber vor rund zehntausend Jahren hörten viele Menschen auf, auf der Suche nach Nahrung durch die Gegend zu streifen, und ließen sich nieder, um ihre Nahrung selbst anzubauen. Von Ihrem Kinosessel im Weltraum aus werden Sie Zeuge, wie sich eine Welt, die eben noch von Jägern und Sammlern beherrscht wurde, in eine Welt verwandelt, die von Landwirten dominiert wird.

Und das veränderte alles.

Wie schrieb der Dichter John Donne so schön? Kein Mensch ist eine Insel. Das gilt auch für Jäger und Sammler. Während des Pleistozäns organisierten sie sich nur selten in Gemeinschaften mit offizieller oder formeller Struktur. Sie zogen in Kleingruppen oder im Familienverband durch die Lande. Aber auch wenn es noch keine Grenzzäune gab und nirgends ein Zollbeamter am Schlagbaum stand und ein Visum sehen wollte, heißt das nicht, dass die Jäger und Sammler überall hingehen konnten, wohin sie wollten. Moderne Jäger und Sammler kennen Grenzen, aber diese Grenzen sind in der Regel nicht allzu verbindlich, son-

111

dern durchlässig und verhandelbar. Als wir einmal im Wald im Südwesten Madagaskars unterwegs waren, hielt mein Führer, ein Mikea, plötzlich inne und teilte mir mit, wir würden nun das »Territorium von Belo« betreten. Ich sah nichts, was auch nur vage eine Grenze angedeutet hätte, aber mein Führer wusste genau, dass hier das Gebiet begann, das einem anderen Stamm »gehörte« (den Bewohnern eines Dorfs namens Belo).

Doch »gehörte« ist das falsche Wort. Nomadische Jäger und Sammler sind nicht der Ansicht, dass sie ein bestimmtes Gebiet besitzen können (auch wenn staatliche Behörden ihnen dieses Konzept immer wieder aufzwingen). Sie finden aber sehr wohl, dass ihnen das Recht zusteht, um Erlaubnis gebeten zu werden, wenn jemand die Ressourcen ihres Gebiets nutzen möchte. Und unter nomadischen Jägern und Sammlern ist es auch durchaus üblich, einander um Erlaubnis zu bitten, da sie genau wissen, dass sie andernfalls ohnehin entdeckt würden – entweder durch den Rauch ihres Feuers oder durch die Spuren, die sie hinterlassen. Ein anderes Mal in Madagaskar ruhten meine Frau und ich uns im Schatten einer Hütte aus, nachdem wir fünfundzwanzig Kilometer durch die Wüste gegangen waren, als ein Mann auftauchte und sagte: »Sie sind der mit den großen Füßen.« Er hatte durch die Wüste unsere Fährte verfolgt; unsere Schuhe hatten ihm verraten, dass wir Fremde waren, und er wollte wissen, was wir im Schilde führten. (Dort sind Fremde meistens Regierungsbeamte, und die verursachen in der Regel Ärger.)

Jäger und Sammler gewähren einander fast immer das Recht, »ihr« Land zu nutzen, da sie genau wissen, wie schnell sich das Blatt wenden kann, sodass sie selbst darauf angewiesen sind, die Gastfreundschaft der anderen in Anspruch zu nehmen. Doch das ändert sich, sobald diese Nomaden sesshaft werden. Wir haben ja bereits festgestellt, dass es bei diesem Vorgang zugeht wie bei der »Reise nach Jerusalem« – jeder versucht, einen (möglichst bequemen) Platz zu ergattern. Und in der Wildnis sind einige Standorte nun einmal besser gelegen als andere, haben ein besseres Angebot an wild wachsender Nahrung und ein größeres Potenzial für die landwirtschaftliche Nutzung.

Was passiert nun in den unvermeidlichen schlechten Jahren? Jene, die einen weniger ertragreichen Standort abbekommen haben, müssen die, denen es besser geht, um Hilfe bitten. Sie werden den besser Gestellten im Gegenzug nicht viel anzubieten haben, doch wenn jene die Bittsteller abweisen, riskieren sie im Zweifelsfall, dass es zu Vergeltungsmaßnahmen kommt. Denn dass sie einen gewaltsamen Überfall auf ein Dorf, das Nahrung hat, möglicherweise mit dem Leben bezahlen, wird für Menschen, die fürchten müssen, sonst zu verhungern, kaum eine Rolle spielen.

Aus der Geschichte der Jäger, Sammler und Fischer an der Nordwestküste Nordamerikas wissen wir, was in solchen Fällen geschehen konnte. Stämme der First Nations wie die Kwakwaka'wakw (mitunter auch Kwakiutl genannt) begingen gesellschaftliche Anlässe wie Hochzeiten und Beerdigungen traditionell mit großen Festen. Diese Feste bezeichnet man als »Potlatsche«, nach einem Wort aus der Verkehrssprache Chinook, das »schenken« bedeutet.[21] Auf Kwakwala wird dafür jedoch das Wort *pasa* verwendet, was »erdrückt werden« bedeutet – unter einem Stapel von Geschenken zum Beispiel. Und das ist eine viel bessere Definition, denn Potlatsche waren Veranstaltungen, bei denen immer einer den anderen in Sachen Großzügigkeit übertreffen musste.

Beim Potlatsch ging es darum, die Besucher zu beeindrucken – mit Kostümen, Tänzen, Zaubertricks und Essen, Essen, Essen. Der Höhepunkt der Veranstaltung aber waren die Gastgeschenke: Der Gastgeber, ein hochrangiger Stammesangehöriger, übergab den Gästen mit großem Brimborium viele äußerst kostbare Dinge – Decken, Kanus, Sklaven und extrem kostspielige bemalte und geprägte »Schilde« aus Kupfer. Manchmal zerstörte der Gastgeber solche Gegenstände auch bloß, statt sie zu verschenken, und warf sie vor aller Augen ins Meer oder ins Lagerfeuer. Im Grunde ähnelten diese Feste also den verschwenderischen Partys reicher Leute, die man aus dem *Großen Gatsby* oder von den #richkidsofinstagram kennt und die der Ökonom und Soziologe Thorstein Veblen bereits 1899 als »Geltungskonsum« bezeichnete.

Vom prominentesten Besucher bei einem Potlatsch wurde erwartet, dass er sich revanchierte, und bis er dies tat, büßte er sowohl beim Gastgeber als auch bei den Bewohnern seines eigenen Dorfes an Ansehen ein. Der Grund dafür hängt damit zusammen, *wie* der Gastgeber an all das Zeug gelangte, das er so freigiebig verschenkte: durch zahlreiche kleine Potlatsche nämlich, die er in seinem eigenen Dorf abhielt. Er initiierte diese kleinen Potlatsche, und im Gegenzug mussten die Gäste ihm etwas mehr schenken als er ihnen. Es war ähnlich wie beim Investment-Banking. Wenn dieser Mann nun einen Potlatsch für ein anderes Dorf abhielt, dann vermittelte er den Gästen von außerhalb also letztlich, wie viele im Dorf hinter ihm standen. Je mehr er zu verschenken hatte, desto mehr Macht besaß er. Die nicht allzu subtile Botschaft lautete:»Schaut her, wie viel wir verschenken und trotzdem noch zufrieden leben können. Denkt nicht einmal daran, uns anzugreifen, denn wir würden euch vernichten. Nun denn, lasst uns Freunde sein!«[22]

Feste wie dieses waren wahrscheinlich auch ein wesentlicher Bestandteil des frühen Dorflebens im Fruchtbaren Halbmond. Vielleicht war die Notwendigkeit, Nahrungsmittel für diese Feste zu produzieren, sogar einer der Anreize für das Entstehen der Landwirtschaft – je mehr Essen man auftischen konnte, desto beeindruckter waren die Gäste. Ein Teil der Ernte, vor allem Gerste, wurde ausschließlich zur Herstellung bestimmter Lebensmittel verwendet, die bei solchen Festen zum Einsatz kamen, wie Bier. (Einige der ältesten berauschenden Getränke, die wir kennen, wurden etwa 7000 v. Chr. am Gelben Fluss in China gebraut. Im heutigen Iran kelterte man ab etwa 5400 v. Chr. Traubenwein und braute ab etwa 3400 v. Chr. Bier aus Gerste.) Wahrscheinich handelten die Dörfer untereinander ständig neu ihren Status aus, und anhand der Feste konnten sie beurteilen, wie mächtig ihr Gegenüber war. Dadurch entstand eine neue Ebene der Kooperation, die allerdings den Nachteil hatte, dass ihr eine Konkurrenzsituation zugrunde lag. Beides geht oft Hand in Hand.

Schuld daran, dass all dies – sesshafte Gemeinschaften, Landwirtschaft und Feste als Machtdemonstration – entstand, war vor allem die Tatsache, dass nicht alle Menschen gleich viel zu essen hatten. Die Landwirtschaft löste dieses Problem – und schuf dafür ein neues.

Ich wies bereits darauf hin, dass die Zahl der Jäger und Sammler damals nur sehr langsam wuchs, um etwa 0,04 Prozent pro Jahr. Zum Vergleich: das aktuelle Weltbevölkerungswachstum liegt bei 1,14 Prozent (am höchsten war es Anfang der 1960er-Jahre mit 2,2 Prozent).

Manche Forscher sind der Ansicht, das Bevölkerungswachstum sei gestiegen, sobald aus den Jägern und Sammlern Landwirte wurden. Es ist ja eigentlich auch ganz logisch: mehr Nahrung = mehr Kinder. Dies bezeichnet man als neolithischen demografischen Übergang. Der französische Demograf Jean-Pierre Bocquet-Appel hat darauf hingewiesen, dass Archäologen auf Friedhöfen prähistorischer Jäger und Sammler verglichen mit der Zahl der bestatteten Erwachsenen weniger bestattete Kinder und Heranwachsende finden als auf den Friedhöfen der Landwirte.[23] Man könnte daraus schließen, dass bei den Jägern und Sammlern die meisten Kinder bis ins Erwachsenenalter überlebten und in den Dörfern der Landwirte verhältnismäßig mehr Kinder starben. Ethnografische Daten zeigen jedoch, dass ganze 50 bis 60 Prozent der Nachkommen von Jägern und Sammlern nicht das Erwachsenenalter erreichte – ein trauriger Umstand, der sich bis weit ins 19. Jahrhundert hinein beobachten lässt. Doch warum sind dann auf den Friedhöfen prähistorischer Jäger und Sammler nicht mehr Kinder und Jugendliche zu finden?

Das liegt daran, dass die Frauen bei den Jägern und Sammlern generell nicht so viele Kinder bekamen. Nur deshalb blieb bei den Jägern und Sammlern das Bevölkerungswachstum so niedrig, und nur deshalb erreichte die Weltbevölkerung erst Mitte des 19. Jahrhunderts die Marke von einer Milliarde. Früher waren Anthropologen der Ansicht, dass Jäger und Sammler absichtlich dafür sorgten, dass sie sich nicht allzu schnell vermehrten, mit pflanzlichen Verhütungs- und Abtreibungsmitteln und postnatalen Sexualtabus. Doch die meisten solcher Mittel sind kaum wirksam, und postnatale Sexualtabus dauerten nie so lange wie die natürliche Amenorrhoe (das Ausbleiben der Menstruation) nach der Geburt, dürften also ebenfalls nicht allzu viel genützt haben.

Dass die Frauen bei den Jägern und Sammlern weniger Kinder bekamen, war in erster Linie ihrer Arbeitsbelastung und ihrer Ernährung geschuldet. Ein komplexer physiologischer Prozess, bei dem es eine Rolle spielt, auf welche Weise eine Frau im Körper Energie speichert, wie viel sie isst und wie viel sie arbeitet, reguliert, ob eine Frau schwanger werden kann. Kurz gesagt: Eine Frau, die dünn ist, hart arbeitet, beim Stillen Energie aufwendet und nicht viel isst – und genau das war bei

115

den Frauen der Jäger und Sammler der Fall –, hat keinen regelmäßigen Eisprung, oder eine befruchtete Eizelle kann sich nicht in der Gebärmutter einnisten. Die Frauen bei den Jägern und Sammlern werden während ihrer gebärfähigen Jahre vier bis sechs Kinder zur Welt gebracht haben. Wenn die Hälfte der Kinder vor Erreichen der Geschlechtsreife starb, führte dies zu einer sehr, sehr langsamen Wachstumsrate, und es erklärt, warum auf ihren Friedhöfen fast gleich viele Erwachsene und Kinder lagen.

Mit dem Aufkommen der Landwirtschaft änderte sich der Energieumsatz der Frauen. Aus Reis, Kartoffeln, Mais oder Brot konnten sie einen Brei herstellen, mit dem sie ihre Säuglinge fütterten, um sie früher abzustillen, und das sorgte dafür, dass die Frauen nach der Geburt schneller wieder einen Eisprung bekamen.[24] Da bei den Jägern und Sammlern die Frauen die pflanzliche Nahrung sammelten, werden zu Beginn des Prozesses der Domestizierung der späteren Nutzpflanzen wahrscheinlich die Frauen die meiste Arbeit erledigt, also die Pflanzen gehegt, gepflegt und geerntet haben. Ethnografischen Daten über landwirtschaftlich ausgerichtete Gesellschaften zufolge werden die Männer jedoch über kurz oder lang ebenfalls auf den Feldern gearbeitet haben, spätestens als sie in den umgebenden Wäldern nicht mehr genug Wild erlegen konnten. Die Arbeitsbelastung der Frauen könnte also zunächst gestiegen sein, doch dann ließ sie nach und konzentrierte sich auf bestimmte Abschnitte des Jahres. Dieser Umstand veränderte die Physiologie der Frauen und erhöhte ihre Empfängnisbereitschaft. Infolgedessen brachten die Frauen der prähistorischen Landwirte in ihren gebärfähigen Jahren mehr Kinder zur Welt als ihre Zeitgenossinnen bei den Jägern und Sammlern. Selbst wenn die Sterblichkeitsrate weiterhin bei 50 bis 60 Prozent blieb, erhöhte eine steigende Geburtenhäufigkeit (zum Beispiel von vier bis sechs auf acht bis neun Kinder pro Frau) die kurzfristige Wachstumsrate. Einen allzu schnellen Anstieg der Bevölkerung verhinderte wahrscheinlich das periodische Auftreten von Dürrephasen, starkem Frost, Insektenplagen, Epidemien oder Überbeanspruchung der Böden. Trotzdem bekamen sicherlich schon die frühen Landwirte die Schwierigkeiten zu spüren, die eine wachsende Bevölkerungsdichte mit sich bringt, und sie wussten, dass sie ihre Äcker produktiver machen mussten. Und selbst wenn die Bevölkerungszahlen gelegentlich zurückgingen, sorgte eine langsame positive Wachstumsrate unweigerlich dafür, dass die Zahl der Menschen auf der Welt exponentiell stieg.

Die Menschen lebten zehntausende Jahre lang als nomadische Jäger und Sammler. Doch das kontinuierliche Bevölkerungswachstum sorgte dafür, dass sich die Erde immer mehr mit Menschen füllte, und das erschwerte die Mobilität und brachte die lokale Umgebung einiger Gruppen an die Grenze der Belastbarkeit. Der Klimawandel und die zufälligen genetischen Voraussetzungen bestimmter Pflanzen machten die Landwirtschaft für viele Jäger und Sammler zur besseren Option. Quasi über Nacht (zumindest in geologischer Zeitrechnung) wurden die Menschen sesshaft und lebten fortan in Dörfern als Landwirte. Die Bevölkerung wuchs weiter, und der Kampf um den Lebensraum verschärfte sich. Und so kam der Mensch wieder einmal an einen Punkt, an dem sich *alles* verändern sollte.

Kapitel 6

Könige und Ketten:
Staaten

Die Vergangenheit sieht immer besser aus, als sie es war.
Sie scheint nur angenehm, weil sie vorbei ist.

FINLEY PETER DUNNE

Falls Sie einmal in London sind und nur für eine einzige Sehenswürdigkeit Zeit haben, sollten Sie das British Museum besuchen. Wenn Sie das Eingangsportal durchschreiten (der Eintritt ist gratis), gelangen Sie zunächst in das riesige Atrium, und direkt geradeaus, im Zentrum des Atriums, befindet sich die ehemalige Bibliothek, in der Karl Marx *Das Kapital* schrieb. Wenn Sie nun links an der Bibliothek vorbeigehen, finden Sie hinter einem seitlichen Durchgang den Stein von Rosette, einen der bedeutendsten archäologischen Funde der Welt und ein hervorragendes Sinnbild für unseren Umbruch Nr. 4.

Ich wünschte, ich könnte vermelden, ein Archäologe habe den Stein von Rosette gefunden, als Resultat sorgfältiger Forschung und hartnäckiger Feldarbeit. Mitnichten: Er wurde 1799 von Pierre-François Bouchard, einem Angehörigen der Streitkräfte Napoleons in Ägypten, beim Wiederaufbau der dortigen osmanischen Befestigungsanlagen entdeckt. Zum Glück war Bouchard sofort klar, dass der Stein historischen Wert besaß, und er übergab ihn französischen Gelehrten zur weiteren Untersuchung. Doch 1801 besiegten die Briten die französischen Truppen, und daher befindet sich die Stele heute im British Museum und nicht im Louvre.

Der Stein von Rosette war nur der Anfang dessen, was der Archäologe Brian Fagan als »Vergewaltigung des Nils« bezeichnet hat.[1] Mitte des 19. Jahrhunderts wurden die archäologischen Zeugnisse nicht nur

119

Ägyptens, sondern auch Griechenlands, Italiens und des Nahen Ostens an jeden verscherbelt, der willens war, riesige Steinblöcke von A nach B zu bewegen. Dem Nil wurde dabei besondere Aufmerksamkeit zuteil, da die dortigen Relikte des Altertums – Pyramiden, Gräber, Statuen, Paläste und gewaltige Säulen – besonders beeindruckend waren. Es ist ein veritabler Schmutzfleck auf der Weste vieler berühmter Museen, dass einige ihrer besten Exponate entweder aus eroberten Ländern gestohlen oder mittellosen Herrschern zu Spottpreisen abgekauft wurden.[2] Allerdings sollte man einräumen, dass die damaligen Plünderer zugleich die archäologische Forschung aus der Taufe hoben. Um der Höflichkeit willen bezeichnet man sie heute als »Altertumsforscher« und behandelt sie so, wie man in der Familie mit einem exzentrischen Onkel umgeht: Man redet nicht gerne über sie.

Wenn Sie von Ihrem Kinosessel im All aus beobachten, wie sich die Weltgeschichte entwickelt, sind Sie zu diesem Zeitpunkt vielleicht ein wenig abgeschlafft. Doch damit ist es bald vorbei, denn nach dem Auftauchen der Landwirtschaft geht plötzlich alles rasend schnell. In den vergangenen zehntausend, insbesondere den letzten fünftausend Jahren veränderte sich das Leben der Menschen stärker als in den sechs Millionen Jahren zuvor. Es ist das Zeitalter der Städte, der Schwerter und Speere. Das Zeitalter von Gold und Silber, Tempeln und Palästen, von Straßen, Brücken, Schmuck, Gewürzen, Kutschen, Geld – und von Männern und Frauen in Ketten. Es ist das Zeitalter der Staaten.

Mit dem Begriff »Staat« bezeichnen Anthropologen eine Gesellschaft, die eine politische Hierarchie mit mindestens drei Ebenen besitzt – einfach ausgedrückt: Herrscher, Bürokraten und Arbeiter. Wichtiger ist, dass diese hierarchischen Ebenen auf Beziehungen basieren, die sich von denen der früheren Gesellschaften der Jäger und Sammler und der Landwirte unterscheiden, die die Welt zehntausende Jahre lang bevölkerten. Nur ganz wenige Menschen wurden in einer Pyramide begraben, für deren Bau sich tausende Menschen vierzig Jahre lang abrackerten. Einige Auserwählte profitierten weitaus mehr von den neuen Entwicklungen in Handel, Kunst und Wissenschaft als die große Masse. Ein paar Menschen herrschten, die meisten wurden beherrscht. Die paläolithischen Jäger und Sammler wären entsetzt gewesen.

Die sichtbarste Veränderung, die Sie von Ihrem Sitzplatz im Weltraum aus beobachten werden, ist das Verschwinden vieler verschlafener ländlicher Dörfer, wie sie vor zehntausend bis fünftausend Jahren auf der ganzen Welt verstreut waren, zugunsten von Großstädten mit gewaltigen öffentlichen Bauten. Es gibt von nun an nicht mehr nur Wohnhäuser, sondern Gebäude, die eine bestimmte Funktion erfüllen. Sie dienen als Gotteshäuser, Begräbnisstätten, Ladengeschäfte oder Behörden, und einige, so der Anthropologe Paul Roscoe, sind in erster Linie dazu da, Besuchern »Ehrfurcht einzuflößen«.[3] Die öffentliche Architektur ist also gewissermaßen die logische Erweiterung der konkurrenzbetonten Feste in der Frühzeit der Landwirtschaft. Allen, die von außerhalb in die Stadt kommen, verraten sie sofort, mit wem sie es zu tun haben. Und in den Tagen der Pharaonen gibt es kein besseres Beispiel für Ehrfurcht einflößende Architektur als Ägypten.

Falls Sie einmal die Pyramiden auf dem Plateau von Gizeh nahe Kairo besuchen, stellen Sie sich am Fuße der Cheops-Pyramide hin und schauen Sie nach oben – Sie werden die Spitze nicht sehen können. Alle drei Pyramiden sind beeindruckend, genau wie die Sphinx und zahlreiche Tempel auf dem Plateau. Die zwischen 2550 und 2475 v. Chr. errichteten Pyramiden von Gizeh waren ursprünglich mit poliertem Kalkstein verkleidet (der später geplündert wurde, um neue Häuser zu bauen). Sie waren strahlend weiß und leuchteten kilometerweit. Mit ihren einfachen Linien sind sie schon rein optisch ein Meisterwerk, aber simple Bauwerke sind sie trotzdem nicht. Ihre Architekten wussten sehr genau um die komplexen Anforderungen solch gewaltiger Steinhaufen. Zum Beispiel besitzt die zentrale Grabkammer in der Cheops-Pyramide mehrere Kraggewölbe, die den Druck der darüberliegenden Steinquader fortlenken, damit ihr schieres Gewicht die Grabkammer nicht zerdrückt. Es gibt falsche Gräber (um Grabräuber in die Irre zu führen, was jedoch selten funktionierte) und schmale Schlitze, die durch viele, viele Meter Stein gebaut sind und die wahrscheinlich keine echte Funktion besaßen, sondern eher symbolische Bedeutung hatten.

Sie haben sicherlich schon einmal von dem Unfug gehört, Außerirdische hätten diese bemerkenswerten Bauwerke errichtet. Die Verfechter dieser Theorie sagen, es gebe keine Beweise dafür, dass die alten

121

Ägypter in der Lage gewesen wären, solche Gebäude zu errichten, geschweige denn Steinquader mit einem Gewicht von zwei bis drei Tonnen von A nach B zu verfrachten. Solche Behauptungen sind falsch. Die Ägypter waren durchaus in der Lage, diese großartigen Gebäude zu bauen, und sie lernten es auf ganz altmodische Weise: durch Ausprobieren.

Bevor sie Pyramiden bauten, begruben die Ägypter ihre Toten lange Zeit in Mastabas – niedrigen, viereckigen steinernen Bauten mit einer Grabkammer, die in das darunterliegende Gestein gehauen war. Die erste Pyramide errichtete der Pharao Djoser ca. 2620 v. Chr. in Sakkara, südlich von Kairo, doch wie die Pyramiden von Gizeh sah sie noch nicht aus. Es waren lediglich mehrere aufeinandergestapelte, immer kleiner werdende Mastabas, die zusammen eine sogenannte Stufenpyramide ergaben. Erst die Baumeister von Pharao Snofru versuchten sich an einer »richtigen« Pyramide.

Zunächst bauten die Architekten eine kleine Pyramide mit einem Neigungswinkel von 60 Grad, aber der Sand darunter war nicht stabil genug, um sie zu tragen. Die Architekten vergrößerten sie und reduzierten den Neigungswinkel der Pyramide auf 55 Grad. Die massiven Quader verlegten sie so, dass sie sich nach innen neigten (eine Technik, die sie von den Mastabas übernahmen), doch dies machte die Konstruktion so instabil, sodass die Baumeister etwa ab der Hälfte der Höhe dazu übergingen, die Steine flach hinzulegen, und den Neigungswinkel auf 44 Grad reduzierten. Diese Taktik brachte dem Bau später die Bezeichnung »Knickpyramide« ein. Leider dauerten die Probleme an – schlecht verlegte Quader, minderwertiger Tonmörtel und ein allzu sandiges Fundament sorgten dafür, dass Snofru die Knickpyramide schließlich aufgab und sich eine neue letzte Ruhestätte bauen ließ, die Rote Pyramide. Bei diesem Bauwerk gab es keine Probleme mehr, und als ca. 2550 v. Chr. Snofrus Sohn Cheops sein gewaltiges Bauvorhaben in Gizeh begann, hatten die ägyptischen Architekten ihr Handwerk bereits gemeistert.[4]

Sie hatten zum Beispiel gelernt, wie man massive Steinquader transportiert. Dank Experimenten wissen wir, dass man mit genügend Seilen und genügend Arbeitskräften, wie auf Grabmalereien dargestellt, fast alles bewegen kann. (Die Europäer, die die ägyptischen Stätten im 19. Jahrhundert geplündert hatten, wendeten eine ähnliche Technologie an.) Die Ägypter bauten flache Rampen, setzten geglättete, eingefettete Bretter an die Seiten und füllten die Zwischenräume mit rutschigem Gips. Über solche Rampen konnten die Arbeiter riesige Steinquader ziehen, bis in schwindelerregende Höhen hinauf. Mithilfe von Fernerkundungsverfahren hat man festgestellt, dass die Baumeister der Pyramiden von Gizeh die Steine wahrscheinlich über solche Rampen zogen, die sich in Tunneln im Inneren der Pyramiden befanden. Anschließend bauten die Arbeiter diese Tunnel dann von oben nach unten zu.

Allerdings begann der Mensch schon lange vor der Zeit der ägyptischen Pharaonen damit, mit riesigen Felsblöcken zu bauen und sie meilenweit durch die Landschaft zu schleppen. Am prähistorischen Fundort Göbekli Tepe in der Türkei hat man die Überreste von rund zwanzig kreisförmigen Bauten mit T-förmigen Säulen gefunden, die mit Flachreliefs von Stieren, Füchsen und Kranichen dekoriert sind und ab 9000 v. Chr. errichtet wurden (als es mit der Landwirtschaft gerade losging). Jede einzelne dieser Säulen wiegt an die zwanzig Tonnen. Noch schwerer sind die Sandsteinblöcke von Stonehenge in Großbritannien, die dort erstmals um 3000 v. Chr. aufgestellt wurden: Sie wiegen bis zu vierzig Tonnen. Diese Steine wurden vor Ort beschafft, aber die kleineren, ein bis zwei Tonnen schweren Böcke aus Blaustein stammen von einem 220 Kilometer entfernten Standort. Übrigens gab es neben Stonehenge noch viele weitere solcher Anlagen in Großbritannien (einige davon waren aus Holz).

Das Besondere an Stonehenge und Göbekli Tepe ist, dass sie nicht in eine Gemeinde eingebettet waren, sondern allein für sich in der Landschaft standen. Dies änderte sich mit der Entstehung der Staaten: Von nun an waren viele zeremonielle Bauwerke – Tempel, Orakel, Amphitheater, Schulen und politische Bauten wie das Senatsgebäude in Rom – in eine urbane Struktur eingebunden, in der sich der Zugang zu ihnen kontrollieren ließ, sowohl im übertragenen Sinne als auch ganz wörtlich. Die frühesten religiösen Strukturen scheinen mehr auf Inklusion ausgerichtet gewesen zu sein; sie sollten die Menschen zusammenbringen. Die religiösen und politischen Strukturen des Staates waren exklusiver und dienten dazu, zu kontrollieren und zu kommunizieren, wer dazugehörte und wer nicht.

123

Diese massiven öffentlichen Projekte finden wir an Standorten, an denen die Landwirtschaft besonders positiv auf Maßnahmen reagierte, die Produktivität zu steigern. Zu diesen Maßnahmen zählten die Bewässerung trockener Landstriche und der Bau von Terrassen, um in einer bergigen Gegend mehr plane Anbauflächen zu schaffen. Die Azteken, deren Hauptstadt mitten in einem riesigen Feuchtgebiet lag, bauten Chinampas, künstliche längliche Inseln aus fruchtbarer Erde, die sie von Hand aus dem Sumpf holten. Ihre Felder düngten die Azteken mit ihrem eigenen Kot. Dadurch steigerten sie ihre landwirtschaftlichen Erträge, wodurch die Bevölkerung schneller wuchs. (Heutzutage steigern Landwirte ihre Erträge durch Bewässerungsmaschinen, Kunstdünger, Massentierhaltung und gentechnisch veränderte Nahrungsmittel.)

Die verbesserte Produktivität diente nicht nur dazu, eine wachsende Bevölkerung zu ernähren, sie sorgte auch dafür, dass sich nicht mehr alle Menschen an der Nahrungsmittelproduktion beteiligen mussten. Und damit sind nicht nur die Elite und die Bürokraten des Staates gemeint, sondern auch die Legionen von Arbeitern, die nötig waren, um jene riesigen Bauwerke zu errichten, die Außenstehenden Ehrfurcht einflößen sollten. Wer (oft mehrere Jahrzehnte lang) an einer Pyramide mitbaute, konnte nicht auch noch auf dem Feld arbeiten. Um diese Arbeiter zu verköstigen, musste die Landwirtschaft produktiver werden, und das ging nur mir Bewässerung, Terrassierung usw. Da die wichtigsten Zutaten für den Anbau von Nutzpflanzen Erdboden, Wasser und Sonnenlicht sind, ist es wenig verwunderlich, dass die Intensivierung der Landwirtschaft, die eine wesentliche Voraussetzung für die Bildung von Staaten war, zunächst vor allem in der Nähe von Flüssen mit fruchtbaren Auenflächen gelang und in sonnigen Wüstenregionen, in denen der Mensch Gräser domestiziert hatte, die auf ein warmes Klima angewiesen waren.

Eine solche Region befand sich zwischen den Flüssen Tigris und Euphrat im heutigen Irak, wo man um 6000 v. Chr. damit begann, Anbauflächen zu bewässern. Der Staat Uruk wurde etwa 4000 v. Chr. gegründet, und dort gab es auch die erste Stadt der Welt, die ebenfalls Uruk hieß (die Bibel nennt sie Erech). Nach Uruk entstanden andernorts weitere Staaten (siehe Abbildung 3). Der erste ägyptische Staat

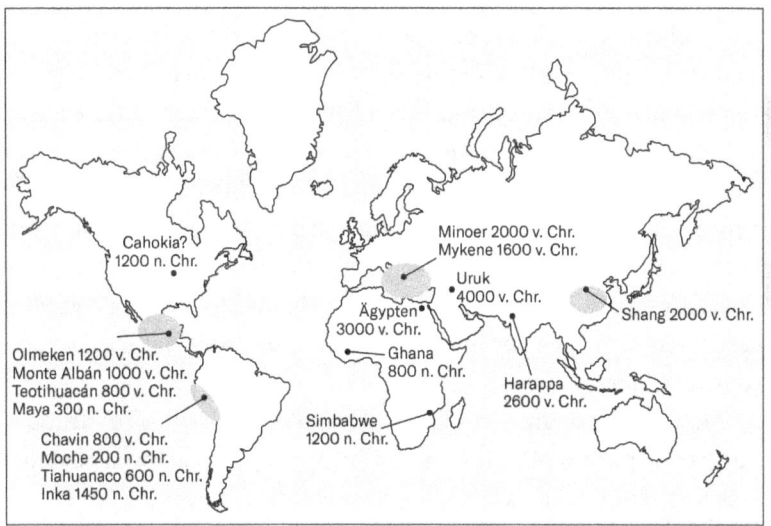

Abbildung 3. Wo und wann die ersten Staaten entstanden. Bei einigen wird die Frage, ob sie wirklich den Status eines Staats erreichten, noch diskutiert.

tauchte kurz nach 3000 v. Chr. auf der Bildfläche auf, die minoische Zivilisation auf Kreta um 2100 v. Chr. Die mykenische Zivilisation entstand um 1600 v. Chr. und die griechischen Stadtstaaten ca. 1000 v. Chr. In China wurden um 2000 v. Chr. die ersten öffentlichen Bauten errichtet, am Indus in Pakistan gegen 2600 v. Chr. Große zeremonielle Zentren entstanden auch in Angkor Wat in Kambodscha und in Groß-Simbabwe in Simbabwe (das Land hat seinen heutigen Namen von dieser archäologischen Stätte). Für manche frühen Staaten waren große urbane Zentren wie Uruk von entscheidender Bedeutung, in anderen entwickelten sich zeremonielle Stätten, die lediglich von kleinen Siedlungen umgeben waren, in denen die zum Betrieb dieser Stätten nötigen Arbeitskräfte lebten. Doch schon bald setzten sich die Städte durch. Sie waren die wichtigste Voraussetzung für die politische und ökonomische Handlungsfähigkeit des Staates. Vielerorts umgab man Städte, um sie vor Feinden zu schützen, mit aufwendigen Verteidigungsanlagen (ein wunderbares frühes Beispiel ist die Stadtmauer von Xi'an in China). 125

In der Neuen Welt gab es staatliche Strukturen erst etwas später. Das lag möglicherweise daran, dass die Menschen dort zur Steigerung ihrer landwirtschaftlichen Produktion keine Nutztiere hatten, die Pflüge ziehen konnten und Fleisch und Milch lieferten. Dennoch tauchten über kurz oder lang auch in der Neuen Welt große bürgerliche und zeremonielle Zentren auf. Kurz nach 1000 n. Chr. errichtete man unter anderem in Cahokia, Illinois, und Moundville, Alabama, beeindruckende Erdpyramiden. Ungefähr zur gleichen Zeit bauten die Menschen im Chaco Canyon im Südwesten der USA mehrstöckige Pueblos mit hunderten Räumen, die über breite Straßen mit der Welt jenseits des Canyons verbunden waren.

Archäologen definieren diese Fälle nicht als Staaten, aber dennoch sind sie Beispiele dafür, wie nach der Entstehung der Landwirtschaft das soziale und politische Leben komplexer wurde.

An der Golfküste Mexikos entstanden um 1200 v. Chr. die Zeremonialzentren der Olmeken. Es folgte eine ganze Reihe solcher Zentren, wie Monte Albán mit seinem hohen künstlich angelegten Plateau und Teotihuacán, eine über 20 Quadratkilometer große Stadt mit flachen Tempeln, einer schnurgeraden »Straße der Toten«, tausenden Wohnhäusern und dem größten steinernen Gebäude der Neuen Welt, der Sonnenpyramide. Als im Jahr 1519 die Spanier kamen, war die größte Stadt Tenochtitlán, die Hauptstadt der Azteken, die auf einer Insel in einem See lag. (Der See ist vor langer Zeit versiegt, heute befindet sich dort Mexico City.) Im mittelamerikanischen Dschungel südlich von Tenochtitlán, auf der trockenen Halbinsel Yucatán und im Hochland von Südmexiko hatten die Maya bereits zwischen 250 v. Chr. und 900 n. Chr. Tempel und Paläste gebaut.

In den Anden und an der extrem trockenen peruanischen Küste tauchten ab etwa 1500 v. Chr. mehrere komplexe soziale Gebilde auf, zuletzt das Reich der Inka, dessen Herrscher sich in der heutigen Region Cusco und an Orten wie Machu Picchu, hoch über dem Rio Urubamba, Paläste bauen ließen.[5]

Von Ihrem Kinosessel im Weltraum aus werden Sie als Nächstes Zeuge, wie sich nun, da es Staaten gibt, Wissenschaft und Künste rasend schnell weiterentwickeln. Sie sehen großartige Architektur (wie die Aquädukte der alten Römer oder die Strebebögen der Kathedralen des mittelalterlichen Europa) und von Zugtieren oder Wasserrädern angetriebene Mühlen. Sie beobachten das Aufkommen der Mathematik, die Architekten, Astronomen und Händlern bei ihren Berechnungen und Aufzeichnungen hilft.

Als das Neolithikum zu Ende ging, etwa 5000 v. Chr., verwendete man in Südeuropa, der Türkei und im Norden des Iran erstmals Kupferwerkzeuge. Bronze (Kupfer mit zugesetztem Zinn) kam um 3300 v. Chr. auf und verbreitete sich zwischen 2500 und 1500 v. Chr. rasch in ganz Europa; es folgte nach 1000 v. Chr. die Eisenverhüttung.[6] Gold und Silber verarbeitete man erst etwas später; diese Metalle sind zu weich, um funktionale Werkzeuge daraus herzustellen, taugten aber umso besser dazu, Schmuck anzufertigen, der einem half, Status und Prestige zum Ausdruck zu bringen. Das Rad wurde um 3500 v. Chr. in Mitteleuropa erfunden und breitete sich von hier rasch in der Alten Welt aus; nach China kam es etwa 1400 v. Chr. (Abgesehen von ein paar Kinderspielzeugen gab es das Rad in der Neuen Welt erst ab der Zeit der Eroberung durch die Europäer, höchstwahrscheinlich weil es keine Zugtiere gab, die Karren und Wagen hätten ziehen können. Allerdings hinderte dies die Völker der Neuen Welt nicht daran, ihre eigenen architektonischen Wunder zu vollbringen – man denke nur an die Pyramiden der Maya!) In der Alten und in der Neuen Welt beschäftigten Herrscher eigene Künstler und Handwerker, die für Unterhaltung sorgten und Außenstehenden vermitteln sollten, wie mächtig ihr Dienstherr war. Indem sich der Staat die Fähigkeiten der besonders symbolbegabten Menschen zunutze machte, förderte er die rasante technologische Entwicklung von Musik, Kunst und Wissenschaft, deren Früchte von den Sinfonien Beethovens über die Sixtinische Kapelle und die Astronomie der Maya bis hin zur Verbotenen Stadt in China reichen.

Der Handel wuchs in dem Maße, wie die Transporttechnologie es zuließ und wie professionelle Händler sich vorwagten. In der Alten Welt waren mutige Kaufleute ab etwa 200 v. Chr. auf der 6400 Kilometer langen Seidenstraße unterwegs. Über verschiedene Routen verband die Seidenstraße im Altertum und im Mittelalter China mit Europa und

127

versorgte die europäischen Eliten mit Statussymbolen wie Seide, Gewürzen, Edelsteinen und Schmuck. So begrenzt dieser neuartige globale Handel in seinem Umfang war, so weit reichten seine Ausläufer. So beweisen kupferne Glocken, Ara-Skelette, Türkis, Obsidian und Überreste von Schokolade in Keramikbehältern, die man in Pueblos gefunden hat, dass die Menschen im Südwesten der heutigen USA Handel mit Mexiko und Mittelamerika trieben.

Solche Handelsbeziehungen an sich waren nichts Neues; es gab sie seit Jahrtausenden, allerdings zunächst als informelles Tauschsystem oder in Form von »Geschenken«, deren Zweck eher sozialer als wirtschaftlicher Natur war. Zwischen Personen oder Stämmen, die einander kannten und davon ausgehen konnten, einander wiederholt zu begegnen, funktionierte dieses System gut. Doch je mehr die Bevölkerung wuchs, desto mehr mussten Händler ihre Waren mit immer weiter entfernten Partnern tauschen, die sie möglicherweise nie wiedersehen würden, und das auch noch in Situationen, in denen nicht alle Waren, die man tauschen wollte, zur selben Zeit am selben Ort sein konnten. Das machte Tauschgeschäfte schwierig. Die Lösung für dieses Problem lautete: Geld. (Die ältesten bekannten Münzen stammen aus dem 7. Jahrhundert v. Chr. aus Lydien in der Türkei.) Um Geld zu verwenden, war allerdings ein gewisses kooperatives Verständnis nötig, nach dem Motto: Wir sind uns beide einig, dass dieses runde Stück Silber, in das ein bestimmtes Symbol hineingepresst wurde, so viel wert ist wie soundso viele Körbe Weizen. Dieses kooperative Verständnis ist heute noch die Voraussetzung für internationale Geldgeschäfte.

In den staatlich organisierten Gesellschaften entwickelten sich auch Schriftsysteme. In Ägypten kamen die Hieroglyphen auf (3000 v. Chr.), im Nahen Osten die Keilschrift (3100 v. Chr.) und in Pakistan die Indusschrift (2500 v. Chr.). Etwas später kamen die chinesische Schrift (1500 v. Chr.) hinzu, Linear A (1600 v. Chr.), Linear B (1450 v. Chr.), die Schrift der Phönizier (1000 v. Chr.) und das griechische Alphabet (750 v. Chr.). In der Neuen Welt schrieben die Maya, Zapoteken und Mixteken ab ca. 300 v. Chr. in Hieroglyphen. In einigen Fällen (zum Beispiel bei den Hieroglyphen der Ägypter und der Maya) war die Schrift Teil der öffentlichen Architektur und diente dazu, die Tugenden und Erfolge bestimmter Herrscher zu preisen und den ehrfürchtigen Betrachter daran zu erinnern, warum der König König war. Die Keilschrift hingegen diente hauptsächlich dazu, auf tausenden und abertausenden Tontafeln die Details banaler Geschäftstransaktionen und Steuerzahlungen festzuhalten – ein deutlicher Beweis dafür, wie wichtig es war, über die Interaktionen zwischen weit entfernten Geschäftsleuten oder zwischen Untertanen und Steuerbehörde genau Buch zu führen. Nur so konnte man beweisen, wer bei Unstimmigkeiten (und vor allem mit Feinden) im Recht war. In China tauchten einige der frühesten schriftlichen Zeugnisse während der Shang-Dynastie um 1300 v. Chr. auf. Sie wurden auf Schildkrötenpanzer und in Rinderknochen und bronzene Ritualgefäße gekratzt; teilweise wurden sie von der herrschenden Klasse dazu verwendet, die Zukunft vorherzusagen, um fundiertere Entscheidungen zu treffen.

All diese frühen Elemente materieller Kultur – Zahlensysteme, Alphabete, Naturwissenschaften, Kunst – könnte man zusammenfassend als »Zivilisation« bezeichnen. Und sie sind absolut bemerkenswert. Wer in Palenque durch die Ruinen der Maya spaziert oder in Luxor die ägyptischen Tempel bestaunt, fragt sich unweigerlich, wie es wäre, in der Zeit zurückzureisen und zu erleben, wie es damals hier zuging, als diese Bauten in Betrieb waren. Doch wenn Sie tatsächlich in eine Zeitmaschine steigen könnten, würden Sie es vielleicht bereuen. Denn die Architektur, die Kunst und die Musik, die Mathematik und die Schrift, die Gewürze, die Seide und die Schokolade, die griechischen Statuen und die dorischen Säulen – all diese faszinierenden Dinge künden letztlich davon, wie sehr sich seither der Umgang der Menschen miteinander verändert hat. Und der war damals nicht immer angenehm.

In Gesellschaften der Jäger und Sammler und der frühen Landwirte, ja sogar in den größeren, sozial komplexen Gebilden, die Anthropologen als Häuptlingstümer bezeichnen, war das vorherrschende Prinzip, das die Menschen miteinander verband, die Verwandtschaft. Im alten Hawaii, einer Gesellschaft, die zum Zeitpunkt des ersten Kontakts mit den Europäern noch ein gewaltiges Häuptlingstum war, bezeichnete der Herrscher alle seine Untergebenen als seine »Kinder«. In solchen Gesellschaften gründen die grundlegenden »Regeln« für das gemeinsame Miteinander auf verwandtschaftlichen Beziehungen. Anthropologen, die bei ihren Feldforschungen solche Gesellschaften besuchen, werden oft »adoptiert«, meist von einer prominenten Familie. Denn wenn der Anthropologe keiner Familie angehört, dann ist er ... ja, was eigentlich? Die Leute im Dorf würden sich unweigerlich fragen: Können wir diesem Fremden vertrauen? Können und dürfen wir mit ihm lachen (oder über ihn)? Sollten wir ihn respektieren? Können wir über private Dinge mit ihm reden? All diese Fragen beantworten sich von selbst, wenn Sie mit jemandem verwandt sind oder zumindest seine Verwandtschaftsverhältnisse in der Gemeinde kennen. Wenn also jemand aus dem Dorf einen Anthropologen »adoptiert« und daher fortan als seinen Sohn bezeichnet, dann wissen alle anderen, dass sie von nun an so mit diesem Anthropologen umzugehen haben, wie sie eben mit einem der Söhne des Mannes umgehen, der ihn adoptiert hat (wie auch immer sie das normalerweise tun). Alle wissen Bescheid.

In staatlichen Gesellschaften existiert ein solches verwandtschaftliches Band zwischen Herrschern und Beherrschten nicht. Damit wir uns nicht missverstehen: Verwandtschaftliche Beziehungen sind auch in staatlich organisierten Gesellschaften noch enorm wichtig. In England kennt jeder mindestens die ersten vier oder fünf Plätze der offiziellen Liste der Thronfolger des britischen Königshauses.[7] Und auch in den USA spielen Verwandtschaftsbeziehungen in der Politik eine Rolle – man schaue sich nur die Stammbäume von Präsidenten, Senatoren und Abgeordneten an. Dennoch sind in einem Staat die Beziehungen *innerhalb* der Klassen wichtiger als jene *zwischen* den Klassen. In den frühen Staatengebilden wurden neue Beziehungen zum Herrscherhaus und seinem Umfeld, also Regierungsbeamten, Steuereintreibern oder Militärs, kodifiziert. Beziehungen zu solchen Personen unterlagen ab sofort bestimmten kulturellen und gesetzlichen Bestimmungen. Auch heutzutage müssen Sie keinen Polizisten oder Finanzbeamten persönlich kennen, um zu wissen, wie man sich in dessen Gegenwart zu verhalten hat – dass man so jemanden zum Beispiel nicht einfach duzt. Dasselbe gilt, wenn eine Gesellschaft in verschiedene Klassen eingeteilt ist. Britische Staatsbürger müssen ihr Gegenüber nicht persönlich kennen, um zu wissen, ob sie sich verbeugen oder einen Knicks machen sollten und wen sie mit »Sir«, »Madam«, »My Lord« oder »Your Royal Highness« anzureden haben.

Die Abkehr von den Verwandtschaftsbeziehungen als gesellschaftlichem Leitprinzip war für die Staaten von entscheidender Bedeutung und spielte vor allem bei zwei entscheidenden Neuerungen eine Rolle: fundamentaler sozialer Ungleichheit und organisiertem Krieg. Und diese zwei neuen Faktoren im Leben der Menschen machten die bemerkenswerten Errungenschaften der frühen Kulturen überhaupt erst möglich. Es ist viel einfacher, Menschen zu versklaven, sich Pyramiden von ihnen bauen zu lassen oder sie als Kanonenfutter aufs Schlachtfeld zu schicken, wenn man mit ihnen nicht verwandt ist, ja, wenn man nicht einmal der Meinung ist, dass sie als Menschen auf derselben Stufe stehen wie man selbst. Zwei der größten Probleme der Gegenwart, Ungleichheit und Krieg, nahmen vor fünftausend Jahren ihren Anfang. Wie kam es dazu?

Als mein pessimistischer Student in Kapitel 1 behauptete: »Alles ist so, wie es schon immer war, nichts wird sich je ändern«, meinte er sicherlich den Krieg. Aber stimmt das denn nicht? Ist der Krieg nicht die logische Fortsetzung der Streitigkeiten des *Homo erectus*, bei denen einer dem anderen einen Stein auf den Kopf schlug? Um es kurz zu machen: nein.

Wer dem archäologischen Museum in Istanbul einen Besuch abstattet, kann dort den ältesten bekannten Friedensvertrag der Welt bestaunen (eine Kopie hängt im UNO-Gebäude in New York). Er wurde im Jahre 1258 v. Chr. zwischen den Ägyptern und den Hethitern (die in der heutigen Türkei herrschten) geschlossen, etwa fünfzehn Jahre, nachdem die Schlacht bei Kadesch in einem Patt endete. Als Ramses II. und Hattušili III. klargeworden war, dass keiner von beiden den anderen würde besiegen können, beschlossen sie, zu kooperieren. Im Angesicht ihrer jeweiligen Götter verpflichteten sie sich, dem anderen zu helfen, wenn er angegriffen würde. Außerdem versprachen sie, einander ihre Überläufer zu überstellen (Hattušili III. hatte im Kampf um den Thron seinen Neffen Muršili II. ausgestochen, und Muršili war nach Ägypten geflohen, wo Ramses ihm Asyl gewährt hatte). Der Vertrag hat beinahe etwas Rührendes. Die beiden Herrscher kommen einem fast vor wie ein Liebespaar, das sich nach einem Streit wieder vertragen möchte.

Bis einem einfällt, welch gewaltiges Leid die Schlacht bei Kadesch über die beiden Völker gebracht hatte und wie viel sie gekostet hatte. Beide Herrscher hatten viele Tausend Soldaten ins Feld geschickt und gewaltige Summen investiert, um neue Kriegstechnologien zu entwickeln und eine Berufsarmee aufzustellen. Ramses hatte sich eigens eine neue Hauptstadt im Nildelta bauen lassen, um dort Waffen zu produzieren. (Der Pharao brauchte nicht zuletzt deshalb einen neuen Bündnispartner, weil sein Reich von Westen her von libyschen Stämmen angegriffen wurde.)

Hier hat der Mensch eine neue Stufe der gewaltsamen Auseinandersetzung erreicht, und diese Entwicklung wird Sie auf ihrem Kinosessel im Weltraum bis an die Kante der Sitzfläche rutschen lassen: Gewalt an sich ist nichts Neues; seit vielen Jahrtausenden haben die Menschen einander den Schädel eingeschlagen. Aber jetzt, als die Staaten entstehen, tauchen zum ersten Mal Waffen auf, die *eigens dazu erfunden wurden, andere Menschen zu töten*: Schwerter, Speere und Spieße, und später dann Langbogen, Armbrüste und die restliche furchtbare Menagerie der mittelalterlichen Kriegsführung. Im Gegenzug baute man Verteidigungsanlagen – man umgab Dörfer mit Palisaden, errichtete Stadtmauern und Burgen und versah Letztere mit hohen Bergfrieden, die als letzter Zufluchtsort im Falle einer Belagerung konzipiert waren. Viele antike Staaten entwickelten sich zu unersättlichen Großreichen. Im Nahen Osten folgten auf das Reich der Hethiter (1450–1220 v. Chr.) das der Assyrer und dann das der persischen Achämeniden; Letzteres zerschlug Alexander der Große im Jahr 334 v. Chr. Rund ums Mittelmeer gaben ab etwa 2000 v. Chr. diverse Großmächte einander die Klinke in die Hand: Minoer, Mykener, Phönizier, Etrusker, Griechen und Römer. Genauso könnten wir die Geschichte des mittelalterlichen Europa unter die Lupe nehmen, das Osmanische Reich (1299–1922) oder die Kolonialreiche der Niederländer, Portugiesen, Spanier, Franzosen und Briten. In die Fußstapfen solch unersättlicher Despoten wie Dschingis Khan traten Männer wie Napoleon, Hitler, Stalin, Mao Zedong und Pol Pot.

In China wurden um 2500 v. Chr. im Bereich der Longshan-Kultur die ersten Dörfer mit schützenden Mauern umgeben. Es schloss sich eine lange Abfolge von Dynastien an: Xia, Shang, Zhou und Qin, deren erster Herrscher, Qin Shi Huangdi, den Bau der Großen Mauer initiierte, das Schriftsystem vereinheitlichte und ein hierarchisches Regierungssystem einführte. Die Qin-Dynastie wurde von der Han-Dynastie abgelöst, und auf diese folgten mehrere Königreiche, die lediglich Teile des heutigen Chinas umfassten, sowie die Dynastien Jin, Sui und Song. Von 1271 an herrschten in China die Mongolen unter Kublai Khan und begründeten die Yuan-Dynastie. Es folgten die Ming- und die Qing-Dynastie, die Republik China (auch Nationalchina genannt, 1912–1949) und schließlich Maos Volksrepublik China. Natürlich passierte während dieser fünftausend Jahre unendlich viel. Ich will hier weder die Geschichte Chinas noch die einer anderen Kultur referieren. Aber aus archäologischer Sicht blieben die wichtigsten Erzählstränge immer gleich: Es war ein fünftausendjähriger Wettstreit um Macht und Kontrolle. So oder so ähnlich ereignete es sich in Europa, Mexiko, den Anden, Afrika, Südost- und Zentralasien. Bis heute.

Als die Staaten entstanden, wurde auch die Geschichtsschreibung erfunden – die neuen Schriftsysteme brauchte man nicht nur, um Steuerpflichtige zu erfassen und Gesetze aufzuschreiben, sondern auch um Siege zu proklamieren. Wer rückblickend den Eindruck hat, die Geschichte bestehe lediglich aus einem verdammten Krieg nach dem anderen, der hat nicht ganz Unrecht, zumindest was die Zeit ab der Entstehung der Staaten betrifft. Insofern ist es auch allzu verständlich, wenn jemand, der sich in der Geschichte auskennt, nicht allzu optimistisch in die Zukunft schaut.

Vor etwas mehr als hundert Jahren ging der Erste Weltkrieg zu Ende; viele Menschen hielten ihn damals für den »Krieg, der die Kriege beendet« (H. G. Wells). Leider war das nicht der Fall. Was liegt näher als anzunehmen, dass der Krieg einfach ein Teil unserer Identität ist – dass wir Kriege führen, weil Menschen das nun einmal tun? Es ist nicht zu leugnen, dass Gewalt im Laufe unserer Evolution eine große Rolle gespielt hat. Sie ist Teil unseres Repertoires an Verhaltensweisen und hat uns zu dem gemacht, was wir heute sind. Doch bedeutet das auch zwangsweise, dass Krieg unvermeidlich ist? Dass wir uns im Zweifelsfall immer dafür entscheiden, Konflikte gewaltsam zu lösen? Oder hat Kurt Tucholsky recht, der schrieb: »Wenn wir nicht mehr wollen, dann gibt es nie wieder Krieg«?

Um diese Frage zu beantworten, sollten wir uns an dieser Stelle noch einmal den Jägern und Sammlern zuwenden; schließlich sind viele Menschen der Meinung, dass die Jäger und Sammler näher dran sind an dem, wie wir »eigentlich« sein sollten. Sie glauben, wenn sie zurückreisen könnten in die Zeit, als wir alle noch Jäger und Sammler waren und das Leben (angeblich) übersichtlicher und weniger kompliziert war, dann wären sie in der Lage, das *wahre* Wesen des Menschen zu sehen.

Lassen Sie mich das gleich klarstellen: Die Jäger und Sammler (die prähistorischen wie auch die heutigen) bringen uns dem »wahren Wesen« des Menschen genauso wenig näher wie irgendeine andere Kategorie Mensch. Aber da viele dies *glauben*, wollen wir doch einmal nachschauen, wie es bei den Jägern und Sammlern mit dem vermeintlichen Hang des Menschen zur Gewalt aussieht.

In der westlichen Zivilisation lassen sich die traditionellen Vorstellungen vom Wesen des Menschen ganz grob einem von zwei Lagern zuordnen. Schutzpatron des einen Lagers ist Thomas Hobbes, der des anderen Jean-Jacques Rousseau. Im Jahr 1651 beschrieb Hobbes in *Leviathan* das Leben der Menschen vor der Zivilisation: »Keine Wissenschaft, keine Kunst, keine Gesellschaft, und was das Schlimmste ist: ständige Furcht vor einem gewaltsamen Tod, der immerzu droht; und ein einsames, armseliges, garstiges, brutales und kurzes Leben.« Fast genau hundert Jahre später schrieb Rousseau in seiner *Abhandlung über den Ursprung und die Grundlagen der Ungleichheit unter den Menschen*: »Es gibt nichts Gutherzigeres als den primitiven Menschen.« Was stimmt denn nun? Waren die Jäger und Sammler die ersten Blumenkinder oder die ersten Straßenkämpfer?

Nun, zunächst einmal leben Jäger und Sammler zwar nicht in vollkommener Glückseligkeit, aber es gibt bei ihnen eine relativ geringe Rate *nicht-tödlicher* Aggressionen (wie Schlägereien). Das liegt aber nicht daran, dass sie besonders friedvolle Menschen sind, sondern an der kulturell verwurzelten Ablehnung von Aggression innerhalb kleiner, egalitärer Gemeinschaften. Als die Anthropologin Jean Briggs ihrem 1970 erschienenen Buch über eine Inuit-Familie den Titel *Never in Anger* gab, meinte sie damit nicht, dass die Inuit niemals wütend werden, sondern nur, dass es bei ihnen nicht üblich ist, dieser Wut dauernd Ausdruck zu verleihen.[8] Trotzdem tritt man einander in kleinen Gemeinden unweigerlich auch einmal auf die Füße und aufgestaute Spannungen können unerwartet ausbrechen. Die daraus resultierenden Gewalttaten sind oft nichts anderes als ein Ausdruck von Wut. Dabei stirbt manchmal auch jemand, aber stets als Folge eines unkontrollierbaren Zorns, nicht eines kalkulierten Risikos.

Krieg ist *per se* ein kalkuliertes Risiko. Gemäß der Definition des Anthropologen Douglas Fry handelt es sich bei einem Krieg um »relativ unpersönliche tödliche Aggressionen zwischen Gemeinschaften«.[9] »Unpersönlich« bedeutet aber nicht, dass Krieger und Soldaten nicht leidenschaftlich handeln können. Ihre Anführer müssen sogar eine gewisse Leidenschaft in ihnen wecken, wenn sie wollen, dass ihre Untergebenen ihr Leben aufs Spiel setzen, um andere Menschen zu töten. Sie müssen das Unpersönliche persönlich machen. Ein Krieg ist immer eine furchtbare Angelegenheit, und auch wenn der offizielle Anlass Rache oder Vergeltung ist, muss man einer *Gruppe* von Kämpfern immer einen persönlichen Vorteil wie Sklaven, Frauen, Nahrung, Land oder Sicherheit in Aussicht stellen.

Manchmal klingt der Anlass für einen bewaffneten Konflikt so albern, dass man unweigerlich denkt: Männer müssen sich aber auch über alles streiten. Zum Beispiel griffen die Yakutat Tlingit an der Nordwestküste Nordamerikas 1860 während eines Potlatschs die Sitka Tlingit an, weil die Sitka beim gemeinsamen Fest zwei Jahre in Folge schönere Lieder gesungen hatten als die Yakutat.[10] Heute würde man sagen: ein bewaffneter Kampf um die Playlist eines DJs. In diesem Fall ist aber wichtiger, wie es weiterging: Um sich solch eine Peinlichkeit in Zukunft zu ersparen, lernten die Yakutat neue Lieder von einem benachbarten Stamm. Sie ahnten nicht, dass unterdessen auch die Sitka ihr Repertoire erweiterten, mit Liedern der Aleuten. Die Lieder selbst spielen hier gar keine Rolle, sie zeigen aber, dass jeder Stamm seine Verbündeten hatte.

135

Mit ihrem neuen, umfangreicheren Repertoire präsentierten sich die Sitka nun schon wieder als die besseren Sänger. Und den Yakutat blieb nichts anderes übrig, als die Sitka präventiv anzugreifen, wollten sie nicht riskieren, als Schwächlinge dazustehen.

Gewalt ist immer eine von mehreren Optionen, die Menschen nutzen können, um ein Ziel zu erreichen. Aber wie alle Optionen ist sie mit bestimmten Kosten verbunden, und diese Kosten können sehr hoch sein. Man kann verlieren, was man hat, verwundet werden oder sogar sterben. Und selbst wenn eine gewaltsame Maßnahme Erfolg hat, kann sie einem teuer zu stehen kommen, da man sich dadurch Feinde schafft und Ressourcen aufwendet, die dann anderswo fehlen. Organisierte Gewalt löst ein unmittelbares Problem, schafft aber neue, längerfristige Probleme. Das weiß auch jeder. Aber warum kommen die Menschen dann trotzdem immer wieder zur Überzeugung, dass sich ein Krieg »lohnt«?

Betrachten wir zunächst einmal, was bei den Jägern und Sammlern einen Krieg *auslöst*, denn der Grund dafür, warum es zu einem Krieg kommt, kann sich durchaus von den Gründen unterscheiden, die später dafür sorgen, dass er fortgesetzt wird. Wir können davon ausgehen, dass es zum Krieg kommt, wenn eine Gruppe um ihre lebenswichtigen Ressourcen bangen muss, also Nahrung, Obdach, Sexualpartner. Von diesen dreien ist die Nahrung der wichtigste Faktor, weil uns ein Mangel an Nahrung am unmittelbarsten trifft. Wenn sich in der Umgebung einer Gruppe Jäger und Sammler etwas ereignet, das die Versorgung gefährdet, sei es eine Dürre, ein Waldbrand oder eine Epidemie, dann stimmen sie normalerweise mit den Füßen ab: Sie packen ihre Sachen und ziehen weiter.

Dies ist im Grunde eine ganz einfache Lösung – nur nicht, wenn dort, wohin man möchte, bereits jemand lebt, und erst recht nicht, wenn die, die dort leben, bereits ihrerseits unter Druck stehen. Das würde bedeuten, dass sich mit zunehmendem Bevölkerungsdruck Kriege und Gewalttaten häufen müssten. Und genau das habe ich bei der Analyse ethnografischer Daten von Jägern und Sammlern festgestellt. Mit dem Bevölkerungsdruck steigt die Zahl der kriegerischen Handlungen und der Tötungsdelikte.[11] Wenn zu viele Menschen zu wenig Nahrung finden, kommt es zum Kampf. Das ist auch gar nicht weiter bemerkenswert. Mag sein, dass der Mensch nicht von Natur aus zur Gewalt neigt – dazu, überleben zu wollen, aber schon. Wer mit dem Rücken an der Wand steht, der wird kämpfen, ob er nun Jäger, Sammler oder Universitätsdozent ist.

Archäologische Daten scheinen diese Hypothese zu bestätigen. Ich sage bewusst »scheinen«, denn um Gewalttaten unter prähistorischen Menschen zu untersuchen, braucht man Überreste menschlicher Skelette, an denen sich gewaltsame Handlungen ablesen lassen, seien es Abwehrverletzungen an Unterarmknochen, in Knochen und Körperhöhlen eingedrungene Speerspitzen oder Depressionsfrakturen am Schädel.[12] Leider sind solche skelettalen Überreste nicht immer gut erhalten, und je weiter wir in der Zeit zurückgehen, desto seltener werden sie.

Die meisten Archäologen sind sich einig, dass die frühesten Beweise für Kriegsführung von der Fundstätte Dschebel Sahaba im Nordsudan stammen, die auf 11 000 v. Chr. datiert wird. Hier ist die Beweislage ziemlich eindeutig: 24 Skelette mit zahlreichen Spitzen von Projektilen oder Speeren in den Körperhöhlen. Einige hatten solche Spitzen sogar in den Halswirbeln, was darauf hindeutet, dass sie hingerichtet wurden. Das sind eindeutige Spuren eines Krieges oder zumindest von etwas, das einem Krieg ähnelte.

Dschebel Sahaba ist allerdings gerade deshalb bemerkenswert, weil es ein so seltener Fall ist.[13] Die Archäologen Jonathan Haas und Mathew Piscitelli haben fast dreitausend mehr als 12 000 Jahre alte Bestattungen untersucht, und sie konnten lediglich vier weitere Fälle kriegsähnlicher Gewalttaten finden.[14] Und auch der Anthropologe Brian Ferguson fand im prähistorischen Europa bis nach dem Aufkommen der Landwirtschaft, ja im Grunde sogar bis zur Entstehung staatlicher Gesellschaften, kaum Anzeichen für Gewalttaten.[15]

In Nordamerika haben archäologische Untersuchungen gezeigt, dass Kriege hauptsächlich zu Zeiten stattfanden, als die Bevölkerungsdichte hoch war und die Tragfähigkeit der Umgebung abnahm. Es gibt in verschiedenen Gegenden wie den Great Plains, Südkalifornien und dem Südwesten der USA Hinweise auf Hochzeiten des Krieges, und zwar ungefähr aus der Zeit von 950 bis 1250, während der sogenannten mittelalterlichen Warmzeit.[16] Um das Jahr 1000 erreichte die Population der

Ureinwohner Nordamerikas einen Höhepunkt, wahrscheinlich ihren größten Höhepunkt. Dann zog die mittelalterliche Warmzeit mit ihrem heißen, trockenen Klima den Menschen plötzlich den Boden unter den Füßen weg – das Land konnte seine Bewohner nicht mehr ernähren, und die Gewalt nahm zu, als der Kampf um die besten Standorte begann.

Das Ergebnis kann man an Orten wie Crow Creek ablesen, einem agrarischen Dorf in South Dakota, in dem im Jahr 1325 die meisten Einwohner, fast fünfhundert Personen, massakriert wurden. Im Südwesten, in Mesa Verde zum Beispiel, zogen sich manche Maisbauern zwischen 1190 und 1300 in schwer erreichbare Felsenhäuser zurück. Ihre Getreidespeicher legten sie so an der Felswand an, dass man sie nur über Seile erreichen konnte. In den umliegenden Regionen zogen die Dorfbewohner auf die ähnlich schwer zugänglichen Kuppen von Tafelbergen. An vielen Fundstätten aus jener Zeit haben Archäologen menschliche Skelette gefunden, die Spuren eines gewaltsamen Todes, teilweise sogar von Kannibalismus aufweisen.

Natürlich kam es unter den prähistorischen Jägern und Sammlern und auch unter den frühen Landwirten ab und an zu Handgreiflichkeiten (man denke nur an den Tod von Ötzi in Kapitel 2). Dennoch ist Krieg ein kulturell bedingtes, *kein* natürliches Verhalten. Für nomadische Jäger und Sammler waren Allianzen und soziale Beziehungen extrem wichtig; wenn ihre Nachbarn in Not waren, halfen sie ihnen, damit sie sich im Gegenzug an sie wenden konnten, wenn sie selbst einmal Probleme hatten. Ein Leben als Nomaden zwang die Menschen in eine gegenseitige Abhängigkeit. Das bedeutet aber nicht, dass die Jäger und Sammler einander bei jeder Begegnung umarmten und alles »Friede, Freude, Eierkuchen« war. Wenn in Australien ein Stamm nomadischer Aborigines auf dem Territorium eines anderen Stammes Zuflucht suchen musste, war das erste Aufeinandertreffen oft von Spannungen geprägt, und beide Seiten versuchten, Stärke zu demonstrieren. Doch ihre gemeinsame Kultur sorgte dafür, dass die Beteiligten allem gegenseitigen Misstrauen zum Trotz wussten, dass sie kooperieren mussten – so ungern sie dies im Zweifelsfall auch taten.

Als die Menschen die nomadische Lebensweise aufgaben, sorgten die materiellen Bedingungen des sesshaften Lebens dafür, dass sich ihre

Strategie der Kooperation änderte. Hatten sie bislang auf Allianzen und gegenseitige Wachsamkeit gesetzt, ging es nun darum, sich gegen den Nachbarn zu behaupten und Stärke zu demonstrieren, wie es bei Ramses II. und Hattušili III. der Fall war. Dazu mussten die sesshaften Dorfbewohner notfalls auch Gewalt einsetzen, und diese Tatsache veränderte ihre Kultur. Die Menschen sahen Angriffslust plötzlich als Tugend an, nutzten großzügige Gesten nur noch als Mittel zum Zweck und gingen dazu über, mit gewaltsamen Mitteln um Prestige zu konkurrieren.

Diese Entwicklung lässt sich bei sesshaften Jägern und Sammlern häufiger beobachten als bei ihren nomadischen Kollegen. Ein Angehöriger der nomadischen Ju/'Hoansi aus dem Süden Afrikas erzählte dem Anthropologen Richard Lee: »Wenn ein junger Mann viele Tiere erlegt, hält er sich für einen Häuptling. Wir lehnen jeden ab, der prahlt, denn eines Tages wird ihn sein Stolz dazu bringen, jemanden zu töten. Wir nennen sein Fleisch also immer wertlos. So kühlen wir sein Herz und machen ihn sanft.« Ganz anders ein Angehöriger der sesshaften Kwakwaka'wakw an der Westküste Kanadas, der zu den anderen Dorfbewohnern sprach: »Ihr wisst, jedes Mal, wenn die Stämme [zum Potlatsch] in unser Dorf kommen, haben wir vier oder fünf Decken mehr zu verschenken als sie. Also passt gut auf, junge Häuptlinge, oder ihr verliert euren klangvollen und erhabenen Namen; denn unsere Großväter wurden niemals besiegt, weder im Krieg um Blut noch im Krieg um Reichtum. Daher sind alle anderen Stämme weniger wert als wir Kwakiutl.«[17]

Die Kriegsführung hängt eng mit den materiellen Lebensumständen zusammen. Diese Lebensumstände können eine Kultur der Gewalt erzeugen, eine, die erfolgreiche Krieger verehrt und belohnt und die kämpfende Männer über Frauen erhebt. Eine solche Kultur der Gewalt kann tückisch sein und ist schwer zu überwinden. Aber sie spiegelt keinesfalls das Wesen des Menschen wider.

Kulturübergreifende Studien mit verschiedenen Arten von Menschen, nicht nur Jägern und Sammlern, beleuchten das Phänomen Krieg näher. Bereits vor Jahrzehnten richteten Anthropologen an der Yale University die Human Relations Area Files (HRAF) ein, in denen die Daten aller verfügbaren ethnografischen Studien kompiliert werden.[18] Auf

Grundlage dieser Daten führte das Anthropologenpaar Carol und Melvin Ember kulturübergreifende Studien zur Kriegsführung durch. Sie fanden eine statistisch signifikante Korrelation zwischen Kriegen und *unvorhersehbaren* Ereignissen wie einer plötzlichen Unterversorgung mit Nahrungsmitteln.[19] Jede Gesellschaft hat bestimmte Mechanismen, um mit erwartbaren, weil regelmäßigen Problemen wie saisonbedingten Defiziten umzugehen. Doch unvorhersehbare Ereignisse können schnell zu Gewaltausbrüchen führen. Ein außergewöhnlich strenger Winter oder ein außergewöhnlich trockener Sommer können sich auf die landwirtschaftlichen Erträge ganzer Regionen auswirken; wer dann den Nachbarn um Hilfe bittet, wird feststellen, dass es dem Nachbarn genauso schlecht geht wie ihm selbst. Und da er ihm nicht freiwillig helfen kann, versucht er notfalls mit Gewalt, an dessen Vorräte zu gelangen. Wenn die Bevölkerungsdichte steigt, wird es immer wahrscheinlicher, dass es zu solchen Situationen kommt, denn wenn zehn Personen auf einem Quadratkilometer leben, wirkt sich ein Mangel an Nahrung oder Wasser natürlich weniger schlimm aus, als wenn es einhundert sind.

Die Embers fanden dieses Muster in allen Gesellschaftsformen – außer in Staaten. Staatliche Gesellschaften brauchen große Streitkräfte, oft in Form eines stehenden Heeres. Im Falle einer Missernte (zum Beispiel aufgrund einer Dürre oder einer Heuschreckenplage), kann es vorkommen, dass das Heer nicht mehr ausreichend versorgt werden kann, um auszurücken und ein Nachbarland zu erobern oder zu plündern. Außerdem sind Staaten ja gerade deshalb Staaten, *weil* sie bereits benachbarte Gebiete erobert haben, um Ressourcen von A nach B umzuverteilen. Aus einigen antiken Staaten wurden Großreiche, die immer weiter expandierten und sich zahlreiche kleinere politische Einheiten einverleibten; jene versorgten dann die Hauptstadt mit Ressourcen und/oder Arbeitskräften.

Aufgrund ihrer weit verstreuten Quellen für Ressourcen sind Staaten gegenüber unvorhersehbaren Ereignissen mitunter nahezu immun. Doch das bedeutet natürlich nicht, dass es in Staaten keine Gewalt gibt – ganz im Gegenteil. Nichtstaatliche Gesellschaften sind höchstens in der Lage, kleine Überfälle durchzuführen oder einen Rachemord zu verüben, wenn einer der Ihren umgebracht wurde. Staaten indes neigen, wie

Carol Ember feststellte, zu viel übleren Gräueltaten. Sie veranstalten öffentliche Züchtigungen und Hinrichtungen, sie lassen Zivilisten töten, Gefangene foltern, Frauen vergewaltigen, Trophäen (zum Beispiel Köpfe) jagen und religiöse Objekte (zum Beispiel Statuen und Tempel) zerstören. Und sie wenden diese Taktiken nicht nur gegen ihre Nachbarn an, sondern auch gegen das eigene Volk. Jeder machiavellistische Herrscher weiß, dass er seine Untertanen auf Linie bringen muss, und in dieser Hinsicht können ein paar auf Speere aufgespießte Köpfe wahre Wunder wirken. Ein Diktator darf niemals Schwäche zeigen, denn er hat nur zwei Möglichkeiten: Entweder hat er seinen Staat im Griff, oder er findet ein ähnlich würdeloses Ende wie der Libyer Muammar al-Gaddafi, den nach seiner Absetzung die Rebellen in der Betonröhre eines ausgetrockneten Kanals aufgriffen.

Staaten verherrlichen die negativen Aspekte der Kriegsführung. In einer nichtstaatlichen Gesellschaft zeichnet man sich aus, indem man die andere Seite dazu veranlasst, sich zurückzuziehen, oder den Gegner in Verlegenheit bringt. Bei den Lakota gab es eine Art Mutprobe, bei der es darum ging, einen Feind zu berühren, *ohne* ihn zu töten (nach dem Motto: »Ich kann dir nahe genug kommen, um dich anzufassen, aber ich bin schnell und klug genug, um mich wieder zurückzuziehen. Ich bin besser als du. Leg dich nicht mit mir an!«). In einem Staat winken demjenigen Ruhm und Ehre, der dem Feind im Krieg möglichst viel Schaden zufügt. Und indem der Staat den Krieg verherrlicht, fördert er eine Kultur der Gewalt, die wiederum dafür sorgt, dass es immer wieder zu neuen Kriegen kommt. Ich erinnere mich an einen älteren Deutschen, den ich auf der Insel Yap im westlichen Pazifik kennenlernte. Er war ein ruhiger, höflicher Intellektueller, der um die Welt reiste, weil er um seine tote Frau trauerte. Wir saßen am Strand in der Sonne, und er erzählte mir, wie er unter Hitler gekämpft hatte; als er siebzehn Jahre alt war, sei seine größte Sorge gewesen, dass der Krieg enden würde, bevor er die Chance hatte, mitzukämpfen. Er ließ den Kopf hängen und schämte sich sichtlich ob seiner damaligen Naivität.

Die Entstehung der Staaten setzte einen unheilvollen kulturellen Teufelskreis in Gang. Staaten wurden zu Imperien und beuteten die Bewohner der eroberten Gebiete unbarmherzig aus, während die Herrscher ihre potenziellen Konkurrenten ausschalteten und in den eigenen Reihen nach Verbündeten suchten. Das Ergebnis waren zahllose zerstörte Landstriche. In Ihrem Kinosessel im Weltraum werden Sie schockiert den Blick abwenden.

Kultur, also unsere konstruierte Vision der Welt, hat eine so starke Anziehungskraft, dass viele Führer ihre Anhänger (und sich selbst) glauben machen, sie kämpften für »heilige Werte« (mit diesen Worten beschrieb Thomas Jefferson die Unabhängigkeitserklärung der Vereinigten Staaten), wenn es doch in Wirklichkeit um materielle Gewinne geht oder um einen politischen Vorteil gegenüber einem Rivalen.

Ein Krieg hat immer auch Gewinner. Das sind einerseits natürlich die Herrscher, denen ein Krieg im Altertum materielle Güter, neue Herrschaftsgebiete, zusätzliche Steuereinnahmen und viele, viele Sklaven einbrachte. In großen staatlichen Gesellschaften profitieren zahlreiche Menschen von einem Krieg; er schafft Arbeitsplätze und Sicherheit. Den Preis zahlen jene, die überredet oder gezwungen werden, zu kämpfen. Sie sind in der Regel machtlos. Den Vietnam-Krieg hat man oft als den »Krieg des armen Mannes« bezeichnet, doch das war der Erste Weltkrieg ebenfalls.[20]

Das dramatischste Beispiel von heute sind islamistische Selbstmordattentäter. Der Anthropologe Scott Atran hat sich intensiv mit radikalen Islamisten beschäftigt und zahlreiche Dschihadisten und die Familien von Selbstmordattentätern interviewt.[21] Anders, als viele in der westlichen Welt glauben, sind männliche Selbstmordattentäter meist gar nicht von dem Versprechen motiviert, dass im Himmel soundso viele Jungfrauen auf sie warten. Die meisten glauben überhaupt nicht daran. Was sie stattdessen motiviert, sind Werte, die wir sofort unterschreiben würden: Brüderlichkeit, Loyalität, Abenteuerlust und der Traum von einer besseren Welt. Die westliche Welt diffamiert Selbstmordattentäter, weil sie unschuldige Menschen töten. Dabei gingen in den Sechzigerjahren Amerikaner, die noch nie von der Domino-Theorie des Kalten Kriegs gehört hatten und die nicht einmal wussten, auf welchem Kontinent das Land lag, nach Vietnam, um »für die Freiheit« zu kämpfen. Ich vermute, dass viele aus dem gleichen Grund dort

142

kämpften, aus dem sich Dschihadisten selbst in die Luft jagen: Sie wollten vor ihren Freunden und ihrer Familie nicht ihr Gesicht verlieren. Ich war zu jung, um in Vietnam zu kämpfen, aber alt genug, um darüber nachzudenken, wie es wohl wäre; und wäre ich eingezogen worden, dann wäre ich nur aus einem einzigen Grund nach Vietnam gegangen: Ich wusste, wie sehr sich mein Vater darüber gefreut hätte.

Dass manche Menschen die ganze Last eines Krieges schultern, während andere von den Erträgen profitieren, weist auf ein entscheidendes kulturelles Merkmal von Staaten hin – eines, das die Evolution nicht hatte kommen sehen, als die natürliche Selektion die Homininen des Pleistozäns in kulturbegabte Lebewesen verwandelte.

Als ich Anfang der Achtziger Doktorand an der University of Michigan war, veranstaltete das dortige Museum of Anthropology Jahr für Jahr eine Veranstaltung für Studierende und Mitarbeiter, die sich »Ugly Artifact Contest« nannte. Die Aufgabe war ganz einfach: Man sollte die Sammlungen des Museums nach möglichst merkwürdigen, witzigen und vor allem hässlichen Artefakten durchsuchen. In einem Jahr waren mehrere Tonschalen dabei, sogenannte »Glockentöpfe«, wie man sie zu Tausenden an Fundstätten der Uruk-Kultur im Südirak ausgegraben hat und die bis zu 5700 Jahre alt sind. Es handelte sich um Massenprodukte, die mithilfe von Formen hergestellt wurden, in Stückzahlen, die denen einer modernen Fabrik um nichts nachstanden. Die Archäologen Joyce Marcus und Kent Flannery bezeichnen sie als das prähistorische Äquivalent unserer Pappbecher.[22]

Die Glockentöpfe waren in drei Größen erhältlich: 0,9 Liter, 0,65 Liter und 0,45 Liter, also eine ganze, zwei Drittel und eine halbe Portion. Diese Schalen dienten als Maßeinheit für Rationen. Wir wissen nicht genau, was damit abgemessen wurde (möglicherweise Gerstenmehl), aber alles deutet darauf hin, dass sie dazu dienten, die zahllosen Arbeiter zu entlohnen, die Uruks Tempel, Paläste, Marktplätze und Straßen bauten. Dabei durften die Menschen, die das alles schufen, es später gar nicht benutzen. Sie wurden nicht in Sänften herumgetragen. Sie durften nicht den Hofdichtern lauschen, Schmuck anlegen oder Gewänder aus exotischen Materialien tragen. Das schmutzige Geheimnis der Zivilisation besteht darin, dass sie auf den Rücken von Sklaven, Schuldknechten und armen Leuten errichtet wurde. In staatlichen Gesellschaften taucht zum ersten Mal das Phänomen der Armut auf.

Wie genau soziale Ungleichheit entsteht, ist rätselhaft. Wenn wir auf die Zeit schauen, als alle unsere Vorfahren noch als Jäger und Sammler lebten, könnte man meinen, damals seien alle Menschen arm gewesen. Doch wenn alle gleich sind, wenn alle gleich viel Muschelgeld haben und alles, was sie besitzen, in einem einfachen Netzbeutel mit sich tragen, dann ist niemand arm. Ungleichheit gibt es ja erst, wenn einige etwas haben, das andere nicht haben und auch niemals haben werden; wenn einige wenige glauben, sie hätten das Recht, andere Menschen in Ketten zu legen, oder dass Frauen weniger wert sind als Männer.

Nomadische Jäger und Sammler und viele kleine landwirtschaftliche Gemeinschaften weisen eine Sozialordnung auf, die Anthropologen als »egalitär« bezeichnen. Das bedeutet jedoch nicht, dass alle gleich sind. Auch Jäger und Sammler wissen, dass die Menschen nicht alle gleich sind. Der eine ist ein besonders guter Jäger, ein anderer ist besser darin, Pfeilspitzen oder Körbe anzufertigen, wiederum ein anderer zeichnet sich als Heiler aus und weiß um die medizinische Anwendung bestimmter Pflanzen. *Egalitär* bedeutet, dass jeder *den gleichen Zugang* zu den lebenswichtigen Ressourcen (Nahrung, Wasser, Sexualpartner, Lebensraum) hat und zur nötigen Technologie, sich diese Ressourcen zu verschaffen. Die einzige Variable ist, wie talentiert ein Individuum ist und wie sehr es sich bemüht. Dass sich solche Unterschiede nicht negativ auf die Gemeinschaft auswirken, dafür sorgt der Gruppendruck.

Egalitäre Gemeinschaften stellen sicher, dass sich niemand für überlegen hält, nicht einmal jene, die den anderen tatsächlich in dieser oder jener Hinsicht überlegen sind. Und daran muss man die Mitglieder einer solchen Gemeinschaft immer wieder erinnern, denn von Zeit zu Zeit neigt jeder von uns zum Egoismus. Das liegt nun einmal in unserer Natur. Die Evolution hat dafür gesorgt, dass wir darauf achten, wer von uns was am besten kann. Doch wir wissen auch, dass wir die anderen brauchen. Egal wie gut wir sind, hier und da sind wir auf Hilfe angewiesen, auch wenn wir immer mal wieder daran erinnert werden müssen (man denke nur das Thema »Teilen« in Kapitel 4). In den Lagern von

Jägern und Sammlern wird ständig darüber getratscht, wer wem was angetan hat, wer wem etwas schuldet und wer sich wie ein Trottel aufführt. Die Evolution hat dafür gesorgt, dass wir solchen Klatsch und Tratsch ernst nehmen, in unserem eigenen Interesse.

Bei Klatsch und Tratsch geht es in der Regel um kulturelle Werte – Werte, die der Mensch als »naturgegeben« verinnerlicht hat. Wenn ein Nuk-luk eine fette Antilope ins Lager schleppt, bittet er die anderen um Entschuldigung dafür, dass er nichts Besseres erlegen konnte, obwohl er ganz genau weiß, dass es sich um eine ganz hervorragende Beute handelt. Indem er sich vor allen anderen kleinmacht, teilt er ihnen mit: »Ich weiß, dass ich ein guter Jäger bin und mehr zur Gemeinschaft beitrage als andere, aber das halte ich niemandem vor.« Das ist die Kultur der nomadischen Jäger und Sammler. Es ist eine Kultur, in der Personen mit überlegenen Fähigkeiten gar nicht erst in die Lage kommen, Kontrolle über andere auszuüben und deren Zugang zu den grundlegenden Bedürfnissen des Lebens einzuschränken. Und selbst wenn ein besonders begabtes Individuum versucht wäre, eine solche Kontrolle auszuüben, könnte es das niemals guten Gewissens tun.

Mit dem Aufkommen der Landwirtschaft veränderte sich diese Haltung bereits ein wenig, aber daran war nicht die Landwirtschaft an sich schuld – weder Mais noch Weizen ist in der Lage, Menschen in egoistische Maulhelden und kleinliche Despoten zu verwandeln. Ich gehe eher davon aus, dass das sesshafte Leben im Dorf schuld war.

Man könnte denken, jeder nomadische Jäger und Sammler hätte die Chance begrüßt, in einem sesshaften Dorf zu leben, mit einem Dach über dem Kopf und mehr materiellem Besitz. Man könnte denken, Jäger und Sammler hätten gleich gewusst, wo in der Landschaft sie einen guten Standort finden würden, um sich niederzulassen; in der Nähe von wildem Weizen oder einem Fluss voller Lachse.

Dennoch ließen sich prähistorische Jäger und Sammler nur selten nieder und gründeten Dörfer, und wenn, dann taten sie es erst relativ spät in der kulturellen Entwicklung einer Region. Warum wird überhaupt jemand sesshaft? Wie wir im vorigen Kapitel gesehen haben, geschieht dies, wenn die Kosten der nomadischen Lebensweise ihren Nutzen übersteigen. Dieser Umstand setzt einen Prozess mit bedeutenden sozialen Implikationen in Gang. Wenn Sie nicht mehr umherziehen können, dann müssen Sie Ihren Speiseplan um Nahrungsmittel erweitern, die einen niedrigeren Nettoenergiegewinn bieten, als Sie es gewohnt sind. Wie wir gesehen haben, führte dies zur Entstehung der Landwirtschaft. Wenn Sie solche Nahrungsmittel mit niedrigerem Nettoenergiegewinn zu sich nehmen, müssen Sie mehr Zeit für die Nahrungssuche aufwenden – oder Sie müssen jemanden finden, der das möglichst kostengünstig für Sie erledigt, zum Beispiel Sklaven. Und Sie sind gezwungen, Zeit in die Entwicklung von Technologien zu investieren, die Sie für die Ernte und Verarbeitung der neuen Nahrungsmittel brauchen, um deren Nettoenergiegewinn zu steigern, beispielsweise Technologien zum Ernten und Mahlen von Saatgut. Man stellt sich das Leben nomadischer Jäger und Sammler meistens als schrecklich mühselig vor – sie lebten von der Hand in den Mund und waren quasi ständig auf Nahrungssuche. Sicher, eine solche Lebensweise ist nicht gerade einfach, aber es ist mitnichten so, dass den sesshaften Menschen alles einfach so zufiel. Sie mussten verdammt hart arbeiten.

Wenn nomadische Jäger und Sammler in Versorgungsschwierigkeiten geraten, dann ziehen sie weiter. Doch was tun Dorfbewohner? Wenn alle guten Standorte bereits besetzt sind, ist eine naheliegende Möglichkeit, bei einem benachbarten Dorf, dem es besser geht, um Hilfe zu bitten. Dies war an der Nordwestküste Nordamerikas der Fall. Die dortigen sesshaften Jäger und Sammler waren in hohem Maße auf die herbstlichen Lachswanderungen angewiesen, um sich für den Winter mit Nahrung zu versorgen. In manchen Gegenden gab es ständig große Mengen an Lachs, doch einige kleinere Flussläufe waren nicht ganz so stark frequentiert, und die Zahl der Lachse variierte von Jahr zu Jahr. Das Problem ist, dass jene, die an kleineren Flüssen wohnten, regelmäßig die Hilfe jener benötigten, deren Dörfer sich an den Mündungen der großen Flüsse befanden. Doch das Gegenteil war selten der Fall.

Wenn Sie die Bewohner eines anderen Dorfes mitversorgen müssen, bleibt unweigerlich weniger für Sie übrig. Warum also sollten Sie das tun? Warum sagen Sie nicht einfach: »Wenn sie kein Brot haben, sollen sie doch Kuchen essen«? Ich würde nur allzu gerne glauben, dass das Dorf mit dem besseren Standort seinen Nachbarn etwas abgibt, weil dort gutherzige Menschen wohnen. Der wahre Grund ist jedoch, dass hungernde Menschen verzweifelt sind, und verzweifelte Menschen tun verzweifelte Dinge. Zum Beispiel könnten sie einen angreifen. Andere mitversorgen verhindert Gewalttaten.

Und wenn Sie andere mitversorgen, dann können Sie kontrollieren, was jene bekommen. Nichts und niemand kann Sie zwingen, den anderen genauso viel zu geben, wie Sie selbst verbrauchen. (Menschen, die Gefahr laufen zu verhungern, sind mit sehr wenig zufrieden.) Dennoch müssen die Wohltäter ihrem Gegenüber irgendwie erklären, wieso es zu dieser ungleichen Verteilung kommt. Sie könnten zum Beispiel darauf hinweisen, dass ihre Bittsteller schlecht gewirtschaftet haben, dass sie faul oder dumm sind – nach dem Motto: »Wer käme auf die Idee, sich an einem so kleinen Bach niederzulassen?« – »Warum habt ihr euch nicht besser bemüht, mehr Nahrungsmittel zu lagern?« – »Ihr habt unsere Hilfe zwar nicht verdient, aber wir sind so gute Menschen, dass wir euch etwas abgeben.« Mit steigendem Bevölkerungswachstum wiederholt sich dieser Prozess immer öfter, sowohl zwischen Dörfern als auch innerhalb von Dörfern.

Im vorigen Kapitel haben wir die großen Feste an der amerikanischen Nordwestküste kennengelernt, die eine ganz spezielle Art und Weise darstellen, mit solchen Situationen umzugehen. Das Überreichen von Nahrung und Geschenken soll die Besucher in Verlegenheit bringen und sie daran erinnern, wer der Stärkere ist. Ein solches Fest verschafft dem Häuptling des Dorfes Prestige, weil jeder im Dorf weiß, dass er gerade die Konkurrenten gekauft oder verwarnt hat. Dieser Prozess setzte eine Entwicklung in Gang, die zu der sozialen Ungleichheit führte, die heute die Welt bestimmt. Die Elite eines Staates muss sich und anderen nach wie vor »erklären«, warum sie mehr besitzt als andere. Die Glaubenssysteme, die für diese Ungleichheit verantwortlich sind, nennen Anthropologen *Ideologien*. Sie gestatten viele verschiedene Spielarten der Gewalt, vom Verweigern der Grundrechte bis hin zu Krieg und Sklaverei. Um eine soziale Ordnung aufrechtzuerhalten, die für sie selbst von Nutzen ist, muss die Elite vermitteln, dass sie besser ist als 147 der »Pöbel« vor den Toren von Versailles, des Tower of London oder der Verbotenen Stadt. Dass sie von Natur aus zivilisierter, religiöser, intelligenter ist ... kurzum: dass sie es verdient hat, mehr zu besitzen als die anderen. Archäologische Funde beweisen, dass keine staatlich organisierte Gesellschaft der Welt davor gefeit war, einen Teil ihrer Bevölkerung zu unterdrücken. Viele Menschen wurden versklavt, und Frauen wurden gegen ihren Willen verheiratet, um politische Allianzen zu bilden. Aber Rassismus und Sexismus liegen nicht in der Natur des Menschen. In der Altsteinzeit gab es so etwas nicht. Es sind Ideologien, die mit der Entstehung der Staaten aufkamen.[23] Sie sind ebenso furchtbar, wie ihre Auswirkungen real sind.

In der Ideologie der Staaten nahm die Religion eine neue Rolle ein. Eine Möglichkeit, soziale Ungleichheit zu rechtfertigen, besteht darin, den Herrschaftsanspruch Einzelner damit zu begründen, dass die Götter sie dazu bestimmt haben, sich über die anderen zu erheben. Wer hätte beweisen können, dass Ramses *nicht* von einem Gott abstammte? Oder dass der Papst *nicht* der Stellvertreter Gottes auf Erden ist? Jahrhundertelang haben in Europa Katholiken und Protestanten einander bis aufs Blut bekämpft. Dass heute religiöse Fundamentalisten verschiedener Lager versuchen, sich in die Politik ihrer Länder einzumischen, ist nichts weiter als die Fortsetzung einer uralten Praxis.

In Ihrem Kinosessel in der Stratosphäre können Sie fünftausend Jahre lang beobachten, wie sich das Drama entfaltet. Einige Begleiterscheinungen sind positiv: Schrift, Mathematik, Astronomie, Physik, Metallverarbeitung, Glasherstellung, Architektur, Schiffbau – die Grundlagen aller Technologien, die heute unser Leben erleichtern. Andere Begleiterscheinungen sind ganz furchtbar: Massaker, Armut, Sklaverei, Gefängnisse, Schulden, Krieg. Mächtige Staaten gehen unter; Kriege werden gewonnen und verloren; Imperien expandieren und schrumpfen wieder. Die Menschen sind heute Sklaven und morgen Sklavenhalter, heute reich und morgen arm, heute Gewinner und morgen Verlierer.

In den letzten vier Kapiteln haben wir die vier großen Wendepunkte der Menschheitsgeschichte kennengelernt. Im Nachhinein können wir feststellen, dass grundlegende Neuerungen in den materiellen Hinterlassenschaften des Menschen und seiner Odyssee auf Erden – Steinwerkzeuge, Kunst, Bestattungen, Dörfer, Kulturpflanzen, aufwendige Gräber, Stadtmauern, Tempel, Paläste usw. – stets auf dramatische Veränderungen der Art und Weise hindeuten, wie die Menschen miteinander umgingen. Sollte es das jetzt gewesen sein? Sind wir am Ende der Geschichte angelangt? So viel sich in den vergangenen zehntausenden Jahren verändert hat – kann es sein, dass jetzt alles so ist, wie es für immer sein wird? Das ist eine durchaus berechtigte Frage. Um sie zu beantworten, müssen wir einen genaueren Blick auf die jüngste Vergangenheit werfen, auf die Zeit nach der Entstehung der Staaten, und uns fragen: Hat es *aus archäologischer Sicht* eine weitere bedeutende Veränderung, einen weiteren Wendepunkt gegeben?

Kapitel 7

Nichts ist für immer:
Der fünfte Umbruch

Wer die Zukunft vorhersagen will, der muss die Vergangenheit studieren.

KONFUZIUS

Es waren die Paviane. Die Paviane, die in die Dunkelheit starrten. Man erwartet von Anthropologen, dass sie nichts, was Leute tun, *seltsam* finden, sei es, dass sie in Trance mit Waldgeistern reden, mit den exhumierten Leichnamen ihrer Angehörigen tanzen oder vollkommen außer sich verfolgen, wie ein Haufen Männer in kurzen Hosen einem Ball hinterherläuft. Doch wenn man sich privat mit Anthropologen unterhält, wird man feststellen, dass sie alle hin und wieder auf etwas stoßen, das sie ihre professionelle Distanz vergessen lässt. Das dafür sorgt, dass sie mit dem Kopf schütteln und murmeln: »Das ist wirklich seltsam.« Bei mir waren es die Paviane.

Ich meine damit keine pelzigen Affen, die in der warmen afrikanischen Sonne herumlaufen. Nein, ich meine die kalten, toten Paviane in den Katakomben von Tuna el-Gebel am Nil.

In Tuna el-Gebel befindet sich unter dem Grab des Petosiris ein Labyrinth von Katakomben, das Thot gewidmet ist, dem ägyptischen Gott des Mondes, der Schrift, der Magie und der Wissenschaft. Wer durch die dunklen Gänge geht, wird feststellen, dass die Wände mit Nischen übersät sind, in denen sich winzige hölzerne Särge befinden. Und leuchtet man mit der Taschenlampe in einen der seitlichen Durchgänge hinein, gleitet der Lichtschein über tausende solcher Särge. Einige sind aufgebrochen, und man kann die mumifizierten Überreste von Ibissen sehen, Vögeln mit langen, geschwungenen Schnäbeln und langen, dünnen Beinchen. Der Ibis war eines der Symboltiere des Thot. Jeder weiß, dass die alten Ägypter Menschen einbalsamierten, aber hätten Sie gewusst, dass sie das auch mit Käfern, Katzen, Fischen, Krokodilen, Ibissen und Kühen taten? Sie mumifizierten sogar einen Elefanten.

Später stoßen Sie auf einen Durchgang, an dessen hinterem Ende sich ein steinerner Sockel befindet, auf dem die Skulptur eines Pavians steht, der auf den Hinterbeinen sitzt, die Hände ruhen auf den Knien. Wenn Sie darauf zugehen, wird Ihnen auffallen, dass die Wände mit mehreren besonders elaborierten Nischen versehen sind. Alle sind zugemauert, bis auf eine, und in der hockt auf einem Sockel ein weiterer Pavian, aber dieser ist nicht aus Stein, sondern einbalsamiert. Und Sie werden sich fragen, ob hinter jeder dieser zugemauerten Nischen ein solcher Pavian sitzt und für alle Ewigkeit in die Dunkelheit starrt. »Seltsam«, werden Sie murmeln. »Was haben sich die Ägypter bloß dabei gedacht?« (Natürlich waren die alten Ägypter nicht seltsamer als wir. Man muss sich nur auf sie einlassen. Und genau das ist die Aufgabe von Archäologen: sich auf andere Welten einzulassen.)

Stellen Sie sich vor, Sie reisen 15 000 Jahre in die Vergangenheit und sitzen nachts mit einem Jäger am Lagerfeuer. Sie deuten auf den Mond und erzählen Ihrem Begleiter, eines Tages würden Menschen in einer mit flüssigem Wasserstoff angetriebenen Rakete aus Metall dorthin reisen, weil der gewählte Präsident einer demokratischen Nation dem Volk versprochen hatte, er werde dafür sorgen, dass genau das passiert. Der Jäger wird Sie durch die Flammen hindurch verwundert anschauen und fragen: »Was ist denn Metall?« Und es wird nicht nur die Technologie sein, die er sich nicht vorstellen kann. Er wird auch keine Ahnung haben, was Wahlen, Demokratie, Präsidenten und Nationen sind. Und da fragen wir uns noch, ob die Zukunft etwas bereithält, das wir uns heute noch nicht vorstellen können?

In den letzten vier Kapiteln haben wir gesehen, wie wir Menschen immer wieder aufs Neue zu etwas ganz anderem wurden, als wir zuvor waren. Die Primaten auf den Bäumen hatten niemals die Absicht, Homininen zu werden, die auf zwei Beinen liefen, Werkzeuge trugen und Tiere jagten. Und diese Homininen hatten niemals die Absicht, Menschen zu werden, die Symbole verwendeten, Geschichten erzählten und

Geister beschworen. Die Jäger und Sammler hatten niemals die Absicht, Landwirte zu werden, und die Landwirte hatten niemals die Absicht, Untertanen eines unersättlichen Reiches zu werden. Im Laufe der Geschichte haben wir stets versucht, die Besten zu sein: die besten Baumbewohner, die besten Werkzeugnutzer, die besten Jäger und Sammler, die besten Bauern und Dorfbewohner. Und im Zuge dessen verwandelten wir uns stets in etwas anderes.

Kann es sein, dass das Gleiche jetzt gerade wieder passiert? Verwandeln wir uns, indem wir versuchen, die beste industrielle, die beste kapitalistische und die am besten verteidigte Gesellschaft zu sein, wieder in etwas völlig anderes?

Es ist schwer, einen Wendepunkt zu erkennen, wenn man selbst Teil davon ist. Kein Bewohner eines steinzeitlichen Dorfs ist eines Morgens aufgewacht und hat gesagt: »Hey, wir sind ja auf einmal alle Landwirte!« Aber aus archäologischer Sicht gibt es deutliche Anzeichen für solche unumkehrbaren Veränderungen. Wir wissen zum Beispiel, dass die früheren Wendepunkte von deutlichen physischen Spuren begleitet waren, die wir auf dem Planeten hinterlassen haben – in Form von Steinwerkzeugen, Höhlenkunst, Nutzpflanzen und Tempelanlagen.

Wenn wir uns vorstellen, wie die Archäologie in zehntausend Jahren auf uns zurückblicken wird, wenn unsere Gegenwart die »Vor- und Frühgeschichte« ist, dann wird sie, wie ich glaube, für die Zeit um 1500 herum einen weiteren Wendepunkt identifizieren – den Beginn der europäischen Kolonisation, der industriellen Revolution, des Kapitalismus, der Globalisierung. So viel seither auch passiert ist: Wir wollen die vergangenen fünfhundert Jahre hier, wie Archäologen es für gewöhnlich tun, als einen großen Zeitabschnitt betrachten. Dabei werden wir nach ähnlichen materiellen Veränderungen suchen, wie sie es Archäologen gestatten, die Basketmaker- von der Pueblo-I-Kultur zu unterscheiden (falls Sie sich noch an Kapitel 2 erinnern). Ich glaube, meine Kolleginnen und Kollegen im Jahr 12 000 n. Chr. werden einige bedeutende materielle Neuerungen unserer Zeit entdecken.

Vielleicht werden sich die Archäologen zuerst mit dem Meer beschäftigen, wo Schiffswracks die Anwesenheit des Menschen bezeugen. Wenn

153

sie sie datieren, werden sie ein paar frühe Exemplare auf dem Grund des Mittelmeers und vor der Küste Chinas finden. Doch weitaus mehr Wracks, viele Tausende, stammen aus der Zeit ab 1500: mit Silber beladene spanische Galeonen, Walfänger (wie die 33 Schiffe, die 1871 vor der Küste von Alaskas sanken) und moderne Schiffe wie die *Endurance* des Polarforschers Ernest Shackleton, die *Bismarck*, die *Lusitania* oder die *Arizona*. Viele liegen in großer Tiefe und weit entfernt vom nächsten Ufer, wie die *Titanic*. Für die Archäologen der Zukunft werden diese gesunkenen Schiffe ein ganz neues Kapitel in der materiellen Kultur der Menschheit darstellen.

Als Nächstes werden die Archäologen möglicherweise in den Himmel schauen. Die ältesten menschlichen Artefakte im Weltraum datieren auf das frühe 21. Jahrhundert. Vielleicht werden die Archäologen auch in zehntausend Jahren noch Artefakte finden, die die Erde umkreisen. Laut NASA gibt es im Orbit derzeit mehr als 21 000 Objekte mit einer Größe von über zehn Zentimeter, etwa eine halbe Million Objekte, die zwischen einem und zehn Zentimeter groß sind, und hundert Billionen kleinere Objekte wie Farbpartikel. Und selbst wenn all diese Objekte bis dahin in der Atmosphäre verbrannt sind, werden Archäologen noch zahlreiche Artefakte auf dem Mond finden, unter anderem die sowjetische Raumsonde Lunik 2 und mehrere Landeplätze, Mondfahrzeuge und elektronische Geräte der NASA. Zweifellos werden sie den Kopf schütteln, wenn sie dort Flaggen, Kameras und Raumanzüge vorfinden, Hämmer und Zangen, Beutel mit Kot, Urin und Erbrochenem, ein Uhrenarmband und eine Krawatte, eine Bibel, eine Falkenfeder, einen Speer, 2-Dollar-Scheine, Golfbälle und eine sieben Zentimeter große Statuette. Menschliche Artefakte gibt es nicht nur auf dem Mond, sondern auch auf dem Mars und sogar auch auf einem Kometen.

Im Handel zeigt sich ebenfalls eine wichtige Veränderung. Die Archäologen werden feststellen, dass die Menschen zwar bereits Jahrtausende lang innerhalb einzelner Kontinente miteinander Handel getrieben hatten, dass es ab 1500 aber auch einen Warenverkehr zwischen den Kontinenten gab. In Spanien hergestellte Objekte tauchten in nordamerikanischen Pueblos, in den Anden, auf den Philippinen und auf Guam auf; Produkte asiatischer Manufakturen gelangten nach Nordamerika,

Afrika und Europa. Archäologen werden die Überreste der Transport-technologie (Flugzeuge, Züge, Schiffe) und der dazugehörigen Hilfstech-nologien (Häfen, Bahnhöfe, Flughäfen) finden. Sie werden feststellen, dass diese Technologie die Kontinente wirtschaftlich miteinander ver-netzte, und sie werden feststellen, dass die Kontinente buchstäblich mit Kabeln miteinander verbunden waren.[1]

Wenn sie auf Friedhöfen die Skelette untersuchen, werden die Ar-chäologen die menschlichen Gene (beispielsweise für die Hautfarbe) bis 1500 ziemlich genau einzelnen Regionen zuordnen können – dunkel-häutige Menschen lebten näher am Äquator, wo sie der hohe Melanin-gehalt der Haut vor der Sonne schützt. Nach 1500 findet man von Us-huaia (Argentinien) bis Tromsö (Norwegen) Überreste aller möglichen Menschen – ein Beweis für ein Ausmaß an menschlicher Migration, wie es die Welt nicht mehr erlebt hatte, seit sie zehntausend Jahre vorher von Jägern und Sammlern besiedelt worden war.

Bei einer Analyse der isotopischen Zusammensetzung menschlicher Skelette werden die Forscher für die Zeit ab 1500 ein ähnliches Phäno-men entdecken: Man ist, was man isst, und bis 1500 aßen die Menschen die Nahrung ihrer unmittelbaren Umgebung, daher enthielten ihre Knochen die Isotopensignaturen des Kohlenstoffs, Stickstoffs und Stron-tiums ihrer unmittelbaren Umgebung (anhand solcher Daten konnte man ermitteln, wo Ötzi zu Hause war). Doch seit Nahrungsmittel im-portiert werden, essen viele Menschen täglich Produkte aus aller Herren Länder. An dem Morgen, an dem ich hier in Wyoming diese Zeilen schreibe, habe ich bereits eine Banane aus Ecuador gegessen, Müsli aus schottischen Haferflocken, Joghurt aus der Milch von Kühen, die in der Nähe von New York City weiden, mit Vanille, die wahrscheinlich aus Madagaskar stammt, und ich habe Kaffee getrunken, der in Kolumbien angebaut wurde. Die Isotopensignaturen in meinem Skelett spiegeln nicht Wyoming wider, sondern die ganze Welt.

Die Archäologen werden auch Hinweise auf interkontinentale Krie-ge entdecken. Spanische Kriegsschiffe sind nicht nur vor der Küste Spa-niens gesunken, sondern auch in der Karibik, vor der Küste Südamerí-kas, bei Guam und vor den Philippinen. Die gleichen Artefakte aus dem Zweiten Weltkrieg, die die Archäologen vor den Küsten der Normandie

155

ausgraben werden, werden sie auch in Lagunen des Pazifiks finden, auf Iwojima und auf den Philippinen. Die Archäologen der Zukunft werden feststellen, dass Pflanzen, die nach 1945 gewachsen sind, eine besonders hohe Kohlenstoff-14-Konzentration aufweisen; vielleicht werden sie auch herausfinden, dass dies an den vielen oberirdischen Atombombentests liegt.

Vor allem aber werden die Archäologen des Jahres 12 000 feststellen, dass der Mensch ab 1500 mehr als je zuvor in die Natur eingegriffen hat. Im Jahr 1850 war Denver eine Kleinstadt mit wenigen Hundert Einwohnern in der Prärie am Fuße der Rocky Mountains. Gerade einmal 150 Jahre später – denken Sie daran, mit welchen Zeitspannen wir es sonst in diesem Buch zu tun haben! – hat sie 700 000 Einwohner und ist eingebettet in das Netz der »Front Range«-Städte, die sich über 133 Kilometer verteilen, von Fort Collins bis Colorado Springs, und in denen 4,5 Millionen Menschen leben.

Vielleicht werden die Archäologen auch herausfinden, dass im Jahr 2007 zum ersten Mal in der Geschichte der Menschheit die meisten Menschen in Städten lebten und nicht mehr in ländlichen Gebieten. Ein ganz charakteristisches Merkmal der heutigen Zeit sind die 28 Metropolen mit mehr als zehn Millionen Einwohnern (die größte ist Tokio mit 38 Millionen).

Tatsächlich debattieren Geologen seit Längerem, ob wir in einer neuen geochronologischen Epoche leben, dem *Anthropozän*.[2] Zum ersten Mal in der Weltgeschichte ist das Eingreifen unserer Spezies das Hauptmerkmal des Planeten. Belege dafür werden die Archäologen im enormen Anstieg der gewonnenen Energie finden, den die Ruinen von Kraftwerken, von Solar- und Windkraftanlagen bezeugen. Sie werden die Minen entdecken, die uns Energie lieferten: gewaltige offene Gruben, gekappte Berggipfel und kilometertiefe unterirdische Stollen. Vor 1500 findet sich überhaupt nichts Vergleichbares. Und auf dem archäologischen Zeitstrahl geschah all das quasi gleichzeitig.

Aus der Zeit ab 1500 stammen außerdem riesige Gebäude, die widerspiegeln, wie schnell die Bevölkerung wuchs. Die Cheops-Pyramide in Ägypten mit ihren 147 Metern war mehr als viertausend Jahre lang das höchste Bauwerk der Welt. Erst 1888 brachen die Amerikaner den

Rekord, mit dem 169 Meter hohen Washington Monument. Ab da tauchten quasi über Nacht immer höhere Bauwerke auf, vom 325 Meter hohen Eiffelturm (1889) über den 368 Meter hohen Berliner Fernsehturm (1969) bis zum 830 Meter hohen Burj Khalifa in Dubai (2009). Außerdem wird den Archäologen der Müll auffallen. Er ist überall. Sie werden im New Yorker Bezirk Staten Island die ehemalige Mülldeponie Fresh Kills Landfill entdecken, die bereits, bevor der Schutt des zerstörten World Trade Center dorthin gebracht wurde, eine der größten vom Menschen geschaffenen Strukturen der Welt war. Auch an der Küste Alaskas werden Archäologen tonnenweise Müll finden und feststellen, dass er mit der Meeresströmung von Asien aus dorthin kam. Vielleicht werden sie noch die Müllinsel im Nordpazifik vorfinden, die derzeit größer ist als die Ukraine; falls nicht, wird ihnen die hohe Dichte an Mikroplastik in den Ozeanen auffallen. In Ausgrabungsstätten könnte eine Schicht aus Plastiktüten das Anthropozän markieren, genau wie eine auffällige Schicht aus Iridium den Zeitpunkt des Meteoriteneinschlags markiert, der vor 66 Millionen Jahren die Dinosaurier tötete und das Zeitalter der Säugetiere einläutete.

Baumringe und andere Datenquellen werden anzeigen, dass im 21. Jahrhundert der Anteil des CO_2 in der Atmosphäre stieg, auf den höchsten Wert seit über 800 000 Jahren. Korallen werden die Versauerung der Meere bezeugen. Baumringe und Eiskerne werden den Archäologen verraten, dass die globale Durchschnittstemperatur stieg, und diesen Umstand werden sie ganz richtig mit Kohlekraftwerken, Verbrennungsmotoren und Nutztieren in Verbindung bringen. Spätestens dann wird niemand mehr bezweifeln, dass der Mensch am Klimawandel schuld war – zum ersten Mal in den sechs Millionen Jahren der Geschichte unserer Spezies.[3]

Vielleicht wird den Archäologen der Zukunft auch auffallen, in welchem Tempo sich die materielle Kultur nach 1500 veränderte. Was glauben Sie, wie viel sich zwischen 25 500 und 25 000 v. Chr. im Leben der steinzeitlichen Jäger und Sammler veränderte? Richtig: nichts. In den 500 Jahren zwischen 1500 und heute hingegen ist quasi nichts so geblieben, wie es war. Denken Sie allein daran, was sich vom Beginn des 20. Jahrhunderts bis heute alles verändert hat!

Als mein Vater 1925 in Pawtucket, Rhode Island, zur Welt kam, war die coolste Technologie der Reißverschluss (er wurde 1913 erfunden). Als er zwei Jahre alt war, wurde der Tonfilm erfunden, als er drei war, das Penicillin entdeckt. Sein Vater brachte per Doppeldecker Post von Pawtucket nach Boston. Der Eisschrank der Eltern meines Vaters wurde noch mit Eis gekühlt, das per Pferdewagen geliefert wurde. Er erinnert sich noch daran, dass er einen Ford Modell A per Hand ankurbelte. Und doch flog er später mit der Concorde und sah im Fernsehen der ersten bemannten Mondlandung zu.

Computer gab es noch nicht, als mein Vater geboren wurde. Vakuumröhren (1910) waren der letzte technologische Schrei, später wurden sie von den Transistoren abgelöst (1947), der coolen Technologie meiner Generation, die ihrerseits den Mikrochips weichen musste.[4] An der Uni schrieb ich Computerprogramme mit Lochkarten, und ich war der festen Überzeugung, mehr Technologie, als in meiner IBM-Selectric-Schreibmaschine steckte, würde ich niemals brauchen. Ich erinnere mich sehr gut an die Zeit vor dem Internet und den Handys, vor Apple und der »Cloud« – und ich bin gar nicht mal so alt! Wir haben uns inzwischen daran gewöhnt, dass jedes halbe Jahr neue technologische Entwicklungen auf den Markt kommen. Und doch hat es einen derart rapiden Wandel in der Geschichte der Menschheit noch nie gegeben.

Die Archäologen werden all diese Spuren, die der Mensch auf der Erde hinterlassen hat, betrachten und wissen, dass sie es mit einer Zeit zu tun haben, in der sich unser Leben ähnlich radikal veränderte wie damals beim Aufkommen der Technologie, der Kultur, der Landwirtschaft, der Staaten. Wir sind heute Zeitzeugen einer gewaltigen Transformation. Eines neuen Umbruchs.

In den vorangegangenen Kapiteln habe ich gezeigt, wie verschiedene Prozesse in menschlichen Gesellschaften signifikante Veränderungen bewirkt haben; wie der Mensch stets versuchte, sich darin auszuzeichnen, was er tat, und sich dabei am Ende in etwas völlig anderes verwandelte. Und wir haben gesehen, dass daran in erster Linie das Bevölkerungswachstum schuld war.

Den Archäologen der Zukunft wird nicht verborgen bleiben, dass die Weltbevölkerung Mitte des 19. Jahrhunderts zum ersten Mal eine Milliarde überschritt und dass die Wachstumsrate dank Fortschritten in der Medizin, im Gesundheitswesen und in der landwirtschaftlichen Industrialisierung ab da entscheidend zunahm.[5] Die Sterberate sank, aber die Fruchtbarkeit blieb gleich. Bis zum 19. Jahrhundert verdoppelte sich die Weltbevölkerung schätzungsweise alle 1700 Jahre, seit 1850 alle fünfzig Jahre.

Seit 1965 hat sich das Bevölkerungswachstum in den Industrienationen verlangsamt,[6] doch die Weltbevölkerung wird im Laufe dieses Jahrhunderts dennoch weiter steigen. Schätzungen der Vereinten Nationen zufolge wird die Weltbevölkerung bis 2070 auf 10,3 Milliarden steigen, was die meisten Leute, die heute jung sind, noch erleben dürften. Nach 2100 wird sie voraussichtlich wieder sinken, da immer mehr Nationen einen höheren Lebensstandard erreichen, was automatisch bedeutet, dass die Geburtenrate sinkt.[7]

Wenn wir uns die Weltgeschichte anschauen, stellen wir fest, dass schon ein geringes Bevölkerungswachstum ausreicht, damit es zum Kampf um Ressourcen kommt. Weil es in den Wäldern vor sechs Millionen Jahren zu viel Konkurrenz gab, kletterten einige Affen von den Bäumen und überquerten auf zwei Beinen die Savanne. Diese abenteuerlustige Homininen-Population war erfolgreich, und Angehörige der Gattung *Homo* breiteten sich in ganz Afrika aus. Sie lernten, kooperative Allianzen einzugehen, um zum Beispiel Dürreperioden zu überstehen, und umso stärker vermehrten sie sich. Einige verließen Afrika, traten mit anderen Homininen wie den Neandertalern in Konkurrenz und setzten sich durch. Ihr Erfolg führte zu einem Kampf um Lebensraum, der in der Entstehung der Landwirtschaft resultierte. Die Landwirte waren an ihr Land gebunden, und einige stellten fest, dass sie die Ressourcen und Arbeit anderer brauchten, um zu überleben. Als einfallsreiche, kulturbegabte Wesen entwickelten sie Ideologien, mit denen sie rechtfertigen, dass ausgerechnet sie dazu bestimmt waren, ihre Welt zu kontrollieren und ihre Nachbarn zu unterjochen.

Aus der Erkenntnis, dass das Bevölkerungswachstum bei den bisherigen Wendepunkten der Menschheitsgeschichte eine entscheidende

Bedeutung gespielt hat und dass es sich in diesem Jahrhundert weiter
fortsetzen wird, ergibt sich nur eine logische Schlussfolgerung: Ein weiterer dramatischer Wandel im Zusammenleben der Menschen steht unmittelbar bevor. Die materielle Bilanz der vergangenen fünfhundert
Jahre ist ein weiteres Indiz dafür. Dieser Wendepunkt markiert das Ende
der Welt, wie wir sie kennen. Aber keine Angst: Die bisherigen Wendepunkte haben wir ja auch ganz gut gemeistert.

Was mag Umbruch Nr. 5 uns bringen? Ein altes dänisches Sprichwort
besagt: »Triff niemals Vorhersagen, vor allem nicht über die Zukunft.«[8]
Das ist ein weiser Ratschlag, denn solche Prognosen liegen erfahrungs-
gemäß selten richtig. Wie der Informatiker Alan Kay einmal anmerkte:
»Die Zukunft lässt sich am besten vorhersagen, indem man sie gestal-
tet.«[9] Deshalb werde ich im Folgenden auch nicht behaupten, dass dies
und das geschehen *wird*, aber ich werde auf Basis unserer Erkenntnisse
der bisherigen Menschheitsgeschichte diverse Trends beschreiben, die
gemeinsam darauf hindeuten, was geschehen *könnte*.

Für die meisten Leute ist »Zukunft« gleichbedeutend mit technolo-
gischem Fortschritt – selbstfahrende Autos, intelligente Drohnen, im-
plantierte Technologie … Wer weiß, was uns alles erwartet? Vielleicht
kaufen wir über ein Konto ein, das mit unserer DNA verknüpft ist, wie
David Poyer es in seinem Roman *Stepfather Bank* beschreibt, oder wir
injizieren uns Nanobots, um Krankheiten zu heilen, wie es der Erfinder
und Autor Ray Kurzweil prognostiziert.[10] Ich finde, neurologisch integ-
rierte Prothesen wären etwas Wunderbares, und ich hätte gerne ein Gerät, das mir Informationen direkt ins Gehirn lädt (à la *Matrix*). Andere
freuen sich darauf, dass Mensch und Maschine eins werden (wie bei den
Borg, einer besonders gefürchteten Zivilisation in *Star Trek*).

Doch obgleich die Technologie auch in Zukunft selbstverständlich
ein wesentlicher Bestandteil unseres Lebens sein wird, interessiere ich
mich als Archäologe mehr dafür, wie sich das Miteinander der Menschen und ihr Verhältnis zueinander verändern. Die eigentliche Herausforderung für uns liegt nicht etwa in neuen Technologien, sondern in
neuen Organisationsformen. Wir könnten an dieser Stelle über vielerlei
diskutieren, aber ich möchte mich auf eine Frage konzentrieren, die

schon lange viele Menschen umtreibt: Werden wir irgendwann eine Weltregierung haben?

Üblicherweise beschwört der Begriff »Weltregierung« düstere Szenarien herauf – schwarze Hubschrauber und eine Gedankenpolizei, Ray Bradburys *Fahrenheit 451*, George Orwells *1984* oder Philip K. Dicks *Minderheiten-Bericht*.[11] Ist an solchen dystopischen Visionen etwas dran, oder können wir uns eine solche Weltregierung im Zeitalter der Nationalstaaten einfach nur genauso wenig vorstellen wie ein steinzeitlicher Jäger Metallwerkzeuge oder eine Reise zum Mond?

Sozialwissenschaftler versuchen immer wieder vorherzusagen, wann wir eine Weltregierung bekommen werden. Dazu analysieren sie, wie sich im Laufe der Zeit die Größe politischer Einheiten verändert. Vor dem Zusammenbruch der Sowjetunion schien es nur einen Trend zu geben: Die Größe der größten politischen Einheit (man könnte auch sagen: des größten Landes) wuchs und wuchs. Die logische Weiterentwicklung dieses Trends ließ Forscher annehmen, dass die Erde über kurz oder lang von einer einzigen politischen Entität regiert werden würde – vielleicht in ein paar Hundert, vielleicht auch erst in ein paar Tausend Jahren.[12]

Aber die Zeit allein ist niemals die Ursache tiefgreifender Veränderungen. Wie wir in den vorangegangenen Kapiteln gesehen haben, sind es die Technologie, das Klima, die Umwelt und insbesondere das Bevölkerungswachstum, die solche Veränderungen initiieren. Und die Zahl der Menschen auf der Erde steigt exponentiell. Abbildung 4 zeigt die Größe der jeweils größten politischen Einheit in den vergangenen dreitausend Jahren relativ zur geschätzten Weltbevölkerung. (Für die Zeit vor 1000 v. Chr. haben wir keine verwertbaren Daten, aber wir wissen, dass die früheren politischen Entitäten eher klein waren.) Eine Weltregierung würde über etwa 133 Millionen Quadratkilometer herrschen (die gesamte Landmasse abzüglich Grönland und der Antarktis). Hätte man diese Daten analysiert, als die Weltbevölkerung unter drei Milliarden lag, so hätte sich eine überraschende Schlussfolgerung ergeben: Wir müssten eine Weltregierung bekommen, wenn auf der Erde 7,6 Milliarden Menschen leben, also – jetzt.[13]

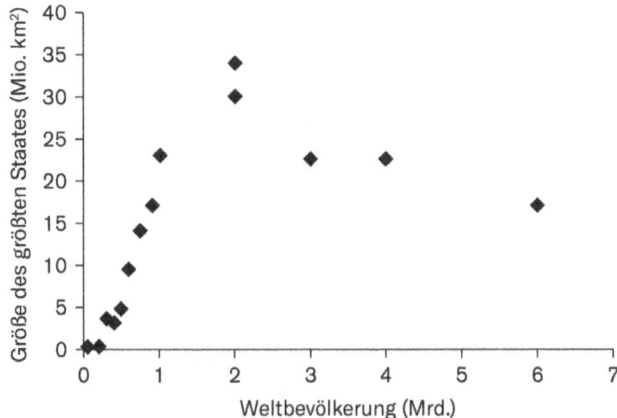

Abbildung 4. Das Verhältnis zwischen dem Wachstum der Weltbevölkerung und der Größe der größten politischen Einheit (»Staat«) in den letzten dreitausend Jahren. Dass die Größe des größten Staates abgenommen hat, seit die Weltbevölkerung die Zwei-Milliarden-Marke erreicht hat, liegt unter anderem am Zusammenbruch der Sowjetunion. Daten der Y-Achse von Carneiro (2004), Peregrine, Ember & Ember (2004), Roscoe (2004) und Taagepera (1978).

Doch man kann solche Vorhersagen niemals auf Basis eines simplen empirischen Musters treffen, und die Zahlen zeigen, warum: Die Größe der größten politischen Einheit hat im Zuge des jüngsten Anstiegs der Weltbevölkerung abgenommen. Ende des 20. Jahrhunderts *stieg* die Zahl der Regierungen, da die Kolonialmächte ihre letzten Kolonien in die Unabhängigkeit entließen, die Sowjetunion zusammenbrach und diverse Länder wie der Sudan, Jugoslawien und Tschechoslowakei sich aufteilten. Heute gibt es 196 unabhängige Staaten;[14] rechnet man die Entwicklung seit den 1990er-Jahren hoch, werden es gegen Ende des Jahrhunderts über 300 sein. Doch können die letzten paar Jahrzehnte einen Trend umkehren, der sich über dreitausend Jahre beobachten lässt? Oder sind sie nur ein »Ausreißer«?

Unsere Untersuchungen zur Vor- und Frühgeschichte haben uns gelehrt, die unsichtbaren, aber durchaus signifikanten Prozesse auszumachen, die hinter dieser Grafik stecken. Dabei handelt es sich um Prozesse, die eine bestehende Anpassung aufrechterhalten wollen, dabei aber bereits den Keim eines transformativen Wandels enthalten. Drei Prozesse sind es, die diese scheinbar widersprüchlichen Trends des 20. Jahrhunderts bestimmen, und alle drei weisen in Richtung Weltregierung: der Kapitalismus mit seiner Suche nach billigen Arbeitskräften, das Wettrüsten und die Globalisierung menschlicher Kultur.

Der Kapitalismus ist eine logische Folge unseres uralten evolutionären Bestrebens, unser Überleben zu sichern. Menschen versuchen, ihr Überleben zu sichern, indem sie sicherstellen, dass für ihre Grundbedürfnisse gesorgt ist. In kapitalistischen Systemen bedeutet das, Gewinne zu maximieren. Die Arbeit ist bei der Herstellung von Waren einer der höchsten Kostenfaktoren; um seine Gewinne zu maximieren, muss der Hersteller also die Arbeitskosten senken. Eine Möglichkeit, die Arbeitskosten zu senken, ist Technologie. Die Industrielle Revolution war ein großer technologischer Schritt nach vorne. James Watts Dampfmaschine steigerte die Produktivität und die Gewinne beispielsweise in der Textilindustrie, als Fabrikbesitzer Arbeitskräfte durch Maschinen ersetzten.[15] Der Kapitalismus setzte einen Prozess der Mechanisierung in Gang, der mit der Einrichtung von Fließbändern begann und mit den modernen Fertigungsrobotern sicherlich längst nicht abgeschlossen ist.

Verstehen Sie mich bitte nicht falsch. Ich habe während meines Studiums eine Zeit lang bei einer Zeitung gejobbt und stand dabei an der Druckmaschine, und hatte hinterher wenig Lust, jemals wieder eine solch langweilige, sich ständig wiederholende, ermüdende Arbeit zu verrichten. Der Nachteil dabei, Menschen durch Maschinen zu ersetzen, besteht natürlich darin, dass jene, die davor »bewahrt werden«, diese Tätigkeiten fortan auszuführen, anderswo ihren Lebensunterhalt verdienen müssen. Die kapitalistische Industrie verdrängt die Menschen auf eine ähnliche Weise, wie damals manche Affen gezwungen wurden, von den Bäumen zu steigen. Zwischen 1500 und 1800 sank allein in Großbritannien der Anteil der Bevölkerung, der in der Landwirtschaft tätig war, von 75 auf 35 Prozent.[16] Je mehr Menschen vom Staat angestellt wurden (zum Beispiel als stehendes Heer), desto effizienter musste wiederum die Landwirtschaft arbeiten, was den dortigen Bedarf an Arbeitskräften noch weiter senkte. In den Industrienationen liegt der Prozentsatz der Menschen, die an der Nahrungsmittelproduktion beteiligt sind, seit vielen Jahren nur noch im einstelligen Bereich.

Früher sorgte der technologische Fortschritt dafür, dass die freigesetzten Arbeitskräfte anderswo eingesetzt wurden, meistens nach einer Zwischenphase, in der sich die Wirtschaft neu organisierte. Manche Ökonomen befürchten allerdings, dass sich dieser Trend nicht weiter fortsetzen wird. Im Jahr 2015 lag die Erwerbsquote in den USA, also der Anteil der Erwerbstätigen an der Gesamtbevölkerung, so niedrig wie seit 1978 nicht, und viele Erwerbstätige haben nur Teilzeitjobs oder gehen einer unterbezahlten Beschäftigung nach.[17] Es bleibt abzuwarten, inwieweit der Strukturwandel von der Fertigungs- zur Dienstleistungsindustrie, der Ende des 20. Jahrhunderts begann, noch zu einer Massenarbeitslosigkeit führen wird.

Neben der Automatisierung bediente sich der Kapitalismus auch schändlicherer Methoden, um Arbeitskosten zu senken, wie Sklaverei, Kinderarbeit und Schuldknechtschaft. Die Wirtschaft der amerikanischen Südstaaten, die die Textilfabriken mit Baumwolle belieferten, war auf die Arbeitskraft von Sklavinnen und Sklaven angewiesen. Bis Mitte des 19. Jahrhunderts war Kinderarbeit in Großbritannien in der Textil- und Kohleindustrie ein bedeutender Faktor. Zu Beginn des 20. Jahrhunderts sorgten Bergbauunternehmen in den USA dafür, dass sich ihre Arbeiter verschuldeten und de facto Zwangsarbeit leisteten, und Streiks führten oft zu blutigen Auseinandersetzungen, wie 1914 in Ludlow, Colorado.

Schließlich sorgten Gewerkschaften und Gesetze zum Arbeitnehmerschutz dafür, dass Arbeit besser bezahlt wurde. Die logische Folge war, dass Unternehmen ihre Fertigung ins Ausland verlagerten, wo Arbeitskräfte billiger waren. In den Vereinigten Staaten begann man damit im großen Stil nach dem Zweiten Weltkrieg, als insbesondere die Elektronikindustrie einen Teil ihrer Produktion unter anderem nach Japan auslagerte.[18] Dank des Internets lassen sich heute sogar Dienstleistungen outsourcen: Westliche Firmen schicken ihre Unterlagen an Buchhalter in Indien, wo sich inzwischen auch zahlreiche Callcenter westlicher Unternehmen befinden.[19]

Trotz aller Bemühungen, die Arbeitskosten zu senken, hebt der Kapitalismus langsam, aber stetig den Lebensstandard aller Beteiligten. Seit dem Zweiten Weltkrieg ist in Japan, Singapur, Südkorea und zuletzt auch in Indien und China die Mittelschicht deutlich gewachsen. Doch mit dem Lebensstandard steigen auch wieder die Arbeitskosten. Wenn dies geschieht, maximieren Unternehmen ihren Gewinn, indem sie sich die nächst billigeren Arbeitskräfte suchen. Der Kapitalismus funktioniert mithin, solange es irgendwo noch einen Fundus billiger Arbeitskräfte gibt. Aber da die Welt endlich ist, wird es irgendwann keine billigen Arbeitskräfte mehr geben. Teile Asiens und weite Teile Afrikas sind in dieser Hinsicht noch nicht erschlossen, aber das wird sich in den kommenden Jahrzehnten ziemlich schnell ändern. Tatsächlich erlebt gerade Afrika derzeit einen enormen Kapitalzufluss (vor allem aus China).[20]

Vielleicht verlagert sich der Kapitalismus auf Bereiche, die sich nicht so leicht outsourcen lassen, wie Tourismus oder bestimmte Dienstleistungen (Kinderbetreuung, Hospize, Gesundheitsfürsorge), und auf Branchen, die korrigieren sollen, was der Mensch dem Planeten antut – Recycling, Umnutzung von Müll, Installation erneuerbarer Energien im Haushalt, Sanierung der Umwelt. Dennoch bleibt die Frage: Was wird aus dem Kapitalismus, wenn es auf der Welt keine billigen Arbeitskräfte mehr gibt?

Das Wettrüsten begann nicht mit dem Kalten Krieg, sondern vor etwa fünftausend Jahren, mit dem Aufkommen staatlich organisierter Gesellschaften. Ihr Feind baut einen Speer, also bauen Sie einen Schild. Er baut eine Armbrust, also bauen Sie eine Burg. Er baut ein Katapult, also bauen Sie eine Kanone. Er baut Maschinengewehre, also bauen Sie Panzer. Er baut U-Boote und Langstreckenbomber, also bauen Sie Atomwaffen.

Diese Eskalation kommt alle Beteiligten teuer zu stehen. Ein Pfeil und ein Bogen sind noch billig; eine Burg ist schon deutlich teurer. Das Jagdflugzeug P-51 Mustang, das die Amerikaner 1944 bauten, kostete (umgerechnet auf heute) etwa 675 000 Dollar. Man rechnete durchaus damit, dass das eine oder andere Exemplar abgeschossen wurde.[21] Das neueste Kampfflugzeug, der F-35, kostet 135 Millionen Dollar pro Stück, der Tarnkappenbomber Northrop B-2 sogar über 800 Millionen Dollar. Summen wie diese lassen sich nicht so einfach abschreiben; man müsste eigentlich Angst haben, solch ein Gerät überhaupt zu benutzen. Der Unterhalt für ihr (bereits reduziertes) Arsenal an Atomwaffen kostet die USA Jahr für Jahr etwa zwanzig Milliarden Dollar, die Kriege im Irak und in Afghanistan schlugen mit fast zwei Billionen Dollar zu Buche.[22] Die Kosten für Waffensysteme und Kriege steigen ständig, und das seit fünftausend Jahren. Und doch sind viele dieser kostspieligen Mordinstrumente bereits veraltet, bevor sie benutzt werden. Ich wohne rund siebzig Kilometer von einem alten Atomraketensilo entfernt, das inzwischen außer Betrieb ist. Es wurde demontiert und mit Beton gefüllt, ohne dass auch nur eine einzige Rakete daraus abgefeuert wurde.[23]

Teure Militärtechnologie soll Aggressoren abschrecken. Dennoch weist James Fallows ganz richtig darauf hin, dass die Technologie heute der wichtigste Vorteil des US-Militärs ist: »Die Geschichte der ›langen Kriege‹ im Anschluss an den 11. September ist von vorübergehenden militärischen Erfolgen der USA geprägt, die sie aufgrund ihrer technologischen Überlegenheit errangen. Doch improvisierte Waffen, sektiererische Ressentiments und wachsende Feindseligkeiten sorgten dafür, dass keiner dieser Erfolge von Dauer war.«[24] Ich will hier gar nicht Partei für die Kriegstreiber ergreifen, aber man fragt sich letztlich doch, warum die USA nie die volle Kraft ihres Militärs einsetzen. Warum haben sie den Irak nicht »zurück in die Steinzeit gebombt«? Warum haben sie in Afghanistan keine Atomwaffen eingesetzt?

Aus zwei Gründen: Erstens wäre es extrem teuer gewesen, dort hinterher wieder für Ordnung zu sorgen, und zweitens aufgrund eines ganz bedeutenden Paradigmenwechsels in der westlichen Welt: Man wünscht sich in erster Linie Frieden; die Öffentlichkeit würde heute kein Szenario mehr akzeptieren, bei dem es ähnlich viele Opfer zu beklagen gäbe wie bei der Landung der Alliierten in der Normandie. Das Gleiche gilt für Kollateralschäden wie den unbeabsichtigten Beschuss einer Hochzeitsfeier und eines Krankenhauses in Afghanistan. Kein Land kann es sich heutzutage mehr leisten, bei einem Flächenbombardement tausende Zivilisten zu töten (wie in Dresden, Tokio oder Vietnam geschehen), von einem Einsatz von Atomwaffen ganz zu schweigen. Der innen- und außenpolitische Preis wäre schlicht zu hoch. John Keegan schrieb in *Die Kultur des Krieges*,

> ... dass die Menschen den Krieg immer weniger als wünschenswertes oder probates – und schon gar nicht als rationales – Mittel ansehen, Zwistigkeiten auszutragen. Das ist keineswegs bloßer Idealismus. Der Mensch verfügt über die Fähigkeit, Kosten und Nutzen großer und universeller Unternehmungen über längere Zeit in Beziehung zueinander zu setzen. Für einen großen Teil der Zeit, für die wir Aufzeichnungen besitzen, gilt, dass der Nutzen des Krieges größer schien als die damit verbundenen Kosten, zumindest überschlägig. Inzwischen weist die Rechnung ein anderes Ergebnis aus: Die Kosten übersteigen den Nutzen eindeutig.[25]

Die moderne Kriegsmaschinerie ist einfach zu teuer – das Militär muss sich immer neue Technologien anschaffen, die es nicht einmal verwendet, der Wiederaufbau nach einem Krieg verschlingt jedes Mal Unsummen, und der Einsatz moderner Waffen kostet zu viele Leben. Und hinzu kommt, dass wir heute mehr denn je mit dem Gegner mitfühlen. Dieser Trend könnte mit dem Vietnamkrieg begonnen haben, dem ersten Krieg, der im Fernsehen übertragen wurde, und setzt sich heute fort in Form unmittelbarer unzensierter Fotos allen menschlichen Leids, das Kriege fordern. Es besteht eine kulturelle Diskrepanz zwischen dem, was die westliche Welt vom Leben erwartet (Frieden, Wohlstand), und dem, was das Leben oft tatsächlich ist (Krieg, Armut). Schon in der Steinzeit setzten sich die Menschen mit ähnlichen Phänomenen auseinander, indem sie Bilder an die Wände ihrer Höhlen malten.

Die Kriegstechnologie hat zu einer paradoxen Situation geführt. Wir wollen, dass die »Bösen« zur Rechenschaft gezogen werden, aber wir wollen nicht, dass Krankenhäuser bombardiert werden. Die westliche Welt steckt in einer Zwickmühle: Sie kann die volle Feuerkraft ihres Militärs nicht nutzen, ohne ihre eigenen kulturellen Codes zu verletzen. Krieg funktioniert nicht mehr.

Und trotzdem ist es auf der Erde nach wie vor brandgefährlich. Als sich der russische Präsident Putin 2014 die Krim unter den Nagel riss, demonstrierte er damit eindrucksvoll, dass eine Atommacht letztlich tun und lassen kann, was sie will. Über die Fernsehschirme erinnerte Putin die Welt daran, dass niemand einen Konflikt mit einer Atommacht riskieren wird, denn selbst wenn diese Macht verliert, könnte sie zuerst New York, Berlin, Peking oder London in Schutt und Asche legen. Am anderen Ende des Spektrums haben Terroristen gezeigt, wie sie an den mächtigen Militärs »vorbei« agieren können, indem sie Linienflugzeuge in Gebäude steuern oder soziale Medien einsetzen, um missgestimmte Bürger gegen ihr eigenes Land aufzuwiegeln. Terroristen agieren ungestraft, weil sie genau wissen, in welchem moralischen Dilemma die westliche Welt steckt.

Vor fünftausend Jahren in der Uruk-Ebene im Südirak, als das Wettrüsten begann, hätten wir all dies bereits ahnen können. Unser Hang zu technologischen Neuerungen machte es unvermeidlich, dass das Wettrüsten früher oder später an einen Punkt kommen würde, an dem der Krieg die Probleme, die er lösen soll, nicht mehr lösen kann. Und doch wollen die Konflikte einfach nicht enden. Was wird den Krieg als Problemlöser ersetzen?

Dies führt uns zu einem dritten Prozess, der mit den anderen beiden direkt zusammenhängt: den Auswirkungen der Globalisierung. 2014 hätte Schottland beinahe seine Unabhängigkeit vom Vereinigten Königreich erklärt (das Referendum endete denkbar knapp), und 2016 stimmten die Briten dafür, aus der EU auszutreten. Die Kurden im Irak wollen ihr eigenes Land. Flandern will sich von Belgien lösen, in Venedig gibt es eine Bewegung, die die Unabhängigkeit von Italien anstrebt. Die Bretonen wollen Frankreich verlassen, die Basken und Katalanen Spanien, die Québécois Kanada. Russische Separatisten terrorisieren den Osten der Ukraine. Der Islamische Staat sucht sein eigenes Reich zu errichten. Die Moros auf den Philippinen wollen eine autonome Region, die Uiguren in China ebenso. Viele Diplomaten sehen eine Zwei-Staaten-Lösung in Palästina als einzig möglichen Weg aus dem israelisch-palästinensischen Konflikt. Und in manchen Bundesstaaten wie Texas wird laut über eine Abspaltung von den USA nachgedacht.[26] Die Forderung nach Autonomie ist eine absehbare Reaktion auf die Globalisierung. Wie wir gesehen haben, bedeutet Kultur, dass wir die Welt als symbolische Konstruktion verstehen. Kultur zeigt, wie die Dinge sein sollten. Ob diese Konstruktion »richtig« oder »falsch« ist, ist dabei ganz unerheblich: Kultur hilft uns, die Welt zu verstehen. Wenn Sie jemandem die Kultur nehmen, berauben Sie ihn der Orientierung. Falls Sie je in einen anderen Teil der Welt gereist sind und einen Kulturschock erlebt haben, wissen Sie, was ich meine. Sie haben das unbestimmte, undefinierbare Gefühl, dass irgendetwas nicht stimmt. Ein Kulturschock kann sogar zu körperlichen Symptomen und zu Depressionen führen.

Die globale Kommunikations- und Handelstechnologie, die der Kapitalismus geschaffen hat, versorgt Menschen auf der ganzen Welt mit den Segnungen der westlichen Kultur. Und viele Menschen, zum Beispiel die Mitglieder von Boko Haram in Nigeria, empfinden schon die bloße Anwesenheit anderer Kulturen als Bedrohung. Menschen, die sich vor fremden Kulturen fürchten, führen mitunter bestimmte Details an, mit denen sie nicht einverstanden sind (zum Beispiel Bildung für Frauen), für andere ist schon die leiseste Kritik an ihrer symbolischen Konstruktion der Welt ein Affront. Die Religion wird dabei oft zum Vorwand für Gewalttaten, aber die eigentliche Ursache der Gewalt ist sie nicht.[27] Heute zeigen wir mit dem Finger auf islamistische Fundamentalisten, aber es ist (zumindest in den Augen eines Archäologen) noch gar nicht so lange her, da zogen in Europa Katholiken und Protestanten gegeneinander in den Krieg.

Und nicht nur Islamisten fürchten um den Verlust des »Altbewährten«. Unsere Kultur ist wichtig für unser Selbstbewusstsein, sie begleitet uns, wo wir gehen und stehen. Leider bringt dies mit sich, dass jede Kritik an der eigenen Kultur so klingt, als würde uns jemand den Fehdehandschuh hinwerfen. Das von rechten Populisten in die öffentliche Debatte eingeführte Schlagwort der »Überfremdung« gibt der Angst vieler Menschen Ausdruck, ihre eigenen kulturellen Werte zu verlieren, und diese Angst führt zu Aggressionen, eben weil die Kultur ein so wichtiger Teil unserer Identität ist. Wenn Sie jemandem vermitteln, dass mit dessen Kultur etwas nicht stimmt, wird er sich angegriffen fühlen, denn wir alle möchten ja, dass die Welt um uns herum einen Sinn ergibt, und diesen Sinn vermittelt uns die Kultur, die wir verinnerlicht haben. Dass das System der globalisierten Wirtschaft für eine dermaßen schnelle und allumfassende Verbreitung von Informationen aus anderen Kulturen sorgt, führt also unweigerlich zu negativen Reaktionen.

Benjamin Barber beschrieb diese Situation in seinem Buch *Coca Cola und Heiliger Krieg*.[28] Es ist ein Kampf zwischen »traditionellen« Kulturen und einer wachsenden »transnationalen« Kultur, die vom Westen dominiert wird. Eine Manifestation dieses Kampfs ist ein religiöser, nationaler oder ethnischer Fanatismus. In Indien zum Beispiel befindet sich der hinduistische Nationalismus im Aufschwung, just da die Nation zu einem wichtigen Akteur der Weltwirtschaft wird und dadurch noch mehr als zuvor der westlichen Kultur ausgesetzt ist. Die Mitglieder solcher Bewegungen versuchen oft, sich vom Mutterland und damit von den vermeintlich »bösen Einflüssen«, die es in Beschlag genommen haben, zu lösen und so den früheren Status quo wiederherzustellen. Islamistische Fundamentalisten wollen ein Kalifat errichten, die AfD vermittelt den deutschen Wählern, dass früher alles besser war, und die Tea Party verkündet, die Vereinigten Staaten müssten sich wieder mehr auf ihre Wurzeln besinnen.[29] Rechte Flügel und nationalistische Regierungen haben in verschiedenen Ländern Europas Aufwind, wie auch in Brasilien, Türkei und China. Wenn sich ein Land derart unangemessen auf seine Wurzeln zurückbesinnt, bedeutet dies häufig auch, dass es seine Grenzen schließt, um Einwanderung zu unterbinden, und dass es Immigranten schlecht behandelt. Das erinnert nur allzu sehr an die »Revitalisierungsbewegungen«, die ich in Kapitel 1 beschrieben habe.[30]

Rückschläge wie eben auch die politische Fragmentierung sind ein unausweichliches Ergebnis der Globalisierung. Die Frage ist also: Wie können wir die Völker der Welt in wirtschaftlicher, legislativer und struktureller Hinsicht integrieren, ohne sie zu zwingen, ihre Kultur zu verändern?

Gibt es ein Licht am Ende des Tunnels, das nicht von den Scheinwerfern eines entgegenkommenden Zuges stammt? Ja. Bei jedem der bisherigen vier Wendepunkte der Menschheitsgeschichte entwickelte unsere Spezies ein neues Muster der Kooperation: Paarbindung, Teilen, Allianzen, Handel. Das wird jetzt kaum anders sein. Zugleich nützt uns aber der

Krieg nichts mehr, da der Kapitalismus seine Zukunftsfähigkeit untergraben hat. Doch auch wenn die Globalisierung zu einem »Kampf der Kulturen« geführt hat, wurden im 20. Jahrhundert einige der größten Gemeinschaftsprojekte der Menschheitsgeschichte angestoßen. Ich meine damit länderübergreifende Organisationen, die dem ähneln, was Anthropologen als »Sodalitäten« bezeichnen (vom lateinischen *sodalitas*, »Kameradschaft«). Wenn ich einen kurzen Aufsatz darüber schreiben müsste, was im 20. Jahrhundert alles geschah (erinnern Sie sich an Kapitel 2?), so würde ich mich hierauf konzentrieren.[31]

In der Anthropologie sind Sodalitäten Personenvereinigungen, die die Grenzen traditioneller sozialer Verbände wie Familien und Sippen überschreiten. Das können einfach nur Altersklassen sein, aber auch spezielle religiöse Gruppierungen, wie in den Pueblos des amerikanischen Südwestens. Aus anthropologischer Sicht sollen sie die Wahrscheinlichkeit gefährlicher Zerwürfnisse zwischen einzelnen Sippen verringern, indem sie übergreifende Bindungen herstellen. Heute kann man zu den Sodalitäten die Rotary Clubs und jesuitische Laienorganisationen zählen, aber auch Sportvereine. Ihre Angehörigen können durchaus miteinander konkurrieren, aber Sodalitäten verringern das Gefahrenpotenzial des Konkurrenzverhaltens.

Im vergangenen Jahrhundert wurden zahlreiche Organisationen ins Leben gerufen, die den Charakter von Sodalitäten haben – der Völkerbund, die Vereinten Nationen, der Europarat, die Europäische Union, die NATO, die Welthandelsorganisation, der Internationale Gerichtshof, der Internationale Währungsfonds, die G8, Nichtregierungsorganisationen und sogar neue, global agierende Religionen. In Afrika wurde die Ostafrikanische Gemeinschaft gegründet, die die dortigen wirtschaftlichen und sonstigen Beziehungen koordiniert. Und es gibt Wirtschaftsvereinbarungen wie das Nordamerikanische Freihandelsabkommen (NAFTA), die Transpazifische Partnerschaft (TPP) und das geplante Transatlantische Freihandelsabkommen (TTIP). Unter Trumps unsinniger America-first-Politik haben die USA leider genau die entgegengesetzte Richtung eingeschlagen; sie ziehen sich zurück aus diesem und anderen Abkommen, drohen gegenüber der NATO und erheben Zölle auf EU-Produkte.

171

Solche Organisationen und Abkommen gäbe es nicht ohne eine Technologie, die die Welt vernetzt; sie sind also das Ergebnis eines technologischen Fortschritts, den das kapitalistische Wirtschaftssystem hervorgebracht hat, – eines Fortschritts, dessen eigentlicher Zweck gar nicht darin bestand, die Kooperation zu fördern, sondern höhere Gewinne einzufahren. Ihnen liegt der Wunsch zugrunde, Kriege zu vermeiden, indem man die Ursachen von Meinungsverschiedenheiten beseitigt; die Angst vor nuklearer Vernichtung war hierfür ein entscheidender Impuls. Und sie zwingen Menschen mit komplett unterschiedlicher Weltanschauung dazu, an einem Strang zu ziehen. Mit anderen Worten: Kapitalismus, Krieg und die Globalisierung der Kultur machen eine neue Ebene der Kooperation erforderlich.

Wie ich im ersten Kapitel dieses Buches dargelegt habe, weiß jeder, der sich mit Evolution beschäftigt, dass Altruismus und Kooperation oft ein wesentlicher Bestandteil von Konkurrenzsituationen sind. Wir kooperieren, um zu konkurrieren. In der Sprache der Ökonomen nennt man das »Koopetition«. Aber während der Kapitalismus langsam, aber sicher den weltweiten Pool billiger Arbeitskräfte erschöpft und die Wirtschaft immer globaler wird, der Krieg kaum noch etwas anderes zu leisten vermag, als gewaltige Ressourcen zu binden, und die globale Wirtschaft zu einem Kampf der Kulturen führt, dem sich niemand entziehen kann, könnten wir bald einen Punkt erreichen, an dem wir um Kooperation konkurrieren.[32]

Was würde das für die Nationen bedeuten?

Vor einigen Jahren verkündete General James Cartwright, ehemaliger Vizevorsitzender der Stabschefs des US-Präsidenten, dass »in den letzten 350 Jahren der Nationalstaat das zentrale Organisationskonstrukt der Menschheit war«, dass jedoch »das Informationszeitalter seine Macht untergraben hat, indem es den freien Fluss von Menschen, Kapital und Informationen über die Grenzen hinweg ermöglicht. Traditionelle Allianzen zwischen Nationalstaaten sind kaum noch relevant, [und] traditionelle Organisationsstrukturen, die während des Industriezeitalters entstanden, um die Stabilität zu sichern, indem sie den Beteiligten Vorteile verschafften und sicherten, werden in Frage gestellt«.[33]

Heute sehen wir das an dem angespannten Verhältnis zwischen den USA und der EU und zwischen einzelnen Gründungsstaaten der EU, besonders bei Großbritannien.

Staatsgrenzen sind kaum noch von Bedeutung für multinationale Konzerne, die heute fast wie Sodalitäten wirken, denn Krieg und Armut sind immer schlecht fürs Geschäft (es sei denn, man verkauft Waffen). Der Globalisierungsexperte Parag Khanna ist der Ansicht, dieser wirtschaftliche Prozess werde zur einer Fragmentierung der Nationalstaaten führen, da es volkswirtschaftlich betrachtet für einzelne Regionen und Städte die günstigere Alternative sein wird, eigene Beziehungen mit Handelspartnern auszuhandeln.[34] Seiner Meinung nach könnten dies »Para-Staaten« oder »Sonderwirtschaftszonen« innerhalb von Staaten sein; die ersten solchen Zonen sind dann wahrscheinlich die Megastädte. Tatsächlich ist diese Entwicklung bereits in vollem Gange, und die UNO glaubt, eine solche »nichtstaatliche« Welt könnte schon binnen einer Generation Wirklichkeit werden.

Allerdings werden diese kleineren Einheiten nicht in der Lage sein, sich im Ernstfall physisch und wirtschaftlich zu verteidigen. Angenommen, die weltweiten Konflikte gehen weiter – wie wird man sie lösen können, nachdem sich Krieg als wirkungslos erwiesen hat?

Hier kommt ein Mechanismus ins Spiel, der sich bis zu unseren prähistorischen Vorfahren, den Jägern und Sammlern, zurückverfolgen lässt: Sanktionen, die zur Ausgrenzung führen. In der modernen Welt müssen solche Maßnahmen einen monetären Wert haben, wie die Sanktionen, die die USA und Europa 2014 wegen der Intervention in der Ukraine gegen Russland verhängten. Wenn ein Krieg keine gangbare Lösung mehr darstellt, muss man sich etwas anderes ausdenken, um jemanden, der sich nicht an die Regeln hält, zur Rechenschaft zu ziehen (vor allem wenn derjenige über Atomwaffen verfügt), und wirtschaftliche Sanktionen sind ein probates Mittel. Doch hier stellt sich ein weiteres Problem: Solche Sanktionen funktionieren nur, wenn sie wehtun, und das bekommt immer auch derjenige zu spüren, der sie verhängt. Und wenn nur eines oder einige wenige Länder Sanktionen verhängen, kann es sein, dass die Kosten für sie zu hoch sind. (Aus diesem Grund hat Obama einmal gesagt, die USA könnten nicht mehr als Weltpolizei

173

auftreten.) Verteilt man aber die Kosten der Sanktionen auf mehrere Schultern, wären sie für jedes einzelne Land niedrig genug, dass eine solche kooperative Lösung das wahrscheinlichere Szenario ist. Trumps Zölle auf Güter aus China beispielsweise können nicht die Wirkung haben, wie sie ein gemeinsamer Vorstoß mehrerer Staaten hätte. Tatsächlich käme man einem Land, das das globale Wirtschaftssystem manipuliert, am besten über die Vereinten Nationen, die Welthandelsorganisation oder – so in diesem Fall – über die Transpazifische Partnerschaft bei.

Je mehr Länder auseinanderbrechen oder sich in autonome oder halbautonome Regionen aufspalten, desto deutlicher werden sie die Notwendigkeit einer übergeordneten Körperschaft zu spüren bekommen, die Strafaktionen koordiniert – man muss sich nur einmal überlegen, welche Art von Armee oder finanziellen Sanktionen zum Beispiel ein unabhängiges Flandern auf die Beine stellen könnte. Mit anderen Worten: Wenn alle Nationen klein sind, haben sie keine andere Wahl, als miteinander zu kooperieren. Der Politikwissenschaftler Parag Khanna könnte also durchaus damit recht haben, dass »noch mehr Fragmentierung und Aufsplitterung und sogar neue souveräne Staaten ein entscheidender Schritt in einem längeren Prozess sind, unter Nachbarn für transnationale Stabilität zu sorgen«.[35]

Bestehende Nationalstaaten werden sich dieser Vision einer politisch-wirtschaftlichen Evolution schon deshalb widersetzen, weil ihre Kultur den Nationalstaat in den Status eines unantastbaren Heiligtums erhoben hat. Beschäftigt man sich mit den Krisengebieten dieser Welt und der dortigen Rhetorik, ist früher oder später unweigerlich vom »souveränen Staat« die Rede, zum Beispiel beim Einmarsch der USA in den Irak oder in Chinas Reaktionen auf Kritik an seiner Menschenrechtsbilanz. (Der Begriff fällt auch gerne in innenpolitischen Auseinandersetzungen, zum Beispiel 2015 in den USA, als Senatorin Lisa Murkowski Obamas Entscheidung, die Ölbohrungen im Nationalpark Arctic National Wildlife Refuge in Alaska zu verbieten, einen »erschreckenden Angriff auf unsere Souveränität« nannte.[36])

Jeder Politiker wird Ihnen sagen, dass sich kein Land einfach so in die Angelegenheiten eines »souveränen Staates« einmischen darf. Der australische Jurist H. V. Evatt sagte einmal: »Souveränität ist weder eine Frage der Faktenlage noch eine Frage der Gesetzeslage, sondern eine Frage, die sich gar nicht erst stellt.«[37] Wenn das wahr wäre, dann müsste das Konzept des Nationalstaates überzeitlich, ja geradezu naturgegeben sein. Aber das ist selbstverständlich nicht der Fall – in der Menschheitsgeschichte ist der Staat eine brandneue Erfindung. Die Jäger und Sammler und die Bauern der Jungsteinzeit hätten damit rein gar nichts anfangen können.

Historiker führen das Konzept des sakrosankten Nationalstaats auf den Westfälischen Frieden von 1648 zurück (deshalb sprach James Cartwright von »350 Jahren«). Im Rahmen des Westfälischen Friedens schlossen mehrere europäische Entitäten Verträge, in denen sie Landesgrenzen vereinbarten, Streitigkeiten beilegten und die Legitimität bestimmter Religionen bestätigten. Der Westfälische Friede sorgte dafür, dass fortan jede politische Entität souverän ihre internen Angelegenheiten regeln konnte. Im Grunde war das Konzept der Souveränität eine recht bequeme Ideologie, um den Machtanspruch einzelner Akteure zu konsolidieren. Es sorgte auch mitnichten dafür, dass in den folgenden Jahrhunderten niemand mehr die Souveränität der Nachbarn missachtete (man denke nur an Napoleon oder Hitler). Aber immerhin verankerte es in unserer Kultur das Gefühl, dass solche Handlungen unmoralisch sind.

Die neuen globalen Vernetzungen und Abhängigkeiten haben das alles verändert. Handelsungleichgewichte und politische Instabilität veranlassen Arbeiter, von armen in wohlhabende Länder zu migrieren. Das Kohlendioxid, das China, Indien und die USA in die Atmosphäre blasen, betrifft alle Menschen. Manche Zukunftsforscher bezweifeln, dass sich eine Weltregierung bilden wird, wenn es keinen gemeinsamen Feind gibt, gegen den diese Regierung kämpfen kann (im Film *Independence Day* waren das böse Außerirdische). Aber vielleicht werden wir ja den Klimawandel und die Umweltzerstörung als unseren gemeinsamen »Feind« ansehen. Der Kampf gegen diesen Feind könnte unsere Kooperation auf ein neues Niveau heben. Ein Phänomen dieses Kampfes ist heute die Fridays-for-Future-Bewegung, wie auch 2019 der Globale

175

Klimastreik, an dem sich 7,6 Millionen Menschen auf der ganzen Welt beteiligten.

Der Klimawandel ist wie die langen Güterzüge voller Kohle, die durch meinen Heimatort rumpeln: Wenn der Lokführer bremst, dauert es immer noch extrem lange, bis sie komplett zum Stillstand kommen. Langfristig müssen wir das Problem lösen, aber kurzfristig (und das dürfte für die meisten Menschen von größerem Interesse sein) müssen wir uns an die Auswirkungen des Klimawandels anpassen.

Der Klimawandel führt zu steigenden Meeresspiegeln, extremen Wetterereignissen und örtlichen Dürren. Rund zweihundert Millionen Menschen weltweit leben weniger als fünf Meter über dem Meeresspiegel, viele werden sich ein neues Zuhause suchen müssen. Manche Inselstaaten wie die Malediven und die Marshallinseln werden kurzerhand im Meer versinken. Küstenstaaten wie Bangladesch und die Niederlande und Großstädte wie New York, Miami, New Orleans, London oder Shanghai müssen entweder entvölkert werden oder Unsummen aufbringen, um sich vor den Fluten zu schützen.[38] Jetzt denken Sie vielleicht, dass der Meeresspiegel ja doch recht langsam steigt und die Städte sich halt allmählich daran anpassen werden. Aber schon bevor er seine maximale Höhe erreicht hat, kann ein Hurrikan oder Tsunami buchstäblich über Nacht massive Flüchtlingsströme in Gang setzen (wie es bei Hurrikan Katrina der Fall war). Während in manchen Gegenden beispielsweise aufgrund der schmelzenden Gletscher erhöhte Niederschläge zu erwarten sind, wird es andernorts zu Perioden anhaltender Trockenheit kommen. Wenn sie keine Nahrung mehr haben, werden die Menschen zur Waffe greifen. Tatsächlich weisen historische Studien auf die engen Verbindungen zwischen Phänomenen des Klimawandels, insbesondere Dürren, und bewaffneten Konflikten hin,[39] und selbst das Pentagon bezeichnet den Klimawandel als Bedrohung für die nationale Sicherheit.

Steigende Meeresspiegel, Dürren und Kriege werden die Menschen aus ihrer Heimat vertreiben. Wohin werden Sie gehen? Wer wird sie aufnehmen? Ähnlich wie die Jäger und Sammler, die einst in Dörfern an der Nordwestküste Nordamerikas lebten, werden viele Flüchtlinge die

Ressourcen anderer Länder – also Lohnarbeit und Unterkunft – benötigen, aber vielen Bewohnern jener Länder wird es schwerfallen, einen Vorteil darin zu sehen, dass sie diese Menschen bei sich aufnehmen (wie bei der Flüchtlingskrise in Europa). Die Migration aufgrund von Klimawandel und Kriegen wird den Westen teuer zu stehen kommen – einerseits aufgrund verschärfter Grenzkontrollen, andererseits weil wir zusehen müssen, wie ein Teil der Menschheit leidet –, es sei denn, die Welt kooperiert und überlegt sich, wo und wie man die vielen Vertriebenen wird unterbringen können.

Kann die ganze Welt tatsächlich an einem Strang ziehen? Sie kann, aber es wird nicht leicht sein. In *Parlament der Menschheit* vertritt Paul Kennedy die Ansicht, dass die Vereinten Nationen unser bester Inkubator für eine solche globale Kooperation sind. Joshua Goldstein weist in *Winning the War on War* darauf hin, dass die Friedenstruppen der Vereinten Nationen ihre Aufgabe immer besser erledigen, und zwar für einen Bruchteil dessen, was die Nationalstaaten für ihr eigenes Militär ausgeben.[40] Die Vereinten Nationen treten bei Konflikten als dritte Partei auf, und dadurch entbinden sie die beteiligten Staaten ihrer Verantwortung. (Das ist ein weiterer Grund, warum die USA nicht mehr als Weltpolizei auftreten sollten.)

Die Vereinten Nationen haben diese Möglichkeit im Jahr 2005 anerkannt, als sie die Doktrin der Schutzverantwortung verabschiedete, die die Weltmächte dazu verpflichtet, einzugreifen, wenn die Führung eines Staats ihr eigenes Volk schädigt. Sie sieht vor, dass die »Souveränität« dieser Staaten im Zweifelsfall ignoriert werden kann: »Die Pflicht, Völkermord und Kriegsverbrechen zu verhindern und zu beenden, liegt in erster Linie beim Staat. Doch die Aufgabe der internationalen Gemeinschaft kann nicht dadurch blockiert werden, dass sich ein Staat auf seine Souveränität beruft. Souveränität schützt die Staaten nicht mehr vor Einmischung von außen.« Die Vereinten Nationen mussten diese Doktrin noch nie anwenden, aber die bloße Tatsache, dass ihre Mitglieder in der Lage waren, sie schriftlich niederzulegen, ist ein wichtiger erster Schritt.

Doch damit die Vereinten Nationen das werden können, was sie sein sollten, muss der Sicherheitsrat umorganisiert, wenn nicht gar aufgelöst werden. Der Rat mit seinen fünf ständigen Mitgliedern (USA, Russland, China, Frankreich und Großbritannien) wurde gegründet, um die Siegermächte des Zweiten Weltkriegs, von denen keine einer Organisation angehören wollte, die möglicherweise die Kontrolle über »ihren« Teil der Welt übernehmen würde, an einen Tisch zu bringen. Daher hat jedes Mitglied ein Vetorecht gegen die Resolutionen des Sicherheitsrats. Das wäre schön und gut, wenn sie immer alle an einem Strang zögen, aber die bisherigen Ergebnisse lassen zu wünschen übrig. Es ist an der Zeit, dass sich die Vereinten Nationen endlich dazu durchringen, die Struktur zu schaffen, die sie brauchen, um sich wirklich tatkräftig für das Gute zu engagieren.[41] Dabei müssen wohlhabende Staaten wie wir sie unterstützen.

Idealerweise sorgen die Kulturen dieser Welt von sich aus dafür, dass Frieden und Wohlstand herrschen. Als Anthropologe beobachte ich einen Trend, der ein Vorbote eines globalen Kulturwandels sein könnte, wie ich ihn mir wünschen würde.

Globale Vernetzung und schneller Informationsaustausch schaffen eine »Weltkultur«, ein neues symbolisch konstruiertes Verständnis der Welt. Ein gutes Beispiel hierfür sind die Sodalitäten, die »ohne Grenzen« im Namen tragen. Die erste davon war Ärzte ohne Grenzen (Médecins Sans Frontières), die 1971 gegründet wurde; inzwischen gibt es auch Reporter, Ingenieure, Unternehmer, Anwälte und Homöopathen ohne Grenzen. All diese Gruppen eint, dass ihre Mitglieder zwischen sich und anderen mehr Ähnlichkeiten als Unterschiede sehen. Sie sind ein handfestes Indiz für eine kulturelle Verschiebung in Richtung Weltbürgerschaft. Eine ähnliche Tendenz gibt es bei Habitat for Humanity, Amnesty International, Human Rights Watch, Greenpeace, dem World Wildlife Fund, der Global Citizens Initiative, der World Citizen Foundation und Global Citizen. Im akademischen Austausch lässt sich diese Tendenz genauso beobachten wie bei den Olympischen Spielen und in der internationalen Raumstation.

Solche Gruppierungen und Organisationen gibt es seit mehr als hundert Jahren, und genau das wirft Zweifel daran auf, dass sie überhaupt etwas bewirken. Kurz vor dem Ersten Weltkrieg glaubten viele

Menschen, der Weltfrieden stünde kurz bevor. Rückblickend könnte man sagen: Welch ein fataler Irrtum! Mit den Augen eines Archäologen betrachtet, sieht die Sache indes etwas anders aus: Die Entwicklung, die zum Weltfrieden führen könnte, begann nicht vor hundert, sondern vor fünftausend Jahren. Es dauert nur noch ein wenig, bis diese Entwicklung abgeschlossen ist. In der Zwischenzeit sollten wir alles tun, was in unserer Macht steht, um den Vorgang zu beschleunigen.

Das Konzept der Weltbürgerschaft lässt sich bis zu griechischen Philosophen wie Diogenes und Sokrates zurückverfolgen. Es durchzieht das Denken und Handeln von Immanuel Kant, Adam Smith, Thomas Paine, Woodrow Wilson, Albert Einstein, Eleanor Roosevelt und Albert Schweitzer. Es scheint bei jenen Amerikanern durch, die nach Hurrikan Katrina kaum einen Unterschied zwischen den Bewohnern von New Orleans und den vom Tsunami 2004 betroffenen Indern und Indonesiern sahen. Solche global denkenden Bürger sind heute noch in der Minderheit, und es könnte durchaus sein, dass es sich dabei nur um ein Strohfeuer handelt. Aber die Vor- und Frühgeschichte zeigt, dass alle gravierenden Veränderungen einmal klein angefangen haben. Überlegen Sie nur mal: Vor rund drei Millionen Jahren nahm ein Hominin einen Stein in die Hand und sah darin ein Potenzial, das bislang keiner seiner Artgenossen wahrgenommen hatte. Seither ist nichts mehr, wie es war.

Eine neue Generation wächst heran, deren Kultur nicht mehr lokal verwurzelt ist, sondern alle Grenzen überschreitet. Über ihre Smartphones haben die Menschen Zugriff auf praktisch alle Informationen der Welt. E-Mail und Handys erlauben es uns, mit Menschen nahezu überall auf der Erde in Echtzeit zu kommunizieren. Mehr Menschen denn je können ungehindert durch die Welt reisen, und wie Mark Twain sagte: »Das Reisen ist fatal für Vorurteile, Bigotterie und Engstirnigkeit.«[42] Die Welt ist miteinander vernetzt; wir können unser Leben nicht mehr vom Leben anderer trennen.

Die Entertainment- und die Sportbranche spielen hierbei eine ganz besondere Rolle, denn sie stellen die gemeinsame Erfahrung dar, die für das Ausbilden einer Kultur von entscheidender Bedeutung ist. Jackie Chan zum Beispiel macht Filme, die die ganze Welt schaut. Den ersten sah ich im Jahr 1995 in einer Wellblechhütte in Toliara, Madagaskar. Als Sitze dienten grobe Balken, die auf Holzklötzen lagen. Fernseher und Videorecorder wurden von einem Generator angetrieben, der so laut war, dass man vom Ton des Films nichts mitbekam, aber das machte nichts, denn Chinesisch verstand ohnehin keiner der Anwesenden. Trotzdem sahen sich alle begeistert die (zugegeben rudimentäre) Handlung und die Slapstickszenen an und freuten sich über die originellen Bilder.[43] Eine ähnliche Funktion haben Sport und Musik. Die Fußball-WM ist ein globales Event, bei dem die ganze Welt mitfiebert. Und gibt es irgendwo jemanden, der nicht weiß, wer Beyoncé ist? Auch wenn manche Staaten versuchen, die Nutzung sozialer Medien einzuschränken, ist dies letztlich nicht möglich. Vor einer Million Jahren gehörte die Zukunft Homininen mit Steinwerkzeugen. Heute gehört sie Fußball spielenden vierzehnjährigen Internetjunkies mit iPhone.

In früheren Zeiten hat stets das Bevölkerungswachstum den Wandel vorangetrieben, und wir können davon ausgehen, dass das auch im kommenden Jahrhundert so sein wird. Zwar wird es noch eine Zeit lang zu Konflikten kommen, aber Kriege wird es spätestens dann nicht mehr geben, wenn wir zu der Erkenntnis gelangen, dass Kriege nicht mehr das leisten können, was sie früher leisteten – und wenn wir eine umfassende Kriegsmaschinerie schlichtweg nicht mehr bezahlen können. Wenn Archäologen in zehntausend Jahren auf das 21. Jahrhundert zurückblicken wie wir auf unsere Vor- und Frühgeschichte, werden sie Schwierigkeiten haben sich vorzustellen, wie die Menschen damals lebten. Und wenn sie die Ruinen der Atomraketensilos von Wyoming oder die Elendsviertel von Rio de Janeiro ausgraben, werden sie den Kopf schütteln und sich fragen: »Was war mit den Menschen bloß los?«

Armut, Rassismus, Sexismus, Klimawandel, Dschihad – an manchen Tagen scheinen die Probleme der Menschheit unüberwindbar. Doch die archäologische Perspektive, die sechs Millionen Jahre menschlicher Entwicklung im Blick hat, verrät uns, dass keines dieser Phänomene ewig bestehen wird. Der kombinierte Effekt von Kapitalismus, Krieg und globaler Kommunikation wird die Menschen nach und nach zu Weltbürgern machen. Dafür sorgen nicht irgendwelche Politiker, sondern die Menschen selbst, indem sie weiterhin weltweit miteinander interagieren, durch Technologie, Bildung, Kunst, Sport, Handel, Krieg und Religion.[44] Solche Weltbürger werden dem Konzept einer Weltregierung gegenüber viel aufgeschlossener sein, als die Menschen es heute sind.

Manche umwälzenden Veränderungen geschehen quasi über Nacht. 1980 hätte niemand voraussehen können, dass keine zehn Jahre später die Berliner Mauer fallen und die Sowjetunion zusammenbrechen würde. Und genauso hätten im Jahr 2000 wohl die wenigsten US-Amerikaner geahnt, dass sie 2008 einen schwarzen Präsidenten haben würden. »Der Bogen des moralischen Universums ist weit«, sagte Martin Luther King, »aber er neigt sich zur Gerechtigkeit.« Auch der Bogen der Geschichte ist weit, aber er neigt sich zur Einheit. Und wir sind bereits ein gutes Stück in Richtung Einheit unterwegs. Und das Resultat wird anders sein, als wir es uns früher vorgestellt haben. Über uns schweben keine schwarzen Helikopter, und wir sind auch keine Roboter geworden. Orwells *1984* ist weit weg. Stattdessen erleben wir eine Art »globale Selbstverwaltung«.

Seit jeher ist es die Aufgabe von Archäologen, sich vorzustellen, wie die Vergangenheit aussah. Heute ist es unser aller Aufgabe, uns vorzustellen, wie die Zukunft aussehen wird. Das ist nicht ganz einfach, aber wir müssen es dennoch tun, denn was uns bevorsteht, unterscheidet sich in zweierlei Hinsicht von den bisherigen Wendepunkten der Menschheitsgeschichte.

Erstens ist der Mensch heute in der Lage, die Welt zu verändern. Die Jäger und Sammler der Altsteinzeit veränderten ihre Umgebung, indem sie Gras niederbrannten. Die Landwirte der Jungsteinzeit modifizierten die örtliche Vegetation. Die ägyptischen Pharaonen ließen gewaltige Steinquader von A nach B bringen. Aber keiner von ihnen besaß die Mittel, die uns heute zur Verfügung stehen. In seinem Gedicht *Feuer und Eis* von 1920 fragte Robert Frost, auf welche Weise wir die Welt zerstören werden. Dennoch wohnt Frosts Überlegungen auch ein Fünkchen Hoffnung inne: Wenn wir in der Lage sind, die Welt zu zerstören, dann können wir sie vielleicht auch neu erschaffen. Das bedeutet Geo-Engineering und neue Methoden, um Energie zu erzeugen, zu speichern, zu übertragen und zu nutzen. Es bedeutet aber auch, dass wir neue Möglichkeiten finden müssen, uns zu organisieren, und zwar möglichst so, dass wir dadurch unsere guten Eigenschaften fördern und die schlechten zügeln. Das ist eine schwierige Aufgabe, aber unmöglich ist es sicher nicht.

Zweitens können wir aus der Geschichte lernen. Ein paläolithischer Jäger konnte sich keine andere Welt vorstellen als die, die ihn umgab. Woher sollte er wissen, dass die Welt überhaupt anders aussehen *konnte*? Ein neolithischer Landwirt im Zweistromland konnte sich keinen Nationalstaat namens Irak vorstellen, geschweige denn die Internationale Zone von Bagdad, den »Islamischen Staat« oder die Vereinten Nationen. Die mexikanischen Ureinwohner, die oben auf der Mondpyramide in Teotihuacán standen, konnten sich weder vorstellen, dass der Mensch einmal zum Mond fliegen würde, noch dass er die Menschenrechte, die Demokratie oder die Religionsfreiheit erfinden würde. Unsere frühen Vorfahren wussten nichts davon, wie sich die Welt in früheren Epochen verändert hatte, und hatten daher auch keinen Grund zu der Annahme, dass sie sich irgendwann verändern würde. Für sie war die Welt so, wie sie immer gewesen war und wie sie immer sein würde. Wir wissen es besser. Nichts ist für die Ewigkeit geschaffen. Weder Nationalstaaten noch eine von fossilen Brennstoffen abhängige Wirtschaft noch ein ungebremster Kapitalismus noch ein extremes Ungleichgewicht zwischen Arm und Reich.

Die Frage, die sich jetzt noch stellt, lautet: Werden wir unsere Fähigkeiten und unser Wissen dazu einsetzen, der Evolution ein Schnippchen zu schlagen und unsere Zukunft selbst in die Hand zu nehmen? Der große Umbruch steht kurz bevor, und wir müssen uns entscheiden, wie leicht wir es uns dabei machen, diesen neuen Wendepunkt zu erreichen. Zum ersten Mal, seit die Primaten von den Bäumen kletterten und Steine in Werkzeuge verwandelten, *können*, *sollen*, ja *müssen* wir selbst entscheiden, wie die Entwicklung unserer Spezies weitergeht.

Epilog

Dieses Buch kam in den USA im November 2016 auf den Markt, eine Woche nach der Wahl Donald Trumps zum US-Präsidenten. Für mehr als die Hälfte der stimmberechtigten Bevölkerung meines Landes war das keine allzu optimistische Zeit. Und bald beschäftigte uns nicht nur Trump, sondern wir mussten in den USA, in Deutschland und vielen anderen Ländern den rasanten Aufstieg rechtsgerichteter Gruppen mitansehen. Nationalistische Politiker und Regierungen kamen ans Ruder, die die bemerkenswerte Macht der sozialen Medien einsetzen, um Lügen zu verbreiten, ihre Gegner einzuschüchtern und eine Haltung à la »America first« (oder »Britain first« oder welches Land auch immer) vertreten. Viele Rezensenten hielten mein Buch daher für naiv. Aber ich sehe es eher als ein Produkt des »Hopepunk«, eines SciFi-Genres, das von einem unerbittlichen Optimismus geprägt ist, der auf der Vorstellung beruht, dass schlussendlich das Gute über das Böse triumphieren wird.[1] Diese Vorstellung mag naiv sein, aber mir kommt keine in den Sinn, an die es sich mehr zu glauben lohnt.

Dennoch bin ich natürlich nicht blind. In den USA hatten wir Angst davor, was passieren würde, wenn wir eine echte Krise erleben, und jetzt wissen wir es. Während ich diese Zeilen schreibe, verzeichnen die USA mehr COVID-19-Infektionen als irgendein anderes Land auf der Erde, und die Krise hat gerade erst begonnen.

Die Geschichte ist voll von Epidemien und Pandemien (länder- und kontinentübergreifenden Epidemien). Am bekanntesten ist wohl der Schwarze Tod, die Pest, die durch das Bakterium »Yersinia pestis« verursacht wurde und zwischen 1347 und 1352 mehr als die Hälfte der europäischen Bevölkerung dahinraffte. Bis zu hundert Millionen Menschen fielen ihr in Europa und Asien zum Opfer. Bis 1665 flammte die Pandemie regelmäßig wieder auf. In Nordamerika dezimierten ab 1500 ganze Wellen von Pocken, Masern, Windpocken und anderen Krankheiten die indigene Bevölkerung. Ende des 19. Jahrhunderts brach in

China die Pest aus, breitete sich nach Südasien und über den Pazifik bis nach Kalifornien aus und tötete 22 Millionen Menschen. 1918 infizierte die »Spanische Grippe« ein Viertel der Weltbevölkerung – binnen zwei Jahren erlagen ihr zwischen 17 und 50 Millionen Menschen, vielleicht sogar noch mehr. In jüngerer Zeit haben wir HIV (1980er-Jahre), SARS (2003), H1N1 (2009) und Ebola (mehrfach seit 1976) erlebt, und jetzt, da ich dies hier in sozialer Isolation schreibe, grassiert das COVID-19-Virus.

Epidemien gab es schon in der Zeit, die wir noch nicht durch Schriftquellen greifen können, aber die Belege dafür sind weniger direkt. In den vergangenen zehntausend Jahren ist die Weltbevölkerung immer wieder angewachsen und wurde zu bestimmten Zeitpunkten wieder dezimiert. Wir wissen nicht genau, warum, aber ein Faktor könnten Infektionskrankheiten gewesen sein, die sich auf eine Art und Weise um den Globus bewegten, die wir derzeit noch nicht ganz nachvollziehen können. Es könnte aber mit einem ähnlichen Timing bei bestimmten kulturellen Entwicklungen zu tun haben, insbesondere solchen, im Zuge derer große, bevölkerungsreiche Siedlungen entstanden, wie die neolithische Stadt Çatalhöyük in der Türkei im 7. Jahrhundert v. Chr. oder die großen Pueblos im amerikanischen Südwesten des 13. Jahrhunderts – Siedlungen, die aufgrund ihrer Größe und Kompaktheit besonders anfällig für Infektionskrankheiten waren. Einige vermuten nun, dass das Verschwinden neolithischer Agrargemeinden in Europa zwischen 4000 und 3000 v. Chr. zum Teil auf den Erreger »Y. pestis« zurückzuführen ist, der mehrere aufeinanderfolgende Pestwellen verursachte. Bei den Hethitern in Südwestasien brach im 14. Jahrhundert v. Chr. die Pest aus, und auch der Mittelmeerraum erlebte mehrere Pest-Epidemien – die Attische Seuche (430–426 v. Chr.), die Antoninische Pest (165–180 n. Chr.) und die Cyprianische Pest (249–262 n. Chr.). Die erste Pandemie, die Justinianische Pest, grassierte zwischen 541 und 750 n. Chr. und forderte europaweit um die 25–50 Millionen Todesopfer.

Möglicherweise gab es bereits in der Vor- und Frühgeschichte viele Epidemien, von deren Existenz wir nichts wissen. Vielleicht aber auch nicht: Infektionskrankheiten werden sich bei den kleinen Gruppen nomadischer Jäger und Sammler, die durch die Lande zogen, bevor der

Mensch sesshaft wurde, weniger effektiv verbreitet haben als in den späteren Bauerndörfern, wo viele Menschen auf engem Raum lebten, zusammen mit Ratten, Läusen und anderen Organismen, die Krankheiten übertrugen. Einige der virulenteren Infektionskrankheiten kamen erst nach der Domestizierung von Schafen, Ziegen, Schweinen und Rindern vor ca. zehntausend Jahren auf; sie brachen zunächst bei Herdentieren aus, bevor die Erreger mutierten und den Menschen befielen. Infektionskrankheiten gibt es schon sehr lange – die Tuberkulose ist mindestens sechstausend Jahre alt, Hepatitis B vielleicht sogar 15 000 Jahre –, aber Pandemien sind ein Produkt einer post-landwirtschaftlichen Welt, die durch den Handel vernetzt ist und in der Menschen zwischen verschiedenen dicht bevölkerten Städten hin- und herreisen und Krankheiten verbreiten, ohne es zu wissen.

Wir müssen davon ausgehen, dass es in Zukunft weitere Pandemien geben wird, da immer neue Virusstämme entstehen und Keime zunehmend antibiotikaresistent werden (die Pest umfasst 34 verschiedene Stämme von »Y. pestis«). Was kann man da tun? Eine offensichtliche Antwort ist: die medizinische Forschung vorantreiben, genauer: die Entwicklung neuer Antibiotika und Impfstoffe. Das unterstütze ich natürlich.

Aber um die biologische Seite des Problems geht es mir hier gar nicht. Ich mache mir vielmehr Gedanken darüber, wie Pandemien, also Krankheiten, die keine Grenzen respektieren, in Zukunft die Organisation einer Welt voller Grenzen beeinflussen werden. In der Vergangenheit haben Pandemien Gesellschaften – über den Verlust menschlichen Lebens hinaus – grundlegend verändert. Der Schwarze Tod dezimierte die europäische Bevölkerung so stark, dass die industrielle Produktion in bestimmten Sektoren wie dem Blei- und Silberabbau komplett eingestellt wurde. Die landwirtschaftliche Produktivität Ägyptens ging um 60 Prozent zurück und blieb die nächsten dreihundert Jahre lang auf einem niedrigen Niveau. Infolgedessen wurde Arbeit vielerorts wertvoller, und die Schere zwischen Arm und Reich wurde kleiner. Viele Landbesitzer verabschiedeten sich vom Ackerbau und wechselten zur weniger arbeitsintensiven Weidewirtschaft, was möglicherweise zum Boom der britischen Wollproduktion im 14. Jahrhundert beitrug. Einige

Historiker sind sogar der Auffassung, dass der Schwarze Tod der Grund dafür war, dass die Produktivität Europas im 16. Jahrhundert diejenige Asiens überstieg, was dazu führte, dass es Europäer und nicht Asiaten waren, die die Welt kolonialisierten, was wiederum in diversen sozialen Veränderungen resultierte. Die Geschichte ist eine komplexe Angelegenheit, aber der Schwarze Tod, der nur fünf Jahre lang wütete, war maßgeblich daran beteiligt, das moderne Europa und damit die heutige Weltordnung zu schaffen.

Wozu könnte COVID-19 führen? Es gibt nur zwei Möglichkeiten: Entweder werden wir Mauern bauen – oder Brücken. Mauern zu bauen scheint manchen geradezu verlockend, aber dazu müsste ein Land völlig autark sein, all seine Lebensmittel, Medikamente und Technologien selbst produzieren, und niemand dürfte ein- oder ausreisen. Und die Bürger dieses eingemauerten Landes müssten beten, dass sich die Erreger der nächsten Pandemie nicht über die Luft verbreiten oder über Insekten oder andere Tiere.

Mauern sind in der heutigen Welt schlichtweg keine realistische Option. Unsere Lieferketten sind viel zu sehr miteinander verzahnt. Wie uns gerade schmerzlich bewusst wird, muss ein Virus gar nicht wie der Schwarze Tod Millionen Menschen töten, um die Weltwirtschaft ins Chaos zu stürzen. Epidemien werden von Menschen übertragen, aber wir können die Menschen nicht davon abhalten, sich frei zu bewegen. Geschäfts- und Urlaubsreisen sind das eine. Aber Klimawandel und Kriege werden auch weiterhin viele Menschen zwingen, ihre Heimat zu verlassen und Zuflucht in stabilen, wohlhabenden und sicheren Ländern zu suchen. Und wir hätten es wissen müssen, denn wie die Geschichte zeigt, sind Mauern langfristig niemals eine realistische Option – man schaue sich nur den Hadrianswall an, die Chinesische Mauer oder all die wunderbaren europäischen Burgen. Mauern funktionieren nicht.

Bleibt also nur: Brücken bauen. Die rasche weltweite Verbreitung von COVID-19 und ihre unmittelbaren Auswirkungen auf die Weltwirtschaft sind ebenso offensichtlich wie beängstigend. Das Virus hat uns kalt erwischt, weil wir uns auf eine ganz bestimmte Reaktion auf die Globalisierung eingeschossen haben: andere Menschen auszuschließen und uns mit Waffen und Mauern gegen sie zu schützen. Was wir stattdessen hätten tun sollen? Wir hätten massenhaft Gesichtsmasken, Schutzkleidung, Beatmungsgeräte und Viren-Test-Kits produzieren sollen. Wir hätten von der Klimakatastrophe und von Kriegen bedrohte Menschen auf geplante, koordinierte Weise zu uns holen sollen. Krankheitserregern ist es egal, welche Nationalität jemand hat. »Niemand ist eine Insel«, schrieb der englische Dichter John Donne im Jahr 1623, als er schwer krank im Bett lag, möglicherweise mit Typhus. Nichts lässt den Geist so sehr fokussieren wie der unmittelbar bevorstehende Tod.

Wir lernen gerade auf die harte Tour, dass wir globale Beziehungen zwischen Regierungen hätten aufbauen sollen, bei denen es selbstverständlich wäre, unseren Nachbarn beizustehen, mit Technologie, Wissen und einer transparenten Berichterstattung über Infektions- und Mortalitätsraten. Dass jetzt deutsche Kliniken französische und italienische COVID-19-Patienten aufnehmen, ist zwar noch die Ausnahme, aber immerhin ein erster Schritt in diese Richtung. Globale Kooperation ist nötig, und vielleicht braucht es COVID-19 ja, damit uns das klar wird. Wenn Ihr Nachbar Hilfe braucht, helfen Sie ihm. Warum sollte das anders sein, wenn es um die Beziehungen zwischen Ländern geht? Regierungen sind da, um die Bürgerinnen und Bürger zu schützen und ihnen zu helfen. Ihre(n) eigenen Bürgerinnen und Bürger, klar. Aber schützen die Regierungen sie nicht auch, indem sie Bande aufbauen, die auf gegenseitigem Vertrauen fußen und die es uns erlauben, auch für die Menschen jenseits unserer Grenzen gute Nachbarn zu sein?

In Wirklichkeit ist die Welt ein einziges Land. Vielleicht ist das nur »Hopepunk«, aber ich bin überzeugt davon, dass dies letztendlich eine durchaus sachliche Vision ist. Eine, die sich im unbarmherzigen Licht der sozialen Isolation vielleicht umso deutlicher abzeichnet. Es ist Zeit, dass wir darauf reagieren und endlich handeln.[2]

Robert L. Kelly
Laramie, Wyoming im April 2020

Anhang

Anmerkungen

Kapitel 1

1 Kooperationen entstehen im Rahmen des Wettbewerbsprozesses. Zur Diskussion der Entwicklung der Kooperation siehe Cronk & Leech (2013).
2 Ein signifikanteres Datum könnte der 13. Oktober 4772 sein. Das ist der Zeitpunkt, an dem der nächste Maya-Zyklus, p'itkun (20 b'ak'tuns), zu Ende geht.
3 Siehe McKibben (1989), Fukuyama (1992), Guéhenno (1994), Postman (1995), Horgan (1996), D'Souza (1996), Roberts (2004), Harris (2004), Clover (2004), Sachs (2005), Rifkin (1995), Roberts (2008), Suskind (2008), Kessler (2009), Heinberg (2011), Baker (2011), Wolman (2012), Greco (2009), Horgan (2012), Rosin (2012), Carswell (2012) und Boggs (2000).
4 Diamond (2011), Wilson (2002, 2013, 2016).
5 Abgesehen von den allgegenwärtigen Selbsthilfe-, Ernährungs- und Fitness-Ratgebern, die sich schon fast ärgerlich optimistisch geben. Wenigstens werden wir alle fit sein und uns in unserer Haut wohlfühlen, wenn die Reiter der Apokalypse auf uns niederkommen.
6 Kaplan (1996).
7 Hardoon, Ayele & Fuentes-Nieva (2016). Und eine solche Konzentration des Wohlstands führt auch zu einer Konzentration politischer Macht.
8 Gore (2015), Kissinger (2014), Kaplan (1996).
9 Kolbert (2015), Klein (2015), Vince (2016), Weisman (2014), Oreskes und Conway (2015), Steffen, Broadgate et al. (2015), Steffen, Richardson et al. (2015).
10 Weisman (2014).
11 Wright (2000), Ridley (2011), Pinker (2011), Kenny (2012), Goldstein (2012), Deaton (2017) und Ackerman (2014). Siehe auch das Human Security Report Project (2011).

Kapitel 2

1 Näheres zu Ötzi siehe Fleckinger (2016) und Fowler (2000).
2 Eine Biografie von Crawford findet sich in Hauser (2008).
3 Rathje & Murphy (2001).

Kapitel 3

1 Harmand et al. (2015). An 3,6 Millionen Jahre alten Tierknochen scheint man Schnittmarken von Steinwerkzeugen gefunden zu haben. Falls dem so ist, hätte es also bedeutend früher als vor 3,3 Millionen Jahren Steinwerkzeuge gegeben.

Allerdings wird noch diskutiert, ob diese Schnittmarken tatsächlich von Steinwerkzeugen stammen.

2 Bonobos (*Pan paniscus*) nannte man früher »Pygmäen-Schimpansen«, doch die bilden eine ganz andere Spezies als die Gemeinen Schimpansen (*Pan troglodytes*).

3 Eine wunderbare Lektüre darüber, was diese Aussage bedeutet und was nicht, findet sich in Marks (2002).

4 Napier (1970).

5 Zu dieser Hypothese siehe Rodman & McHenry (1980), einen Überblick über verschiedene Theorien zur Bipedie bietet Vaughan (2003). Eine andere Hypothese, die Owen Lovejoy (1988) vertrat, deutet die Bipedie als Teil eines ganzen Komplexes von Merkmalen, einschließlich einer verkürzten Schwangerschaft, erhöhter Konkurrenz und eines veränderten Fortpflanzungsverhaltens. Bei vielen Affen und Menschenaffen konkurrieren Männchen um den Zugang zu Weibchen, kümmern sich aber nicht um den daraus resultierenden Nachwuchs, der mitunter Jahre braucht, bis er erwachsen ist. Lovejoy argumentierte, ein Männchen könnte einen Wettbewerbsvorteil gehabt haben, wenn es für ein Weibchen und ihr gemeinsames Junges sorgte. Dazu hätte es in der Lage sein müssen, Nahrung mitzuführen, daher hätte die Selektion zweibeinige Männchen bevorzugen können, die dieses Merkmal dann an all ihre Nachkommen weitergaben. Veränderungen in der Beckenstruktur, die eine Bipedie ermöglichten, hätten jedoch aufgrund der Verkleinerung des Geburtskanals eine frühere Geburt erfordert; die Kinder wären noch stärker von Erwachsenen abhängig gewesen, vermutlich von der Mutter. Dies wiederum hätte im Umkehrschluss dazu geführt, dass die Männchen noch mehr Nahrung hätten beschaffen müssen. Auch wenn ich diese Hypothese unterschreibe, bleibt doch eine Frage: Wenn die Bipedie für das Leben in der Savanne so nützlich ist, warum laufen dann Löwen, Hyänen, Antilopen, Gnus usw. heute nicht ebenfalls auf zwei Beinen? Das liegt daran, dass die Evolution nur auf etwas aufbauen kann, das bereits existiert. Der Körper eines Affen, der auf Ästen herumläuft, erforderte viele genetische Veränderungen, aber weitaus weniger, als es der Körper eines Löwen oder eines Gnus erfordert hätte. Außerdem ist man auf vier Beinen schneller als auf zweien, was für ein Raubtier, das einer ebenfalls vierbeinigen Beute hinterherlaufen will, von Vorteil ist.

6 Toth & Schick (2009).

7 Thieme (1997). Dieser Fund war nur dank ganz außergewöhnlicher Erhaltungsbedingungen möglich. Wenn Archäologen die »frühesten Belege« für eine bestimmte Technologie oder ein bestimmtes Verhalten, wie etwa die Jagd, identifizieren, habe ich immer das Gefühl, dass diese Technologie bzw. dieses Verhalten schon lange vorher existierte. Dies gilt insbesondere für Beweise, die auf organischen Materialien beruhen, wie Speere. Insofern gehe ich davon aus, dass der »früheste Beleg« für die Jagd nicht mehr aussagt, als dass Menschen *spätestens* vor 300 000 Jahren großes Wild jagten, es wahrscheinlich aber bereits viel früher taten.

8 Moura & Lee (2004). Der Verzehr von Speicherorganen von Geophyten (Zwiebeln, Knollen) könnte einigen Hominin-Arten einen starken selektiven Vorteil

verschafft haben. Es gibt nicht viele Pflanzen mit tief unter der Erde liegenden Speicherorganen, daher gibt es für sie weniger Konkurrenz, und sie sind auch in trockenen Perioden verfügbar, wenn überirdische Nahrungsquellen knapp werden und es zu vermehrter Konkurrenz kommt. Wie die Darwinfinken mit ihrem langen Schnabel könnten einige Homininen im Falle der Geophyten eine bislang ungenutzte Nahrungsquelle erschlossen haben.

9 Vielleicht der *H. habilis;* einige bezeichnen *H. habilis* und *H. rudolfensis* als Australopithecinen, andere halten *A. garhi* für einen Vorgänger der Gattung *Homo*. Die Diskussion evolutionärer Beziehungen zwischen den verschiedenen »Spezies«, die die menschliche Evolution ausmachen, ist alles andere als beliebig, auch wenn es für Außenstehende so scheinen mag. Der Zeitraum von vor vier bis vor zwei Millionen Jahren ist besonders komplex, und aus Sicht der Paläoanthropologie gilt es hier noch einiges zu klären. Sicher ist, dass Homininen zu dieser Zeit eine adaptive Spezialisierung durchliefen und mindestens einer dieser Homininen bereits Werkzeuge verwendete.

10 Ungar (2004, 2012). Die Analyse der Überreste von Tieren an einigen Fundorten deutet darauf hin, dass vor etwa zwei Millionen Jahren mindestens Kleinwild gejagt wurde; siehe Ferraro et al. (2013).

11 Walker & Leakey (1993). Wie alt der Junge war, als er starb, ist nicht abschließend geklärt; einige gehen von elf Jahren aus. Der Nariokotome Boy litt außerdem unter einer Erkrankung des Rückgrats, was möglicherweise zu seinem frühen Tod zumindest beitrug. Einige Quellen klassifizieren den Nariokotome Boy als *Homo ergaster* (siehe Anm. 16).

12 Wrangham (2009), Gowlett & Wrangham (2013), Zink & Lieberman (2016).

13 Aiello & Wheeler (1995).

14 Berna et al. (2011). Dies ist ein weiteres heiß diskutiertes Thema, aber sorgfältige Studien zur »Mikro-Stratigraphie« finden für die Zeit bis vor etwa 400 000 Jahren kaum Anhaltspunkte für künstlich geschaffene Herde.

15 Ferring et al. (2011).

16 Überreste des frühen *Homo* außerhalb Afrikas werden häufig als *Homo erectus* klassifiziert, während die in Afrika gefundenen Überreste als *Homo ergaster* bezeichnet werden. Früher glaubte man, dass sich diese beiden geografisch unterschiedlich zu verortenden Gruppen von Homininen hinreichend voneinander unterscheiden, dass sie eine unterschiedliche Klassifizierung verdienen und dass sich der *Homo ergaster* zum *Homo erectus* entwickelt hat. Kürzlich bei Dmanisi in Georgien entdeckte hominine Fossilien legen jedoch nahe, dass diese vermeintlich verschiedenen Spezies nur Varianten ein und derselben Spezies sind. Siehe Lordkipanidze et al. (2013). Es gibt noch keine festen Definitionen der Begriffe.

17 Da Wirbelsäule und Becken bei uns ursprünglich für die Fortbewegung auf vier Beinen konzipiert waren, verursachte die Bipedie noch eine Reihe anderer Probleme, die die Menschen heute noch plagen, u. a. Rückenprobleme (wie Bandscheibenvorfälle), Ballenzehen, Leistenbrüche, Knieprobleme und Durchblutungsstörungen.

18 Lee (1980).

Kapitel 4

1 Das Thema des Ursprungs des modernen Menschen wurde in den letzten dreißig Jahren heftig diskutiert. Ein Überblick findet sich bei Bräuer (2014) und Stringer (2014). Zum Teil dreht es sich bei dieser Debatte um den Unterschied zwischen dem in anatomischer Hinsicht modernen Menschen und dem vom Verhalten her modernen Menschen. In anatomischer Hinsicht moderne Menschen lassen sich in Afrika ca. 160 000 Jahre zurückverfolgen; skelettale Überreste aus jener Zeit bezeichnet man als »archaischen« *Homo sapiens*, weil sein Schädel verschieden genug von dem des *Homo erectus* ist, um ihm einen anderen Namen zu geben, dem modernen Menschen aber nicht ähnlich genug, um ihn einfach nur *Homo sapiens* zu nennen. Fossilien, die jünger als 200 000 Jahre sind, ähneln jedoch dem modernen Menschen genug, um sie als moderne Menschen zu klassifizieren.

2 Mithen (1996).

3 Siehe den Überblick bei Kaminski (2014). Nur die Menschen scheinen merken zu können, wenn ihr Gegenüber lügt oder betrügt.

4 Dunbar (2003).

5 Steele, Ferrari & Fogassi (2012) sowie Stout & Chaminade (2012).

6 Barham (2013). Siehe auch Ambrose (2010) und Wadley (2013).

7 Leacock (1969).

8 Howell (2010). Die Ju/'Hoansi werden manchmal auch als !Kung bezeichnet. Sie sprechen eine sogenannte Klick-Sprache, und das / und das ! verweisen auf verschiedene Arten von Klicklauten; das ' zeigt einen sogenannten Glottalschlag an, eine Millisekunde der Stille. Man kann diese Sprache zum Beispiel in dem herrlichen albernen Film *Die Götter müssen verrückt sein* (1980) hören.

9 Altman (1987).

10 Stiner, Gopher & Barkai (2011), Stiner (2013).

11 Henshilwood, d'Errico & Watts (2009).

12 Texier et al. (2010).

13 Ein Überblick und Verweise finden sich bei Stiner (2014). Interessanterweise gibt es in Europa nur sehr wenige Beispiele für »Kunst«, die mit Neandertalern in Verbindung gebracht werden (obgleich fraglich ist, ob das bedeutet, dass Neandertaler keine Kunst anfertigten, oder ob bloß nichts erhalten ist). Und eine 500 000 Jahre alte Muschel, die während einer Ausgrabung im 19. Jahrhundert in Indonesien gefunden wurde, könnte einige absichtlich angebrachte Spuren auf der Oberfläche haben; siehe Joordens et al. (2015).

14 Ambrose (2003).

15 Harpending & Rogers (2000) sowie Li & Durbin (2011). Dies ist nach wie vor ein umstrittenes Feld mit vielen verwirrenden Faktoren.

16 Lewis-Williams (2002).

17 Dennett (2006), Boyer (2001), Boyer & Bergstrom (2008), Atran (2002) und Dawkins (2006). Einige Wissenschaftler meinen, sie müssten ihre Leser wissen lassen, dass sie aus rationalen Überlegungen heraus Atheisten sind: Wenn die Evolution die Entstehung der Religion erklären könne, bestehe kein Bedarf für göttliche Mächte. Mag sein, aber mich hat diese Logik nie wirklich befriedigt.

Indem wir zeigen, dass die Evolution die Religion hat entstehen lassen, beweisen wir nur, dass dafür kein göttliches Eingreifen nötig war. Die Nichtexistenz des Göttlichen beweist es nicht. Ich werde dieses Thema hier nicht vertiefen, möchte aber anmerken, dass ich kein Atheist bin (wenn Sie es genau wissen wollen: Ich bin Bahá'í). Ich gehe jedenfalls davon aus, dass die *Fähigkeit* zur Religion durch natürliche Auslese entstanden ist.

18 Pettitt (2013).

19 Gargett et al. (1989) und Sommer (1999). Dies ist ein weiteres äußerst kontrovers diskutiertes Thema; siehe Zilhão (2015).

20 Smith (2004).

21 Wiessner (2002).

Kapitel 5

1 Siehe Shipman (2015) und Skoglund et al. (2015). Die heutigen Hunde stammen allesamt von einem frühen domestizierten Wolf-Hund-Mischling ab. Wir wissen dies sowohl aus der Genetik als auch von Schädelformen. Da sich diese frühen domestizierten Wolf-Hund-Mischlinge jedoch mit wilden Wölfen und Kojoten fortpflanzen konnten, ist es extrem schwierig festzustellen, wann domestizierte Hunde zum ersten Mal aufgetaucht sind.

2 Schafe, Ziegen und Schweine wurden im Südwesten Asiens vor 7000 v. Chr. domestiziert, genau wie Kühe und Ochsen, jene allerdings zugleich im Südwesten Asiens und in Nordafrika. Das Pferd wurde etwa 4000 v. Chr. in Zentralasien domestiziert. Der Unterschied zwischen wilden und domestizierten Tieren lässt sich allerdings nur schwer an den Knochen erkennen. Die Knochen heutiger Wildschafe und Hausschafe zum Beispiel lassen sich leicht unterscheiden, aber die Knochen der ersten in Gefangenschaft gehaltenen Schafe hätte man kaum von denen der wilden Exemplare unterscheiden können. Daher kann es gut sein, dass unsere Nutztiere schon viel früher domestiziert wurden, als wir es derzeit annehmen, vielleicht bis zu tausend Jahre.

3 Statistik der Ernährungs- und Landwirtschaftsorganisation der Vereinten Nationen (http://www.fao.org/faostat/en/#home). Nicht die gesamte Produktion wird vom Menschen verzehrt; Mais wird beispielsweise auch als Viehfutter und zur Herstellung von Ethanol für Biokraftstoffe verwendet. Und ein Teil des Getreides wandert in die Produktion verschiedener alkoholischer Getränke.

4 Er hinterließ einen Brief, auf dem er vermerkte, er dürfe erst zehn Jahre später geöffnet werden. Als man ihn 1968 endlich lesen konnte, enthielt er leider keine angemessene Erklärung. Childe benutzte selten seinen Vornamen und publizierte stets als »V. Gordon Childe«; ein Abriss seines Lebens findet sich bei Trigger (1980).

5 Childe (1936); weitere Beispiele für seine große Begabung, archäologische Daten zu synthetisieren, finden sich in Childe (1942).

6 Skelette wurden bereits 1826 und 1848 gefunden, doch niemand erkannte ihre Bedeutung.

7 Genetische Daten wurden auch aus den Backenzähnen zweier erwachsener

Männer gewonnen, doch die meisten stammen vom Finger des Mädchens. Siehe Reich et al. (2010).

8 Wann der Mensch Nordamerika erreichte, ist umstritten. Meines Erachtens stammt der früheste definitive Beleg aus den Paisley-Höhlen in Oregon – menschliche Koprolithen (getrocknete Fäkalien), die laut DNA-Analyse etwa 14 500 Jahre alt sind. Es gibt Hinweise auf eine noch frühere Präsenz von Menschen an der Ostküste, die möglicherweise 20 000 Jahre alt oder noch älter sind, aber meiner Meinung nach sind die Beweise hier nicht schlüssig. Einen gut lesbaren Überblick über die Besiedlung der Neuen Welt durch die Vorfahren der amerikanischen Ureinwohner bietet Meltzer (2009).

9 Die Orte, die um 10 000 v. Chr. noch ohne menschliche Bewohner waren, wurden viel später besiedelt: Polynesien, Mikronesien und Madagaskar ab ca. 2000 v. Chr., Hawaii im 1. Jahrtausend n. Chr., Island ca. 800 und Neuseeland ca. 1300; die Antarktis wurde erstmals im 19. Jahrhundert von Menschen betreten.

10 Simms (1987). Eine Liste des Nettoenergiegewinns verschiedener Nahrungsmittel aus der Welt der Jäger und Sammler findet sich in Kelly (2013b).

11 Anthropologen haben auch anhand anderer Modelle die Bewegungen von Jägern und Sammlern untersucht; siehe Kelly (2013b).

12 Barker (2006) bietet einen globalen Überblick über den Ursprung der Landwirtschaft.

13 Bis 2009 verorteten Geologen die Grenze zwischen Pliozän und Pleistozän auf der Zeit vor etwa 1,8 Millionen Jahren. Doch neue Daten am Beginn der kontinentalen Eiszeit ließen die Forscher umdenken.

14 Solche dicken Eisschilde nehmen ein Eigenleben an – sie bewegen sich, indem sie auf einer Wasserschicht gleiten, die aufgrund ihres enormen Gewichts aus der Eismasse herausgedrückt wird. Die Eisschilde bewegten sich langsam, waren aber stark genug, riesige Erdhaufen vor sich her zu schieben – ein solcher Haufen ist Long Island in New York. Die riesige Masse des Eises drückte ganze Regionen wie Skandinavien und den US-Bundesstaat Maine ein Stück weit in die Oberfläche des Planeten hinein; einige dieser Landstriche erheben sich noch heute um einige Millimeter pro Jahr über den Meeresspiegel.

15 Zahid, Robinson & Kelly (2016). Dies ist die langfristige Wachstumsrate; kurzfristig verzeichnete der Bevölkerungsanstieg als Reaktion auf veränderte Klimabedingungen mal höhere, mal niedrigere Wachstumsraten; siehe auch Kelly et al. (2013).

16 Benannt nach dem Weißen Silberwurz (botanischer Name: *Dryas octopetala*), der kalte Umgebungen bevorzugt; in Sedimentkernen enthaltener *Dryas*-Pollen half, den Kälterückfall zu erkennen. Eine frühere kurze Kälteperiode vor etwa 14 000 Jahren bezeichnet man als Ältere Dryaszeit.

17 Diese »thermohaline Zirkulation« ist ein Produkt aus Wassertemperatur und Salzgehalt (und anderen Variablen wie dem Wind). Siehe Alley (2007), Broecker (2010), Muschitiello et al. (2015), Not & Hillaire-Marcel (2012).

18 Einkorn und Emmer werden heute nur noch als lokale Spezialität angebaut. Der moderne Weizen ist ein Nachfahre von hexaploidem Weizen, der sich auf den Feldern früher Landwirte durch Hybridisierung mit anderen Gräsern entwickelte.

19 Doebley (2004).

20 Ein Fokus auf diesen Aspekt der Domestizierung von Pflanzen und Tieren fällt in einen theoretischen Bereich, den man als »Nischenkonstruktion« bezeichnet (siehe Smith 2015). Manche sehen es als Alternative zu den in diesem Kapitel beschriebenen Optimalitätsmodellen, ich halte beides für miteinander kompatibel. Menschen verändern ihre Umgebung durch gezielte Auswahl zum Beispiel großer Samen und durch künstliche Maßnahmen wie Bewässerung. Die Menschen reagieren dann auf ihre neue Umgebung. Gemäß dem Diet Breadth Model ermöglicht ein gesteigerter Nettoenergiegewinn einer Pflanze, andere potenzielle Nahrungsmittel auf dem Speiseplan zu überspringen. Das Ergebnis ist eine Ernährung, die von einer oder einigen wenigen domestizierten Pflanzen dominiert wird.

21 Als »Verkehrssprache« bezeichnet man eine einfach erlernbare Sprache, die es Menschen unterschiedlicher Muttersprache ermöglicht, miteinander zu kommunizieren. Oft handelt es sich um eine vereinfachte Version einer bestehenden Sprache, die Elemente anderer Sprachen enthält. Die Verkehrssprache Chinook basiert auf einer Sprache, die am unteren Lauf des Columbia River gesprochen wurde, und war mit Elementen anderer Sprachen von der Nordwestküste angereichert.

22 In der Evolutionstheorie bezeichnet man dies als »kostspieliges Signalisieren« (costly signaling). In der Tierwelt werden solche auffälligen Verhaltensweisen dazu verwendet, Partner anzulocken. Das riesige, farbenprächtige Rad des Pfauenhahns zum Beispiel sagt der Pfauenhenne: »Ich stecke viel Energie in dieses Rad, und das macht mir gar nichts aus. Ich bin stark. Wähl mich.« Auch die Festmahle dienen dazu, Allianzen zu schmieden und zu festigen, indem durch verschwenderische Zurschaustellung von Wohlstand Macht demonstriert wird. Zu den Festmahlen siehe Hayden (2014).

23 Bocquet-Appel (2015).

24 Eine Frau, die stillt, benötigt bis zu tausend Kalorien zusätzlich pro Tag.

Kapitel 6

1 Fagan (1975).

2 Nachdem Sie sich den Stein von Rosette angesehen haben, sollten Sie sich rechts halten, denn dann gelangen Sie zur der massiven schwarzen Granitstatue von Ramses II., die Giovanni Battista Belzoni 1815 im Auftrag der britischen Regierung aus dem Land schaffte und die eine der Inspirationsquellen für Percy Bysshe Shelleys Gedicht Ozymandias war. Wenn Sie nun nach links schauen, entdecken Sie meine Lieblingsobjekte im British Museum: lebensgroße ägyptische Statuen der löwenköpfigen Göttin Sachmet, ebenfalls aus schwarzem Granit.

3 Roscoe (2009).

4 Lehner (1997). Der Außenwinkel der Roten Pyramide des Snofru von knapp 44 Grad wurde mit Sicherheit von der Knickpyramide übernommen. Die Cheops-Pyramide hat einen Außenwinkel von nicht ganz 52 Grad. Dies ist wahrscheinlich der maximale Winkel für die sichere Konstruktion einer Steinpyramide.

5 Sie haben vielleicht schon einmal davon gehört, dass die Inka in der Lage waren, massive Steine ohne Mörtel so fest zusammenzufügen, dass nicht einmal eine Messerklinge dazwischenpasst. Ich habe Machu Picchu mit einem Taschenmesser besucht und kann bestätigen: Das stimmt.

6 Die Metallurgie kam an unterschiedlichen Orten auf der Welt zu verschiedenen Zeiten auf. In Asien beispielsweise gab es keine »Kupferzeit«. Bronzewerkzeuge tauchten in China etwa 2000 v. Chr. auf und in weiten Teilen des restlichen Südostasiens und Japans erst nach 1250 v. Chr. Eisenwerkzeuge gab es ca. 500 v. Chr. in ganz China und Südostasien. In der Neuen Welt gab es praktisch keine Metallbearbeitung, mit Ausnahme einiger weniger Kupferwerkzeuge und -verzierungen, zu deren Herstellung das Kupfer jedoch nicht eingeschmolzen, sondern roh verarbeitet wurde. Im Hochland Südamerikas wurden Gold und Silber eingeschmolzen. Metalle, größtenteils Kupfer und Gold, traten in Teilen von Mexiko erst um 600 n. Chr. auf, im übrigen Mittelamerika etwas früher.

7 Der Vollständigkeit halber: Der Sohn der Queen, Prinz Charles, dessen ältester Sohn Prinz William, Williams Sohn Prinz George, Williams Tochter Prinzessin Charlotte und Williams zweiter Sohn Prinz Louis. Fans des britischen Königshauses können sicherlich noch die nächsten vierzig Personen in der Thronfolge aufzählen.

8 Briggs (1970).

9 Fry (2007).

10 Ames & Maschner (1999).

11 Kelly (2013a, 2013b). Der Bevölkerungsdruck wurde als das Verhältnis der Bevölkerungsdichte einer Gruppe zur Produktivität ihrer Umwelt gemessen.

12 Solche Depressionsfrakturen befinden sich normalerweise auf der linken Seite. Da die meisten Menschen Rechtshänder sind, führen Schläge auf den Kopf bei einem Faustkampf üblicherweise zu Verletzungen auf der linken Seite des Schädels.

13 Siehe Wendorf (1968). Es gibt einen Fall extremer Gewalt gegen eine Gruppe in Nataruk in Kenia, der auf etwa 8000 v. Chr. datiert wird; siehe Mirazón Lahr et al. (2016).

14 Haas & Piscitelli (2013).

15 Ferguson (2013).

16 Siehe die Belege dafür in Allen & Jones (2014).

17 Das Ju/'Hoansi-Zitat stammt aus Lee (1979, S. 246), das Kwakwaka'wakw-Zitat aus Codere (1950, S. 120).

18 Ich habe die HRAF zum ersten Mal in den Siebzigerjahren verwendet. Zu diesem Zeitpunkt bestanden sie aus zehntausenden 10 × 15 Zentimeter großen Zetteln, die in Dutzenden Aktenschränken aufbewahrt wurden. Wenn man zum Beispiel etwas über Ehepraktiken in verschiedenen Kulturen wissen wollte, ging man zu dem entsprechenden Aktenschrank und zog die Schublade mit den Zetteln heraus, die unter *Marriage* abgelegt waren. Auf jedem der Zettel (an denen man sich gerne auch mal schnitt) war eine Passage aus einem ethnografischen Text vermerkt, der einige Aspekte der Ehepraktiken dieser Kultur beschrieb (manchmal waren dies durchaus einige Seiten). Wollte man etwas über den Zusammenhang zwischen Ehepraktiken und Ernährung erfahren, besorgte man sich dazu

die Zettel aus dem Fach *Food*, kompilierte die Daten, die man fand, und suchte nach Mustern und Zusammenhängen. Ich habe viele Stunden meines Lebens in der Bibliothek verbracht, mit tausenden solcher Zettel. Wie froh ich bin, dass solche Daten heute online verfügbar und viel einfacher zu verwenden sind!

19 Ember & Ember (1992), Ember, Adem & Skoggard (2013).

20 Keith (2004) beschreibt, wie der Erste Weltkrieg von armen Amerikanern gekämpft wurde.

21 Atran (2010).

22 Flannery & Marcus (2012).

23 Anthropologen wissen, dass soziale Ungleichheit und Geschlechterungleichheit Hand in Hand gehen. Mit zunehmender wirtschaftlicher Ungleichheit zwischen den sozialen Schichten steigt auch der Grad der Ungleichheit zwischen Männern und Frauen.

Kapitel 7

1 Das erste transatlantische Kabel wurde 1858 verlegt (leider hörte es nach wenigen Wochen auf zu funktionieren). In den folgenden Jahrzehnten wurden weitere solche Kabel verlegt.

2 Dieses Wort hat der niederländische Atmosphärenchemiker Paul J. Crutzen geprägt; andere haben den Begriff »katastrophozoisches Zeitalter« vorgeschlagen.

3 Steffen, Broadgate et al. (2015), Steffen, Richardson et al. (2015).

4 Mikrochips wurden Ende der Fünfzigerjahre entwickelt, waren aber erst in den Achtzigerjahren wirtschaftlich rentabel.

5 Bis ins 19. Jahrhundert betrug die Kindersterblichkeit (d. h. der Anteil der Menschen, die vor dem 15. Lebensjahr sterben) 40 bis 50 Prozent – das ist kaum weniger als bei unseren prähistorischen Vorfahren. Dieser Wert verbesserte sich erst mit dem Aufkommen der Keimtheorie, der Anästhesie und der antiseptischen Operationssäle. Auch unser besseres Verständnis von Krankheiten half uns, unsere Lebensbedingungen zu verbessern und die Sterblichkeit zu senken – zum Beispiel die Erkenntnis, dass sich Cholera nicht durch »schlechte Luft« verbreitet, sondern durch Einleiten menschlicher Exkremente in Flüsse, denen die Menschen ihr Trinkwasser entnehmen. Der wachsende globale Lebensmittelmarkt und die Industrialisierung der Landwirtschaft reduzierten ihrerseits die Sterblichkeit, indem sie die Nahrungsmittelversorgung absicherten.

6 Die Regierungen von Japan, Dänemark und Frankreich fordern Paare auf, mehr als ein Kind zu bekommen, einige bieten dafür sogar finanzielle Anreize. Dennoch erwartet man, dass die Bevölkerung zum Beispiel von Japan im kommenden Jahrhundert um 50 Prozent sinkt. Ursachen für diesen Rückgang sind u.a. die (wahrgenommenen) Kosten, die ein Kind verursacht und die in reichen Ländern eine hochwertige Tagesbetreuung, außerschulische Aktivitäten (Sport, Musik, Kunst) und eine Universitätsausbildung umfassen, die stärkere Beteiligung von Frauen an der Erwerbsbevölkerung (die Karriere hält viele davon ab, mehr als ein Kind zu bekommen) und die Verfügbarkeit wirksamer Verhütungsmittel.

7 Roser (2015).

8 Dieser Spruch wird allen möglichen Leuten zugeschrieben, u. a. Yogi Berra, Casey Stengel, Mark Twain und Niels Bohr.

9 Kay, einer der Entwickler des Desktop-Computers, sagte dies offenbar 1971 bei einem Treffen im Palo Alto Research Center von Xerox. Dabei paraphrasierte er wahrscheinlich den Physiker Dennis Gábor, der in seinem 1963 erschienenen Buch *Menschheit morgen* schrieb:»Die Zukunft kann zwar nicht vorhergesagt werden, aber sie lässt sich erfinden.« Beide meinten damit aber die Technologie, nicht das Zusammenleben der Menschen.

10 Zitiert in Ackerman (2014, S. 181).

11 Oder Filme wie die Mad-Max-Reihe, *Elysium, Blade Runner, Jahr 2022 ... die überleben wollen, Planet der Affen* – und die Liste geht noch weiter. Doch unsere Vision einer düsteren Zukunft ist eine kulturelle Tatsache; wir glauben, dass sie stimmt. Sobald wir das einsehen, erkennen wir, dass wir die Zukunft so gestalten können, wie wir sie haben wollen.

12 Micklethwait & Wooldridge (2014); ein früheres Beispiel bei Waltz (1954). Neuere quantitative Analysen finden sich bei Peregrin, Ember & Ember (2004), Carneiro (2004), Graber (2004), Roscoe (2004), Taagepera (1978).

13 Unter Verwendung einfacher linearer Regression mit anschließendem Lösen der resultierenden Gleichung für X (Bevölkerung), wenn Y (Größe des größten Landes) 133 Millionen Quadratkilometern entspricht.

14 Ich zähle Taiwan mit, das von manchen nicht als eigener Staat anerkannt wird.

15 Was die Ludditen Anfang des 19. Jahrhunderts veranlasste, die Maschinen zu sabotieren. Sie wollten jedoch einfach nur ihre Arbeitsplätze behalten, nicht als Feinde des technischen Fortschritts in die Geschichte eingehen.

16 »Future of Jobs« (2014).

17 »Future of Jobs« (2014). Dies liegt größtenteils daran, dass Arbeitgeber so die hohen Kosten der für Vollzeitkräfte vorgesehenen an Sozialleistungen vermeiden können.

18 Von 1995, als Zenith nach Korea verkauft wurde, bis 2012, als Element Electronics den Betrieb aufnahm, wurde in den USA kein einziges Fernsehgerät produziert. Auch heute noch sind nahezu sämtliche Fernsehgeräte, die in amerikanischen Haushalten stehen, im Ausland hergestellt worden.

19 Siehe Friedman (2005).

20 »A Sub-Saharan Scramble« (2015).

21 1944 kostete eine P-51 Mustang etwa 51 000 US-Dollar. Mein Vater, der während des Zweiten Weltkriegs im Pazifik kämpfte, erzählte mir: Wenn auf dem Deck eines Flugzeugträgers einer Mustang eine Fahrwerksstrebe brach, musste der Pilot schnell aussteigen, und das Flugzeug wurde kurzerhand über Bord geschoben, um Platz für weitere Flugzeuge zu machen, die dringend landen mussten – die Mustangs galten als entbehrlich.

22 Der Congressional Research Service veranschlagte die Kosten auf 1,6 Billionen US-Dollar. Manche Ökonomen rechnen jedoch mit weitaus höheren Kosten, zwischen vier und sechs Billionen US-Dollar, nicht zuletzt aufgrund höherer Zahlungen an Kriegsveteranen.

23 Die US-Regierung gibt seit Jahrzehnten rund die Hälfte ihres frei verfügbaren Budgets für das Militär aus, und die Militärausgaben sind seit dem 11. Septem-

ber um die Hälfte gestiegen, während die übrigen Ausgaben nur um 13,5 Prozent gestiegen sind (National Priorities Project, auf Basis von Daten des Office of Management and Budget). Die USA sind gerade dabei, für Billionen Dollar ihr Atomwaffenarsenal aufzustocken.

24 Fallows (2015).

25 Keegan (1997, S. 110). Siehe auch Goldstein (2012) und das Human Security Report Project (2011).

26 Andere Länder oder Regionen, in denen man von Sezession spricht oder die eine teilweise Anerkennung ihres autonomen Status erreicht haben, sind Transnistrien, Südossetien, Abchasien, Somaliland, Westpapua und Südtirol.

27 Armstrong (2014).

28 Barber (1998).

29 Die Tea Party behauptet, die USA besäßen in der Welt einen besonderen Status; diese Haltung nennt man »Amerikanischen Exzeptionalismus«. Den Begriff benutzte als Erster Josef Stalin (in abwertender Weise), nachdem die Kommunistische Partei der USA behauptet hatte, in den Staaten sei keine gewalttätige Revolution erforderlich, um den Kommunismus einzuführen. Die USA sind nicht mehr oder weniger außergewöhnlich als alle anderen Länder. Wenn sie glauben, sie müssten sich nicht an die Regeln halten, verhalten sie sich wie das dicke, reiche Kind in der Nachbarschaft, das meint, beim Spielen müssten alle sich an seine Regeln halten, weil ihm der Ball gehört. Eine solche Haltung ist niemals förderlich für friedliche Beziehungen, weder zwischen Schulkindern noch zwischen Nationen.

30 Ein weiterer Effekt, der bei den Ohnmächtigen vorherrscht, ist eine höhere Selbstmordrate, wie wir sie leider bei vielen »wild lebenden« indigenen Völkern beobachten. Siehe Lyons (2015).

31 Genau das hat der Historiker Akira Iriye (2002) getan. Bei ihm ist die Geschichte des 20. Jahrhunderts die Geschichte der Gründung internationaler Organisationen und eines zunehmend internationalen Netzwerks mit Verbindungen auf wirtschaftlicher, staatlicher und kultureller Ebene.

32 Ein Resultat dabei könnten mehrere große kooperative Einheiten sein (man könnte sie vielleicht als »Superstaaten« bezeichnen), die miteinander konkurrieren, zum Beispiel USA–Kanada–Lateinamerika–EU gegen Russland–Nahost–China–Indien (Graber 2004). Aber das wäre doch sehr schade.

33 Cartwright (2008, S. 49). Dies konnte man im Nahen Osten während des sogenannten Arabischen Frühlings beobachten, als Facebook und Twitter zu Werkzeugen eines dramatischen Wandels wurden. Nationale Grenzen haben für soziale Medien wenig Bedeutung.

34 Khanna (2011). Davidson & Rees-Mogg (1997) gehen davon aus, dass dies auf der Ebene des Individuums stattfindet. Im vernetzten Informationszeitalter können Individuen ihre Arbeitskraft Auftraggebern in der ganzen Welt zur Verfügung stellen.

35 Khanna (2013, SR5).

36 »Plan to Protect Refuge Has Alaskans Offended and Fearful over Money« (2015).

37 Zitiert in »Sovereign State«, *Wikipedia*, http://en.wikipedia.org/wiki/Sovereign_state, abgerufen am 13.11.2015.

38 Und oft sinnlos: Man könnte eine Staumauer um Miami bauen, aber das Wasser würde dann einfach durch den porösen Kalkstein sickern, auf dem diese Mauer stehen würde.

39 Siehe Hsiang et al. (2011, 2013).

40 Kennedy (2007), Goldstein (2012).

41 Wie Ewing anmerkt (2007, S. 35), heißt es im Anand-Bericht der Vereinten Nationen aus dem Jahr 2004, der Sicherheitsrat müsse »aktiver« werden, »glaubwürdiger, legitimer und repräsentativer«. Dies ist ihm bislang nicht gelungen.

42 Das komplette Zitat, aus *Die Arglosen im Ausland* (1869), lautet: »Das Reisen ist fatal für Vorurteile, Bigotterie und Engstirnigkeit, und gerade deshalb hätten viele Leute dringend eine Reise nötig. Umfassende, gesunde und wohlwollende Ansichten über andere Menschen und Dinge erhält man nicht, wenn man sein gesamtes Dasein in einem kleinen Winkel der Erde fristet.« Dies ist die beste Begründung für Universitäten, ihren Studierenden vorzuschreiben, im Rahmen ihrer Hochschulausbildung eine Zeit im Ausland zu verbringen.

43 Ich gebe zu, dass das Ganze einen Haken hat: Im Bestreben, Filme für eine potenzielle Zielgruppe von einer Milliarde Menschen zu produzieren, beugen sich Produzenten schon heute den Wünschen des Ministeriums für Radio, Fernsehen und Film der Volksrepublik China. Zum Beispiel hatte *Iron Man 3* in Shanghai ein anderes Ende als in den USA, und das ganz offensichtlich der chinesischen Propaganda zuliebe.

44 Es gibt zwei Arten politischer Ansätze für einen Wandel: Top-down- und Bottom-up-Ansätze. Ein Großteil unserer politischen Debatten dreht sich darum, welcher der bessere ist. Die Befürworter von Top-down-Ansätzen wünschen sich beispielsweise mehr staatliche Sozialprogramme, eine universelle Gesundheitsfürsorge und eine Anhebung des Mindestlohns oder ein garantiertes Mindesteinkommen. Sie möchten den gewünschten Wandel mit den Mitteln der Legislative erreichen. Kritiker befürchten, dass ein solcher Wohlfahrtsstaat eine Kultur der Abhängigkeit schafft, in der eine kleine Elite viele »faule« Menschen durchfüttert. Jene, die Bottom-up-Ansätze bevorzugen, wollen Marktkontrolle, mehr Privatisierung und Eigenverantwortung und weniger Vorschriften. Sie wollen Einschränkungen aufheben, damit Veränderungen »auf natürliche Weise«, d. h. von unten nach oben, geschehen. Die Befürchtung hier ist, dass Märkte, die von Profit statt sozialer Verantwortung geleitet sind, die Umwelt zerstören und zu Sozialdumping neigen, indem sie zum Beispiel ausbeuterische Löhne zahlen. Der Liberalist Matt Ridley (2015) plädiert für die langfristige Wirksamkeit von Bottom-up-Ansätzen. Aber ich glaube, seine Analyse ist fehlerhaft. Erstens gibt es durchaus Fälle, in denen Top-down-Ansätze »gute« Ergebnisse gezeitigt haben. Straßenverkehr, Verteidigung, Bürgerrechte und schulische Integration sind Dinge, die sich am besten von oben nach unten regeln lassen. Ohne das Eingreifen der US-Regierung würden die Gouverneure mancher Bundesstaaten vielleicht noch heute Rassentrennung vorschreiben. Zweitens hält Ridley Top-down-Ansätze pauschal für anti-evolutionär, dabei entwickelt sich die Kontrolle der sozialen und wirtschaftlichen Struktur durch die Elite ganz »natürlich«. Top-down-Ansätze (in liberalen Demokratien, aber auch in Diktaturen) sind durchaus ein Ergebnis evolutionärer Prozesse. Die Antwort liegt irgendwo da-

zwischen. Dean Baker (2011) beispielsweise spricht sich für Top-down-Ansätze aus, die Bottom-up-Verhaltensweisen erzeugen, die den größten Nutzen für die meisten Menschen bringen.

Epilog

1   Der Begriff »Hopepunk« wurde 2017 von der US-Schriftstellerin Alexandra Rowland geprägt.
2   Ich danke John E. Robb von der University of Cambridge für seine Überlegungen zu diesem Epilog. Auf folgende Quellen habe ich zurückgegriffen: Alfani & Murphy (2017), Freeman et al. (2018), Fuchs et al. (2019), Keller et al. (2019), More et al. (2017), Nicolás et al. (2019), Spyrou et al. (2019a), Spyrou et al. (2019b).

Bibliografie

Ackerman, Diane. 2014. *The Human Age: The World Shaped by Us.* Norton, New York.

Aiello, Leslie C. & Wheeler, Peter. 1995. »The Expensive-Tissue Hypothesis: The Brain and the Digestive System in Human and Primate Evolution«. *Current Anthropology* 36, S. 199–221.

Alfani, Guido & Tommy E. Murphy. 2017. »Plague and Lethal Epidemics in the Pre-Industrial World«. *Journal of Economic History* 77, S. 314–343.

Allen, Mark & Terry Jones, (Hrsg.). 2014. *Violence and Warfare among Hunter-Gatherers.* Left Coast Press, Walnut Creek, CA.

Alley, Richard B. 2007. »Wally Was Right: Predictive Ability of the North Atlantic ›Conveyor Belt‹ Hypothesis for Abrupt Climate Change«. *Annual Review of Earth and Planetary Sciences* 35, S. 241–272.

Altman, Jon C. 1987. *Hunter-Gatherers Today.* Australian Institute of Aboriginal Studies, Canberra.

Ambrose, Stanley H. 2003. »Did the Super-Eruption of Toba Cause a Human Population Bottleneck? Reply to Gathorne-Hardy and Harcourt-Smith«. *Journal of Human Evolution* 45, S. 231–237.

——. 2010. »Coevolution of Composite-Tool Technology, Constructive Memory, and Language: Implications for the Evolution of Modern Human Behavior«. *Current Anthropology* 51, S. 135–147.

Ames, Kenneth & Herbert D.G. Maschner. 1999. *Peoples of the Northwest Coast: Their Archaeology and Prehistory.* Thames and Hudson, London.

Antón, Susan. 2003. »A Natural History of *Homo erectus*«. *Yearbook of Physical Anthropology* 46, S. 126–170.

Armstrong, Karen. 2014. *Fields of Blood: Religion and the History of Violence.* Knopf, New York.

Atran, Scott. 2002. *In Gods We Trust: The Evolutionary Landscape of Religion.* Oxford University Press, Oxford.

——. 2010. *Talking to the Enemy: Faith, Brotherhood, and the Unmaking of Terrorists.* HarperCollins, New York.

Baker, Dean. 2011. *The End of Loser Liberalism*. Center for Economic and Policy Research, Washington, DC.

Barber, Benjamin. 1998. *Coca Cola und Heiliger Krieg*. Scherz, München.

Barham, Lawrence. 2013. *From Hand to Handle: The First Industrial Revolution*. Oxford University Press, Oxford.

Barker, Graeme. 2006. *The Agricultural Revolution in Prehistory*. Oxford University Press, Oxford.

Berna, F. Francesco, Paul Goldberg, Liora Kolska Horwitz, James Brink, Sharon Holt, Marion Bamford & Michael Chazan. 2012. »Microstratigraphic Evidence of In Situ Fire in the Acheulean Strata of Wonderwerk Cave, Northern Cape Province, South Africa«. *Proceedings of the National Academy of Sciences* 109, E1215–E1220.

Bocquet-Appel, Jean-Pierre. 2015. »When the World's Population Took Off: The Springboard of the Neolithic Demographic Transition«. *Science* 333, S. 560–561.

Boggs, Carl. 2000. *The End of Politics: Corporate Power and the Decline of the Public Sphere*. Guilford Press, New York.

Boyer, Pascal. 2001. *Religion Explained: The Evolutionary Origins of Religious Thought*. Basic Books, New York.

Boyer, Pascal & Brian Bergstrom. 2008. »Evolutionary Perspectives on Religion«. *Annual Review of Anthropology* 37, S. 111–130.

Brauer, Günter. 2014. »Origin of Modern Humans«. In *Handbook of Paleoanthropology*, 2. Aufl., hrsg. v. Winfried Henke and Ian Tattersall, 2300–2331. Springer, Heidelberg.

Briggs, Jean. 1970. *Never in Anger: Portrait of an Eskimo Family*. Harvard University Press, Cambridge.

Broecker, Wallace S. 2010. *The Great Ocean Conveyor: Discovering the Trigger for Abrupt Climate Change*. Princeton University Press, Princeton.

Carneiro, Robert. 2004. »The Political Unification of the World: Whether, When, and How-Some Speculations«. *Cross-Cultural Research* 38, S. 162–177.

Carswell, Douglas. 2012. *The End of Politics*. Biteback Publishing, London.

Cartwright, James. 2008. »Deciphering the Mega-Trends«. In *The Way We Will Be 50 Years from Today: 60 of the World's Greatest Minds Share*

Their Visions of the Next Half Century, hrsg. v. Mike Wallace, S. 46–51. Thomas Nelson, Nashville.

Childe, V. Gordon. 1936. *Man Makes Himself.* Watts, London.

——. 1942. *What Happened in History?* Penguin, Harmondsworth.

Clover, Charles. 2004. *The End of the Line.* New Press, New York.

Codere, Helen. 1950. *Fighting with Property: A Study of Kwakiutl Pot latching and Warfare, 1792–1930.* American Ethnological Society Monograph 18. University of Washington Press, Seattle.

Cronk, Lee & B. L. Leech. 2013. *Meeting at Grand Central: Understanding the Social and Evolutionary Roots of Cooperation.* Princeton University Press, Princeton, New Jersey.

Davidson, James Dale & Lord William Rees-Mogg. 1997. *The Sovereign Individual: Mastering the Transition to the Information Age.* Touchstone, New York.

Dawkins, Richard. 2006. *The God Delusion.* Houghton Mifflin, Boston.

Deaton, Angus. 2017. *Der große Ausbruch: Von Armut und Wohlstand der Nationen.* 2. Aufl., Klett-Cotta, Stuttgart.

Dennett, Daniel. 2006. *Breaking the Spell: Religion as a Natural Phenomenon.* Viking, New York.

Diamond, Jared. 2011. *Kollaps – Warum Gesellschaften überleben oder untergehen.* S. Fischer, Frankfurt/Main.

Doebley, John. 2004. »The Genetics of Maize Evolution«. *Annual Review of Genetics* 38, S. 37–59.

D'Souza, Dinesh. 1996. *The End of Racism.* Free Press, New York.

Dunbar, Robin I.M. 2003. »The Social Brain: Mind, Language, and Society in Evolutionary Perspective«. *Annual Review of Anthropology* 32, S. 163–181.

Ember, Carol & Melvin Ember. 1992. »Resource Unpredictability, Mistrust, and War: A Cross-Cultural Study«. *Journal of Conflict Resolution* 36, S. 242– 262.

Ember, Carol R., Teferi Abate Adem & Ian Skoggard. 2013. »Risk, Uncertainty, and Violence in Eastern Africa: A Regional Comparison«. *Human Nature* 24, S. 33–58.

Ewing, Sovaida Ma'ani. 2007. *Collective Security within Reach.* George Ronald, Oxford.

Fagan, Brian. 1975. *The Rape of the Nile.* Scribner's, New York.

Fallows, James. 2015. »Why Do the Best Soldiers in the World Keep Losing?« *Atlantic* (Januar/Februar).

Ferguson, Brian. 2013. »Pinker's List: Exaggerating Prehistoric War Mortality«. In *War, Peace, and Human Nature: The Convergence of Evolutionary and Cultural Views,* hrsg. v. Douglas Fry, S. 112–131. Oxford University Press, Oxford.

Ferraro, Joseph V., Thomas W. Plummer Briana L. Pobiner, James S. Oliver, Laura C. Bishop, David R. Braun, Peter W. Ditchfield, John W. Seaman III, Katie M. Binetti, John W. Seaman Jr., Fritz Hertel & Richard Potts. 2013. »Earliest Archaeological Evidence of Persistent Hominin Carnivory«. *Plos One.* doi.org/10.1371/journal.pone.0062174.

Ferring, Reid, Oriol Oms, Jordi Agustí, Francesco Berna, Medea Nioradze, Teona Shelia, Martha Tappen, Abesalom Vekua, David Zhvania & David Lordkipanidze. 2011. »Earliest Human Occupations at Dmanisi (Georgian Caucasus) dated to 1.85–1.78 Ma«. *Proceedings of the National Academy of Sciences* 108, S. 10432–10436.

Flannery, Kent & Joyce Marcus. 2012. *The Creation of Inequality.* Harvard University Press, Cambridge, Massachusetts.

Fleckinger, Angelika. 2016. Ötzi, der Mann aus dem Eis: Alles Wissenswerte zum Nachschlagen und Staunen. 8. Aufl. Folio, Rom.

Fowler, Brenda. 2000. *Iceman: Uncovering the Life and Times of a Prehistoric Man Found in an Alpine Glacier.* University of Chicago Press, Chicago.

Freeman, Jacob, Jacopo A. Baggio, Erick Robinson, David A. Byers, Eugenia Gayo, Judson Byrd Finley, Jack A. Meyer, Robert L. Kelly & John M. Anderies. 2018. »The Synchronization of Energy Consumption by Human Societies throughout the Holocene«. *Proceedings of the National Academy of Sciences* 115, S. 9962–9967.

Friedman, Thomas. 2005. *The World Is Flat.* Farrar, Straus & Giroux, New York.

Fry, Douglas. 2007. *Beyond War: The Human Potential for Peace.* Oxford University Press, Oxford.

Fuchs, Katharina, Christoph Rinne, Clara Drummer, Alexander Immel, Ben Krause-Kyora & Almut Nebel. 2019. »Infectious Diseases and Neolithic Transformations: Evaluating Biological and Archaeological Proxies in the German Loess Zone between 5500 and 2500 BCE«. The *Holocene* 29, S. 1545–1557.

Fukuyama, Francis. 1992. *Das Ende der Geschichte.* Kindler, München.

»The Future of Jobs: The Onrushing Wave«. 2014. *Economist,* 18. Januar.

Gábor, Dennis. 1965. *Menschheit morgen.* Scherz, Bern/München/Wien.

Gargett, Robert H., Harvey M. Bricker, Geoffrey Clark, John Lindly, Catherine Farizy, Claude Masset, David W. Frayer, Anta Montet-White, Clive Gamble, Antonio Gilman, Arlette Leroi-Gourhan, M.I. Martínez Navarrete, Paul Ossa, Erik Trinkaus & Andrzej W. Weber. 1989. »Grave Shortcomings: The Evidence for Neandertal Burial«. Current Anthropology 30, S. 157–190.

Goldstein, Joshua. 2012. *Winning the War on War: The Decline of Armed Conflict Worldwide.* Penguin, New York.

Gore, Al. 2015. *Die Zukunft. Sechs Kräfte, die unsere Welt verändern.* Pantheon, München.

Gowlett, John A.J. & Richard Wrangham. 2013. Earliest Fire in Africa: Towards the Convergence of Archaeological Evidence and the Cooking Hypothesis. *Azania: Archaeological Research in Africa* 48, S. 5–30.

Graber, Robert. 2004. »Is a World State Just a Matter of Time? A Population-Pressure Alternative«. *Cross-Cultural Research* 38, S. 147–161.

Greco, Thomas. 2009. *The End of Money and the Future of Civilization.* Chelsea Green Publishers, White River Junction, VT.

Guéhenno, Jean-Marie. 1994. *Das Ende der Demokratie.* Artemis & Winkler, Zürich & Stuttgart.

Haas, Jonathan & Matthew Piscitelli. 2013. »The Prehistory of Warfare: Misled by Ethnography«. In *War, Peace, and Human Nature: The Convergence of Evolutionary and Cultural Views,* hrsg. v. Douglas Fry, S. 168–190. Oxford University Press, Oxford.

Hardoon, Deborah, Sophia Ayele & Ricardo Fuentes-Nieva. 2016.

»An Economy for the 1%«. Oxfam Briefing Paper 210 (18. Januar). https://www.oxfam.org/sites/www.oxfam.org/files/file_attachments/ bp210-economy- one-percent-tax-havens-180116-en_0.pdf.

Harmand, Sonia, Jason E. Lewis, Craig S. Feibel, Christopher J. Lepre, Sandrine Prat, Arnaud Lenoble, Xavier Boës, Rhonda L. Quinn, Michel Brenet, Adrian Arroyo, Nicholas Taylor, Sophie Clément, Guillaume Daver, Jean-Philip Brugal, Louise Leakey, Richard A. Mortlock, James D. Wright, Sammy Lokorodi, Christopher Kirwa, Dennis V. Kent & Hélène Roche. 2015. »3.3-Million-Year-Old Stone Tools from Lomekwi 3, West Turkana, Kenya«. *Nature* 521, S. 310–315.

Harpending, Henry & Alan Rogers. 2000. »Genetic Perspectives on Human Origins and Differentiation«. *Annual Review of Genomics and Human Genetics* 1: 361–385.

Harris, Sam. 2004. *The End of Faith*. Norton, New York.

Hauser, Kitty. 2008. *Bloody Old Britain: O. G. S. Crawford and the Archaeology of Modern Life*. Granta Books, London.

Hayden, Brian. 2014. *The Power of Feasts: From Prehistory to the Present*. Cambridge University Press, Cambridge.

Heinberg, Richard. 2011. *The End of Growth*. New Society Publishers, Gabriola, British Columbia.

Henshilwood, C.S., Francesco d'Errico & Ian Watts. 2009. »Engraved Ochres from the Middle Stone Age Levels at Blombos Cave, South Africa«. *Journal of Human Evolution* 57, S. 27–47.

Horgan, John. 1996. *The End of Science*. Addison-Wesley, Boston.

——. 2012. *The End of War*. McSweeney's Books, San Francisco.

Howell, Nancy. 2010. *Life Histories of the Dobe !Kung: Food, Fatness, and Well-Being over the Life-Span*. University of California Press, Berkeley.

Hsiang, Solomon M., Marshall Burke & Edward Miguel. 2013. »Quantifying the Influence of Climate on Human Conflict«. *Science* 341. DOI:1235367– 1–1235367–14.

Hsiang, Solomon M., Kyle C. Meng & Mark A. Cane. 2011. »Civil Conflicts Are Associated with the Global Climate«. *Nature* 476, S. 438–441.

Human Security Report Project. 2011. *Human Security Report 2009/2010: The Causes of Peace and the Shrinking Costs of War*. Oxford University Press, Oxford.

Iriye, Akira. 2002. *Global Community: The Role of International Organizations in the Making of the Contemporary World.* University of California Press, Berkeley.

Joordens, Josephine C., Francesco d'Errico, Frank P. Wesselingh, Stephen Munro, John de Vos, Jakob Wallinga, Christina Ankjærgaard, Tony Reimann, Jan R. Wijbrans, Klaudia F. Kuiper, Herman J. Mücher, Hélène Coqueugniot, Vincent Prié, Ineke Joosten, Bertil van Os, Anne S. Schulp, Michel Panuel, Victoria van der Haas, Wim Lustenhouwer, John J.G. Reijmer & Wil Roebroeks. 2015. »*Homo erectus* at Trinil on Java Used Shells for Tool Production and Engraving«. *Nature* 518, S. 228–231.

Kaminski, Juliane. 2014. »Theory of Mind: A Primatological Perspective«. In *Handbook of Paleoanthropology*, 2. Aufl., hrsg. v. Winfried Henke & Ian Tattersall, 1741–1757. Springer, Heidelberg.

Kaplan, Robert. 1996. *Reisen an die Grenzen der Menschheit: Wie die Zukunft aussehen wird.* Droemer Knaur, München.

Keegan, John. 1997. *Die Kultur des Krieges.* Rowohlt, Reinbek.

Keith, Jeanette. 2004. *Rich Man's War, Poor Man's Fight.* University of North Carolina Press, Chapel Hill.

Keller, Marcel, Maria A. Spyrou, Christiana L. Scheib, Gunnar U. Neumann, Andreas Kröpelin, Brigitte Haas-Gebhard, Bernd Päffgen, Jochen Haberstroh, Albert Ribera i Lacomba, Claude Raynaud, Craig Cessford, Raphael Durand, Peter Stadler, Kathrin Nägele, Jessica S. Bates, Bernd Trautmann, Sarah A. Inskip, Joris Peters, John E. Robb, Toomas Kivisild, Dominique Castex, Michael McCormick, Kirsten I. Bos, Michaela Harbeck, Alexander Herbig & Johannes Krause. 2019. »Ancient Yersinia Pestis Genomes from across Western Europe Reveal Early Diversification During the First Pandemic (541–750)«. *Proceedings of the National Academy of Sciences* 116, S. 12363–12372.

Kelly, Robert K., Todd Surovell, Bryan Shuman & Geoff Smith. 2013. »A Continuous Climatic Impact on Holocene Human Population in the Rocky Mountains«. *Proceedings of the National Academy of Sciences* 110: 443–447.

Kelly, Robert L. 2013a. »From the Peaceful to the Warlike: Ethnographic and Archaeological Insights into Hunter-Gatherer Warfare and Homicide«. In *War, Peace, and Human Nature: The Convergence of Evolutionary and Cultural Views*, hrsg. v. Douglas Fry, S. 151–167. Oxford University Press, Oxford.

——. 2013b. *The Lifeways of Hunter-Gatherers: The Foraging Spectrum.* 2. Aufl. Cambridge University Press, Cambridge.

Kennedy, Paul. 2007. *Parlament der Menschheit: Die Vereinten Nationen und der Weg zur Weltregierung.* C. H. Beck, München.

Kenny, Charles. 2012. *Getting Better: Why Global Development Is Succeeding and How We Can Improve the World Even More.* Basic Books, New York.

Kessler, David. 2009. *The End of Overeating.* Rodale, New York.

Khanna, Parag. 2011. *How to Run the World: Charting a Course to the Next Renaissance.* Random House, New York.

——. 2013. »The End of the Nation-State?« *New York Times*, Sonntag, 12. Oktober, SR5.

Kissinger, Henry. 2014. *Weltordnung.* C. Bertelsmann, München.

Klein, Naomi. 2015. *Die Entscheidung: Kapitalismus vs. Klima.* S. Fischer, Frankfurt/Main.

Kolbert, Elizabeth. 2015. *Das sechste Sterben: Wie der Mensch Naturgeschichte schreibt.* Suhrkamp, Frankfurt/Main.

Leacock, Eleanor. 1969. »The Montagnais-Naskapi Band«. In Contributions to Anthropology: Band Societies, hrsg. v. D. Damas, 1–17. *National Museum of Canada Bulletin* 228. National Museum of Canada, Ottawa.

Lee, Richard. 1979. *The !Kung San: Men, Women, and Work in a Foraging Society.* Cambridge University Press, Cambridge.

——. 1980. »Lactation, Ovulation, Infanticide, and Women's Work: A Study of Hunter-Gatherer Population«. In *Biosocial Mechanisms of Population Regulation*, hrsg. v. M. Cohen, R. Malpass & H. Klein, S. 321–348. Yale University Press, New Haven.

Lehner, Mark. 1997. *The Complete Pyramids.* Thames and Hudson, London.

Lewis-Williams, David. 2002. *The Mind in the Cave.* Thames and Hudson, London.

Li, Heng & Richard Durbin. 2011. »Inference of Human Population History from Individual Whole-Genome Sequences«. *Nature* 475, S. 493–496.

Lordkipanidze, D., Marcia S. Ponce de León, Ann Margvelashvili, Yoel Rak, G. Philip Rightmire, Abesalom Vekua & Christoph P. E. Zollikofer. 2013. »A Complete Skull from Dmanisi, Georgia, and the Evolutionary Biology of Early *Homo*«. *Science* 342, S. 326–331.

Lovejoy, C.O. 1988. »Evolution of Human Walking«. *Scientific American* 259, S. 82–89.

Lyons, Charles. 2015. »Suicide Spreads through a Brazilian Tribe«, *New York Times*, 4. Januar, SR6.

Marks, Jonathan. 2002. *What It Means to Be 98 % Chimpanzee*. University of California Press, Berkeley.

McKibben, Bill. 1990. *Das Ende der Natur*. List, Berlin.

Meltzer, David. 2009. *First Peoples in a New World: Colonizing Ice Age America*. University of California Press, Berkeley.

Micklethwait, John & Adrian Wooldridge. 2014. *The Fourth Revolution: The Global Race to Reinvent the State*. Penguin, New York.

Mirazón Lahr, M., F. Rivera, R.K. Power, A. Mounier, B. Copsey, F. Crivellaro, J.E. Edung, J.M. Maillo Fernandez, C. Kiarie, J. Lawrence, A. Leakey, E. Mbua, H. Miller, A. Muigai, D.M. Mukhongo, A. Van Baelen, R. Wood, J.-L. Schwenninger, R. Grün, H. Achyuthan, A. Wilshaw & R. A. Foley. 2016. »Inter-Group Violence among Early Holocene Hunter-Gatherers of West Turkana, Kenya«. *Nature* 529, S. 394–398.

Mithen, Steven. 1996. *The Prehistory of the Mind*. Thames and Hudson, London.

More, Alexander F., Nicole E. Spaulding, Pascal Bohleber, Michael J. Handley, Helene Hoffmann, Elena V. Korotkikh, Andrei V. Kurbatov, Christopher P. Loveluck, Sharon B. Sneed, Michael McCormick & Paul A. Mayewski. 2017. »Next-Generation Ice Core Technology Reveals True Minimum Natural Levels of Lead (Pb) in the Atmosphere: Insights from the Black Death«. *Geo Health* 1, S. 211–219.

Moura, A. C. de A. & P. C. Lee. 2004. »Capuchin Stone Tool Use in Caatinga Dry Forest«. *Science* 306. S. 1909.

Muschitiello, Francesco, Francesco S. R. Pausata, Jenny E. Watson, Rienk H. Smittenberg, Abubakr A.M. Salih, Stephen J. Brooks, Nicola J. Whitehouse, Artemis Karlatou-Charalampopoulou & Barbara Wohlfarth. 2015. »Fennoscandian Freshwater Control on Greenland Hydroclimate Shifts at the Onset of the Younger Dryas«. *Nature Communications* 6: 8939. DOI:10.1038/ncomms9939.

Napier, John. 1970. *The Roots of Mankind.* Smithsonian Books, Washington DC.

Nicolás, Rascován, Karl-Göran Sjögren, Kristian Helbo Kristiansen, Rasmus Nielsen, Eske Willerslev, Cristelle Desnues & Simon Rasmussen. 2019. »Emergence and Spread of Basal Lineages of Yersinia Pestis During the Neolithic Decline«. *Cell* 176, S. 1–11.

Not, Christelle & Claude Hillaire-Marcel. 2012. »Enhanced Sea-Ice Export from the Arctic during the Younger Dryas«. *Nature Communications* 3, S. 647. DOI:10.1038/ncomms1658.

Oreskes, Naomi & Erik M. Conway. 2015. *Vom Ende der Welt: Chronik eines angekündigten Untergangs.* Oekom, München.

Peregrin, Peter, Melvin Ember & Carol Ember. 2004. »Predicting the Future State of the World Using Archaeological Data: An Exercise in Archaeomancy«. *Cross-Cultural Research* 38, S. 133–146.

Pettitt, Paul. 2013. *The Paleolithic Origins of Human Burial.* Routledge, New York.

Pinker, Steven. 2012. *Gewalt: Eine neue Geschichte der Menschheit.* S. Fischer, Frankfurt/Main.

»Plan to Protect Refuge Has Alaskans Offended and Fearful Over Money«. 2015. *New York Times,* 26. Januar, A14.

Postman, Neil. 1995. *The End of Education.* Knopf, New York.

Rathje, William & Cullen Murphy. 2001. *Rubbish! The Archaeology of Garbage.* University of Arizona Press, Tucson.

Reich, David, Richard E. Green, Martin Kircher, Johannes Krause, Nick Patterson, Eric Y. Durand, Bence Viola, Adrian W. Briggs, Udo Stenzel,

Philip L.F. Johnson, Tomislav Maricic, Jeffrey M. Good, Tomas Marques-Bonet, Can Alkan, Qiaomei Fu, Swapan Mallick, Heng Li, Matthias Meyer, Evan E. Eichler, Mark Stoneking, Michael Richards, Sahra Talamo, Michael V. Shunkov, Anatoli P. Derevianko & Jean-Jacques Hublin. 2010. »Genetic History of an Archaic Hominin Group from Denisova Cave in Siberia«. *Nature* 468, S. 1053–1060.

Ridley, Matt. 2011. *Wenn Ideen Sex haben: Wie Fortschritt entsteht und Wohlstand vermehrt wird.* DVA, München.

——. 2015. *The Evolution of Everything.* HarperCollins, New York.

Rifkin, Jeremy. 1995. *The End of Work.* Putnam, New York.

Roberts, Paul. 2004. *The End of Oil.* Mariner Books, New York.

——. 2008. *The End of Food.* Houghton Mifflin, Boston.

Rodman, Peter S. & Henry M. McHenry. 1980. »Bioenergetics and the Origin of Hominid Bipedalism«. *American Journal of Physical Anthropology* 52, S. 103–6.

Roebroeks, Wil & Paola Villa. 2011. »On the Earliest Evidence for Habitual Use of Fire in Europe«. *Proceedings of the National Academy of Sciences* 108, S. 5209–5214.

Roscoe, Paul. 2004. »The Problem with Polities: Some Problems in Forecasting Global Political Integration. *Cross-Cultural Research* 38, S. 102–118.

——. 2009. »Social Signaling and the Organization of Small-Scale Society: The Case of Contact-Era New Guinea«. *Journal of Archaeological Method and Theory* 16, S. 69–116.

Roser, Max. 2015. »World Population Growth«. OurWorldInData.org. http://ourworldindata.org/data/population-growth-vital-statistics/world-populationgrowth, abgerufen am 13. Februar 2016.

Rosin, Hanna. 2012. *The End of Men.* Riverhead Books, New York.

Sachs, Jeffrey. 2005. *The End of Poverty.* Penguin, New York.

Shipman, Pat. 2015. *The Invaders: How Humans and Their Dogs Drove Neanderthals to Extinction.* Harvard University Press, Cambridge, Massachusetts.

Simms, Steven. 1987. *Behavioral Ecology and Hunter-Gatherer Foraging: An Example from the Great Basin.* International Series 381. British Archaeological Reports, Oxford.

Skoglund, Pontus, Erik Ersmark, Eleftheria Palkopoulou & Love Dale. 2015. »Ancient Wolf Genome Reveals an Early Divergence of Domestic Dog Ancestors and Admixture into High-Latitude Breeds«. *Current Biology* 25, S. 1515–1519.

Smith, Bruce D. 2015. »A Comparison of Niche Construction Theory and Diet Breadth Models as Explanatory Frameworks for the Initial Domestication of Plants and Animals«. *Journal of Archaeological Research* 23, S. 215–262.

Smith, Eric. 2004. »Why Do Good Hunters Have Higher Reproductive Success?« *Human Nature* 15, S. 343–364.

Sommer, Jeffrey. 1999. »The Shanidar IV ›Flower Burial‹: An Evaluation of Neanderthal Burial Ritual«. *Cambridge Archaeological Journal* 9, S. 127–137.

Spyrou, Maria A., Kirsten I. Bos, Alexander Herbig & Johannes Krause. 2019 [a]. »Ancient Pathogen Genomics as an Emerging Tool for Infectious Disease Research«. *Nature Reviews*: Genetics 20, S. 323–340.

Spyrou, Maria A., Marcel Keller, Rezeda I. Tukhbatova, Christiana L. Scheib, Elizabeth A. Nelson, Aida Andrades Valtueña, Gunnar U. Neumann, Don Walker, Amelie Alterauge, Niamh Carty, Craig Cessford, Hermann Fetz, Michael Gourvennec, Michael Henderson, Kristin von Heyking, Sarah A. Inskip, Sacha Kacki, Felix M. Key, Elizabeth L. Knox, Christian Later, Prishita Maheshwari-Aplin, Joris Peters, John E. Robb, R. Hartle, Michaela Harbeck, Jürgen Schreiber, Toomas Kivisild, Dominique Castex, Sandra Lösch, Alexander Herbig, Kirsten I. Bos & Johannes Krause. 2019 [b]. »Phylogeography of the Second Plague Pandemic Revealed through Analysis of Historical Yersinia Pestis Genomes«. *Nature Communications*. doi.org/10.1038/s41467-019-12154-0.

Steele, James, Pier Francesco Ferrari & Leonardo Fogassi. 2012. »From Action to Language: Comparative Perspectives on Primate Tool Use, Gesture and the Evolution of Human Language«. *Philosophical Transactions of the Royal Society B* 367, S. 4–9.

Steffen, Will, Wendy Broadgate, Lisa Deutsch, Owen Gaffney & Cornelia Ludwig. 2015. »The Trajectory of the Anthropocene: The Great Acceleration«. *The Anthropocene Review* 2(1), S. 81–98.

Steffen, Will, Katherine Richardson, Johan Rockström, Sarah E. Cornell, Ingo Fetzer, Elena M. Bennett, Reinette Biggs, Stephen R. Carpenter, Wim de Vries, Cynthia A. de Wit, Carl Folke, Dieter Gerten, Jens Heinke, Georgina M. Mace, Linn M. Persson, Veerabhadran Ramanathan, Belinda Reyers & Sverker Sörlin. 2015. »Planetary Boundaries: Guiding Human Development on a Changing Planet«. *Science* 347. DOI:1259855–1–1259855–10.

Stiner, Mary. 2013. »An Unshakable Middle Paleolithic? Trends versus Conservatism in the Predatory Niche and Their Social Ramifications«. *Current Anthropology* 54(S8), S. 288–304.

——. 2014. »Finding a Common Band-Width: Causes of Convergence and Diversity in Paleolithic Beads«. *Biological Theory* 9, S. 51–64.

Stiner, Mary, Avi Gopher & Ran Barkai. 2011. »Hearth-Side Socioeconomics, Hunting and Paleoecology during the Late Lower Paleolithic at Qesem Cave, Israel«. *Journal of Human Evolution* 60: 213–233.

Stout, Dietrich & Thierry Chaminade. 2012. »Stone Tools, Language and the Brain in Human Evolution«. *Philosophical Transactions of the Royal Society B* 367, S. 75–87.

Stringer, Christopher. 2014. »Why We Are Not All Multiregionalists Now«. *Trends in Ecology and Evolution* 29, S. 248–251.

»A Sub-Saharan Scramble«. 2015. *Economist*, 24. Januar.

Suskind, Richard. 2008. *The End of Lawyers?* Oxford University Press, Oxford.

Taagepera, Rein. 1978. »Size and Duration of Empires: Systematics of Size«. *Social Science Research* 7, S. 108–127.

Texier, Pierre-Jean, Guillaume Porraz, John Parkington, Jean-Philippe Rigaud, Cedric Poggenpoel, Christopher Miller, Chantal Tribolo, Caroline Cartwright, Aude Coudenneau, Richard Klein, Teresa Steele & Christine Verna. 2010. »A Howiesons Poort Tradition of Engraving Ostrich Eggshell Containers Dated to 60,000 Years Ago at Diepkloof Rock Shelter, South Africa«. *Proceedings of the National Academy of Sciences* 107, S. 6180–6185.

Thieme, Hartmut. 1997. »Lower Palaeolithic Hunting Spears from Germany«. *Nature* 385: 807–810.

Trigger, Bruce. 1980. *Gordon Childe: Revolutions in Archaeology.* Thames and Hudson, London.

Toth, Nicholas & Kathy Schick. 2009. »The Oldowan: The Tool Making of Early Hominins and Chimpanzees Compared«. *Annual Review of Anthropology* 38, S. 289–305.

Twain, Mark. 1961. *Ausgewählte Werke in zwölf Bänden.* Band 2: *Die Arglosen im Ausland: Reiseabenteuer in der Alten Welt.* Aufbau, Berlin.

Ungar, Peter. 2004. »Dental Topography and Diets of *Australopithecus afarensis* and Early *Homo*«. *Journal of Human Evolution* 46, S. 605–622.

——. 2012. »Dental Evidence for the Reconstruction of Diet in African Early *Homo*«. *Current Anthropology* 53(S6), S. 318–329.

Vaughan, Christopher L. 2003. »Theories of Bipedal Walking: An Odyssey«. Journal of Biomechanics 36, S. 513–523.

Vince, Gaia. 2016. *Am achten Tag: Eine Reise in das Zeitalter des Menschen.* Theiss, Darmstadt.

Wadley, Lyn. 2013. »Recognizing Complex Cognition through Innovative Technology in Stone Age and Palaeolithic Sites«. *Cambridge Archaeological Journal* 23, S. 163–183.

Walker, Alan & Richard Leakey. 1993. *The Nariokotome* Homo erectus *Skeleton.* Harvard University Press, Cambridge.

Waltz, Kenneth. 1954. *Man, the State, and War: A Theoretical Analysis.* Columbia University Press, New York.

Weisman, Alan. 2014. *Countdown: Hat die Erde eine Zukunft?* Piper, München.

Wendorf, Fred. 1968. »Site 117: A Nubian Final Paleolithic Graveyard near Jebel Sahaba, Sudan«. In *The Prehistory of Nubia,* hrsg. v. F. Wendorf, 954–987. Southern Methodist University Press, Dallas.

Wiessner, Polly. 2002. »Hunting, Healing und Hxaro Exchange: A Long-Term Perspective on! Kung (Ju/'hoansi) Large-Game Hunting«. *Evolution and Human Behavior* 23, S. 407–36.

217

Wilson, Edward O. 2002. *Die Zukunft des Lebens.* Siedler, Berlin.

——. 2013. *Die soziale Eroberung der Erde: Eine biologische Geschichte des Menschen.* C. H. Beck, München.

——. 2016. *Die Hälfte der Erde: Ein Planet kämpft um sein Leben.* C. H. Beck, München.

Wolman, David. 2012. *The End of Money.* Da Capo Press, Boston.

Wrangham, Richard W. 2009. *Catching Fire: How Cooking Made Us Human.* Harvard University Press, Cambridge.

Wright, Robert. 2000. *Non-Zero: The Logic of Human Destiny.* Vintage, New York.

Zahid, H. Jabran, Erick Robinson & Robert L. Kelly. 2016. »Agriculture, Population Growth and Statistical Analysis of the Radiocarbon Record«. *Proceedings of the National Academy of Sciences* 113, S. 931–935.

Zilhão, João. 2015. »Lower and Middle Paleolithic Behaviours and the Origins of Ritual Burial«. In *Death Rituals, Social Order and the Archaeology of Immortality in the Ancient World*, hrsg. v. Colin Renfrew, Michael J. Boyd & Iain Morley, S. 27–44. Cambridge University Press, Cambridge.

Zink, Katherine D. & Daniel E. Lieberman. 2016. »Impact of Meat and Lower Palaeolithic Food Processing Techniques on Chewing in Humans«. *Nature* 531, S. 500–503.

Register

219